国 際 協 力
（第3版）

下村恭民・辻 一人・稲田十一・深川由起子 著

有斐閣選書

はしがき

「途上国支援の潮流が多様化し複雑化するなかで，ともすれば見失われがちな全体像を整理し直し，途上国支援のあり方を読者とともに考えたい」という目的を掲げて本書の初版が世に出たのは，アメリカで同時多発テロが発生した2001年であった。新版が発行された09年までの間にも，アフガニスタンやイラクでの戦乱，リーマン・ショックと世界金融危機，原油や食料価格の世界的な高騰などの激動が続いた。「激動の中でこそ腰を落ち着けて全体像を把握し，問題点を掘り下げて考える作業が重要になる」，これが新版のメッセージだった。

新版の発行から6年が経過して，共著メンバー4名と編集者の長谷川絵里さんは，「国際協力」を取り巻く内外の環境変化の認識を共有し，この第3版の作成にとりかかった。いくつかの章を全面改訂あるいは大幅改訂し，それ以外の章についてもデータや事実関係のアップデートに努めた。第3版の『国際協力』が直面する国際社会の状況には，一見した限り，初版や新版の時のような劇的な変動が感じられないかもしれない。しかし現実には，本書の第3部に見るような地殻変動が着実に進行している。底流変化の主な要因は，中国・インドなどのいわゆる「新興ドナー」の活動の急速な拡大と，民間（企業とNGO）の資金フローの急増である。その結果，第2次世界大戦直後から一貫して開発協力のあり方を仕切ってきた枠組み（国際開発規範）に変容が生じ，それに伴って伝統的ドナー，つまりOECDの開発援助委員会（DAC）メンバーや世界銀行の影響力が低下している。第3版で

は，進行しつつある地殻変動とその結果としての国際開発規範の変容を，できるだけわかりやすく可視化することに努めた。

他方，日本の国内に目を転じると，国際協力をめぐって以前とは全く異質な動きが急速に展開されている。武器輸出三原則の緩和，新しい「開発協力大綱」(2015年2月閣議決定) の下での「軍に対する非軍事目的 (災害救助など) の協力」の解禁，政府開発援助 (ODA) の枠外での東南アジアの軍に対する技術協力，国連平和維持活動 (PKO) での武器使用の拡大などが次々に打ち出されている。インドなどへの原子力発電所の輸出の推進 (ODAの枠外) も，新しい潮流の1つの象徴といえる。このような変化が世界と日本にもたらすプラスとマイナスの全体像を，常に視野に入れておく必要があるだろう。

伝統的な ODA の領域でも，2015年9月にインドネシアの新幹線受注に失敗した直後，ASEAN ビジネス投資サミット (15年11月) における安倍晋三首相のスピーチで，途上国の公的機関への貸付に対して例外なく政府保証を求めてきたやり方を改める方針が発表され，現在約3年となっている手続き期間を重要案件については最大1年半に短縮する言明がなされた。また，「インフラシステム輸出戦略 (平成27年度改訂版)」(15年6月) においては日本企業へのひも付き条件の活用を謳うなど，日本あるいは日本企業にとっての直接の利益 (「狭い国益」) を志向する動きが急ピッチで進められている。いうまでもなく本書の目的は，ここに挙げた個別具体的な出来事を解説あるいは検討することではない。次々に打ち出される目まぐるしい変化を越えたところにある，底流とその意味を理解する手がかりを提供しようとするものである。

このような問題意識を共有し，成果としての書物の完成に結びつけるうえで，編集担当の長谷川絵里さんが発揮しつづけたコントロール・タワーとしての役割は，非常に大きなものだった。彼

女の推進力に改めて深く感謝しながら，『国際協力』第3版の門出を見送りたい。

 2015年師走

著者を代表して

下村　恭民

＊本書の内容は著者たちの個人的見解であり，所属する機関の見解を示すものではない。

目　次

はしがき　i

第1部　国際協力の基礎理論

第1章　国際協力ということ─────3
1　国際協力とは何か………………………………3
2　国際貢献と国際協力……………………………5
3　国際協力と経済協力……………………………6
　3-1　文化交流　7
　3-2　平和のための協力　9
　3-3　NPO, NGO, 地方自治体, 一般市民などの国際協力活動　10
4　経済協力とODA………………………………10
5　開発に関するさまざまな考え方………………12
　5-1　経済開発 (economic development)　12
　5-2　社会開発 (social development)　14
　5-3　人間開発 (human development)　15
6　なぜ国際協力するのか…………………………17
7　国際協力と「国際公共財」……………………18

第2章　国際協力の基本的な仕組み─────23
1　途上国への資金の流れ…………………………23

2　資金の流れと条件……………………28
　　2-1　金融条件　29
　　2-2　調達条件　30

第3章　途上国支援アプローチの変化 ―――33
――初期の潮流（1980年代末まで）

　1　はじめに……………………………………33
　2　南北問題の登場と「国連開発の十年」…………34
　3　「新国際経済秩序」の試み……………………36
　4　「ベーシック・ヒューマン・ニーズ」のアプローチ
　　　………………………………………………38
　5　途上国債務危機と「構造調整アプローチ」………39
　6　「持続可能な開発」の思想……………………43

第4章　21世紀の新しい潮流 ―――47

　1　新しい潮流の概観………………………………47
　2　UNDPの提案……………………………………49
　　――「人間開発」と「人間の安全保障」
　3　「参加」重視の潮流……………………………51
　4　ガバナンス重視の潮流…………………………53
　5　包括的・網羅的アプローチの潮流………………55
　　――「包括的開発フレームワーク」と貧困削減戦略
　6　援助協調の潮流…………………………………56
　　――パートナーシップ，オーナーシップ，ファンジビリティ
　7　ミレニアム開発目標（MDGs）と持続可能な開発目標（SDGs）……………………………………61
　8　インクルーシブ（包摂的）な開発・援助…………66

第2部　国際協力のフロンティア

第5章　貧困削減への取組み ――――――― 75
1　グローバル化による国際環境の変化 …………… 75
1-1　一様ではないグローバル化　76
1-2　グローバル化のプラス面とマイナス面　78
2　国際環境の変化が開発途上国に与える影響 ……… 80
2-1　貿易や投資による影響　80
2-2　金融による影響　84
2-3　情報技術による影響　86
2-4　ヒトの移動による影響　87
3　途上国の貧困削減への取組みの必要性と国際目標
……………………………………………………… 90
3-1　貧困とは何か　90
3-2　貧困削減への国際目標　91
4　貧困削減政策の系譜と成果 ……………………… 92
4-1　貧困削減の方策　92
4-2　構造調整の考え方　94
4-3　ポスト構造調整の考え方　98
4-4　貧困削減の成果　102
5　効率と平等とのバランスを求めて ……………… 107
5-1　効率を確保する政策　107
5-2　平等を確保する政策　111
5-3　効率と平等の両立　113
6　担い手としての政府・市場・市民社会 ………… 116

第6章　平和構築と復興支援 ――――――― 123
1　冷戦後の紛争と国際社会の関与 ………………… 123

1-1　冷戦後の紛争状況　123
　　1-2　国際社会の復興支援と平和構築　126
　　1-3　9.11同時多発テロ後の国際社会の対応　130
　　　　──「脆弱国家」支援
　　1-4　紛争と開発の関係　132
　2　平和構築・復興支援と日本の対応……………………136
　　2-1　平和構築における日本の支援手段　137
　　2-2　ODAを通じた支援──「人間の安全保障」論　140
　　2-3　PKOへの参加　141
　　2-4　「内政への関与」についての日本のスタンス　145

第7章　持続可能な開発への取組み — 151
　1　環境国際協力の重要性 …………………………………151
　2　ジ　レ　ン　マ …………………………………………154
　　──途上国の環境問題の本質
　3　環境ODA …………………………………………………159
　　3-1　これまでの取組み　159
　　3-2　日本の環境ODAの枠組み　160
　　3-3　日本の環境ODAの事例　163
　　3-4　ジレンマからWin-Winアプローチへ　168

第8章　途上国のオーナーシップとガバナンス重視の潮流 — 175
　1　途上国のオーナーシップ ………………………………175
　　1-1　途上国政府に対する軽視　175
　　1-2　真の主人公は誰か　177
　2　政策・制度改善の重要性 ………………………………179
　　2-1　国際協力の補完性　180
　　2-2　補完性を克服する政策関与　182
　3　従来のガバナンス論 ……………………………………184
　　3-1　標準的なガバナンス論　184

    3-2　標準的なガバナンス論の限界　186
  4　途上国社会に根ざした新しいガバナンス論 ………188
    4-1　効率と平等の両立のためのガバナンス　188
    4-2　新しいガバナンス論への展望　192
  5　触媒としての国際協力の役割……………………193
    5-1　日本の経験・教訓・知見の伝達　194
    5-2　資金や技術の移転　197
    5-3　触媒機能　198

第3部　国際協力の主要なアクター

第9章　グローバル・ガバナンスと開発 ── 205

  1　グローバル・ガバナンスと国際開発援助体制 ……205
    1-1　「国際開発援助レジーム」──その概念と範囲　206
    1-2　第2次大戦後の「国際開発援助レジーム」の制度化　209
  2　国際開発支援の基本的枠組み……………………211
    2-1　国際支援の中核を担う2つの国際機関　211
    　　──世界銀行と国連開発機関
    2-2　国際機関を中核としたドナー間調整の進展　214
  3　経済のグローバル化と世界銀行・IMFの金融支援レジーム …………………………………………221
    3-1　経済のグローバル化　221
    3-2　移行経済支援　223
    3-3　ワシントン・コンセンサスと新古典派批判　224
    3-4　経済のグローバル化の功罪と国際金融の枠組み　226
  4　いくつかの国際的規範（サブ・レジーム）と開発援助レジーム……………………………………227
    4-1　グローバル化と「グローバル・ガバナンス」への動き

  227
 4-2 「人権・民主化レジーム」と開発援助　230
 4-3 「核管理・軍縮レジーム」と開発援助　231
 4-4 「地球環境保全レジーム」と開発援助　232
5　開発をめぐるグローバル・ガバナンス……………234

第10章　国際資本還流の変化と民間資本時代の開発戦略 ―― 239

1　はじめに…………………………………………………239
2　国際資本還流の構造転換と不安定化………………240
 2-1　資本還流の不安定化　240
 2-2　資本の出し手となった途上国・新興国　242
 2-3　新興ドナーの登場と公的資本・民間資本の曖昧化
  245
3　民間資本主体の資本還流……………………………247
 3-1　公的資本の時代から民間資本の時代へ　247
 3-2　進む資本還流の集中　248
 3-3　対途上国資本還流の拡大　250
4　民間資本主体の経済発展戦略………………………252
 4-1　投資環境の整備と直接投資誘致　252
 4-2　産業集積の実現　254
 4-3　金融監督能力の涵養と人材の獲得　257
5　途上国における官民協力の役割再定義……………259

第11章　市民社会に期待される役割 ―― 263

1　国際協力と途上国・先進国の市民社会……………263
 1-1　市民社会の起こり　263
 1-2　国際協力と市民社会　264
2　ODAと途上国市民社会との連携……………………267
 2-1　フィリピンでの試み　268

2-2　南アジアでの教訓　269
　3　ODAと先進国市民社会による支援との連携……270
　　3-1　ODA活動とNGO活動　270
　　3-2　連携にかかわる留意点　273
　4　国際協力の担い手の多様化……275
　　4-1　市民社会活動の広がり　275
　　4-2　新興のドナー群　277
　5　国際システムの不条理と市民社会の役割……279
　　5-1　国際システムの現状　279
　　5-2　市民社会の役割　281
　　5-3　市民社会の有利な点　282
　　5-4　留意すべき点　284

終　章　変容する国際開発規範と日本の国際協力──289
　1　"Beyond Aid" の時代……290
　2　日本にとっての機会と日本の直面する課題……294
　　2-1　新しい機会　294
　　　　──"Beyond Aid" の時代に適合した日本型開発協力モデル
　　2-2　新しい課題　298
　　　　──中国モデルとの差別化，「狭い国益」への傾斜の克服

索　引　305

本書のコピー，スキャン，デジタル化等の無断複製は著作権法上での例外を除き禁じられています。本書を代行業者等の第三者に依頼してスキャンやデジタル化することは，たとえ個人や家庭内での利用でも著作権法違反です。

第1部

国際協力の基礎理論

保健所で蚊帳を受け取った母親たち。アンゴラの乳幼児死亡率は高く,サブサハラ・アフリカのなかでも最も劣悪な状況にあるが,その死亡原因で一番多いのはマラリアである(2008年,アンゴラ) 写真提供:長倉洋海／JICA

第*1*章　国際協力ということ

1　国際協力とは何か

 この本のテーマは「国際協力」である。国際協力という言葉は,日本ではごく日常的に使われているが,実はかなり漠然とした概念である。また,国際協力の英文である international cooperation は,日本語の国際協力と異なり,"発展途上国への支援"という意味で使用されることは比較的少ない。そこでまず,「国際協力とは何か」「なぜ協力するのか」を考えてみたい。

 人間は,自分の置かれた状態を少しでも"より良い状態"にしたいという希望を持っている。後で述べるように"より良い状態"が何を指すかは人によって違うが,人それぞれにとって"より良いと思う状態"がある。人々は,できれば現状を"より良いと思う状態"に近づけたいと考えるだろう。これが本章の基本的な前提である。発展途上国の人々が現状から"より良いと思う状態"に向かって進もうとする努力を,ここでは「開発」(development) と呼びたい[1]。後で説明するように,「開発」という概念についてはさまざまに異なった意見があるが,ここでは開発を,途上国の人々の間に広く見られる"より良いと思う状態"に移行

3

図1-1 国際協力に関連する諸概念

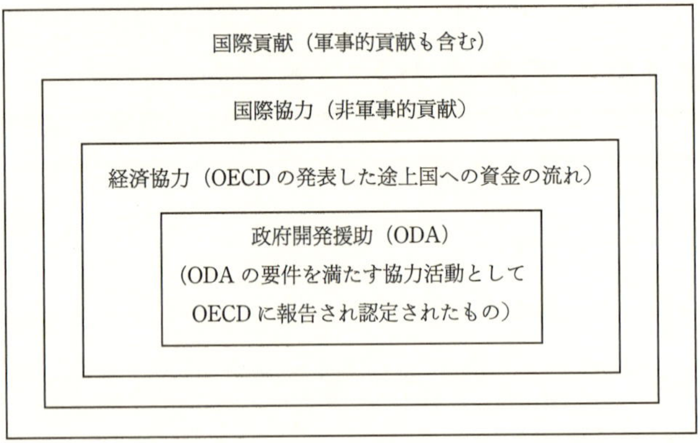

```
┌─────────────────────────────────────────────────┐
│  国際貢献（軍事的貢献も含む）                     │
│  ┌───────────────────────────────────────────┐  │
│  │  国際協力（非軍事的貢献）                   │  │
│  │  ┌─────────────────────────────────────┐  │  │
│  │  │ 経済協力（OECDの発表した途上国への資金の流れ）│  │  │
│  │  │  ┌───────────────────────────────┐  │  │  │
│  │  │  │  政府開発援助（ODA）            │  │  │  │
│  │  │  │ （ODAの要件を満たす協力活動として│  │  │  │
│  │  │  │  OECDに報告され認定されたもの） │  │  │  │
│  │  │  └───────────────────────────────┘  │  │  │
│  │  └─────────────────────────────────────┘  │  │
│  └───────────────────────────────────────────┘  │
└─────────────────────────────────────────────────┘
```

しようとする能動的な動きとして理解し，その試みに対する国際社会の支援を「国際協力」と定義したい。

ところで，国際協力と似たような言葉がいくつかある。国際貢献，経済協力，政府開発援助（ODA）などである。これらの言葉は，国際協力と同じように途上国の人々への支援という意味を含むが，どのような違いがあるのだろうか。似たような概念がいくつかあるので，最初に，これらの言葉に違いがあるのか，違いがあるとすればどう違うのか整理しておく必要がある。

上記の言葉のなかで，経済協力，ODAなどについては，国際社会で共通に採用されている定義がある。経済協力開発機構（Organisation for Economic Co-operation and Development: OECD）の定義である。なお日本で使われている経済協力という概念を，OECDは「開発協力」（development co-operation）と呼んでいる。経済協力，ODAなどと異なり，国際貢献と国際協力については，OECDの定義に相当するような，国際社会で広く受け入れられた定義は見当たらない。

国際貢献，国際協力，経済協力（開発協力），ODA などは，いずれも途上国の人々に対する支援の要素を含んでいるが，以下に見るように，これらの概念のなかで最も広い範囲の活動を含むのは国際貢献であり，次いで国際協力，さらに経済協力，ODA の順に範囲が狭くなると考えられる。この関係を図示したものが**図1-1**である。

2　国際貢献と国際協力

　国際貢献と国際協力をとくに区別せずに使用する場合も多いが，少なくとも日本では，重要な意味の違いを持たせた"使い分け"が行われてきた。使い分けの重要なポイントは，国際貢献という概念が，しばしば軍事的貢献を含める形で使用されるのに対して，国際協力の範囲は非軍事的貢献に限定されることが多いという点である。少なくとも日本では，国際貢献に比べると国際協力の範囲は狭い意味で使用されてきた。

　国際協力を「軍事以外の手段による貢献」として規定した考え方の代表的なものに「竹下3原則」がある。1988年に当時の竹下登首相が打ち出したもので，具体的な活動領域として ODA，国際文化交流，平和のための協力の3つを提示した。この基本的な考え方を維持しながら，非軍事的な貢献の幅を広げたのが1992年に成立した「国際連合平和維持活動等に対する協力に関する法律」（通常は「PKO 協力法」と呼ばれる）であり，自衛隊を海外派遣して国連平和維持活動（Peace Keeping Operation: PKO）に参加させることが可能となった。その年に終わった湾岸戦争への日本の関与の低さ，具体的には"人を出さない"姿勢について内外に強い批判があり，法律の制定が進められた背景がある[2]。2015年に改訂された「開発協力大綱」（旧 ODA 大綱）の「基本方

第1章　国際協力ということ　　5

針」も,「非軍事的協力による平和と繁栄への貢献」を明記している。同時に同大綱は, 新たに「積極的平和主義」を掲げており, これに関連して隣接の平和のための協力の領域では, 3-2 に見るように,「国連平和維持活動」(PKO) に「駆けつけ警護」の導入という重要な変更が行われている。

3 国際協力と経済協力

これまで見たように, 日本で広く使用されている国際協力という概念の本質は「軍事手段によらない(途上国への)支援」である。「軍事手段によらない(途上国への)支援」は, われわれが経済協力と呼ぶ活動と重なる部分が多い。日本で経済協力と呼ばれ, OECD の用語の開発協力に相当する活動については, OECD の下部機構である開発援助委員会 (Development Assistance Committee: DAC) が, 毎年, DAC メンバー[3]と各種の国際機関から途上国に対して行われた, 何らかの「資金・技術の移転」の数字を集計して発表している。

資金・技術の移転と呼ばれるものの内容は実にさまざまであり, 移転を実施するアクター(主体)もさまざまである。たとえば民間企業 A 社によるベトナムでの二輪車の生産, 日本政府から派遣された農業専門家によるアフリカ各地での米づくりの技術指導, NGO がアフガニスタンの難民キャンプで行っている医療活動, 日本の援助機関によるインドでの森林保全計画など, 多様なものから構成されている。これらの活動をすべて金額に換算して, 途上国への「資金の流れ」(resource flows) として把握する。資金の流れのなかで重視されるのは,

　　[途上国への資金流入]
　　　－[途上国からの資金の流出(債務の返済など)]

という2つの流れ（フロー）の差額（ネット・フロー：net resource flows）の数字である。これらの流れの数字をDACの事務局が取りまとめて、開発協力（経済協力）の実績の公式数字として発表する。日本政府の発表する経済協力の数字も、DACの統計に基づいたものである。後で述べるように、また**図1-1**に見るように、経済協力のうちDACの定める一定の要件を充足したものがODAである。

「軍事手段によらない途上国支援」である国際協力は、かなりの程度、経済協力と重なるが、国際協力活動が、何らかの理由でDACの開発（経済）協力の統計数字に含まれないことも少なくない。日本の場合、政府（外務省）がさまざまな経済協力の活動実績を取りまとめてDACに提出する仕組みになっているが、いろいろな理由で、取りまとめ資料に含まれない活動があり、それらの活動はDACの統計に含まれない。こうして国際協力と経済協力の間のギャップが生まれる。その結果、国際協力のほうが経済協力よりも範囲が広くなり、国際協力であっても経済協力でない途上国支援活動が生じる。それでは、経済協力に含まれない国際協力の活動には、どのようなものがあるだろうか。具体的な例を眺めてみよう。

3-1 文化交流

国際協力の活動の1つに、国際間の人的交流、文化の紹介、文化財の保存、日本研究、日本語教育などによって構成される「国際文化交流」がある。日本には国際文化交流を担当する機関として、「国際交流基金」（The Japan Foundation）という独立行政法人があり、国際的な文化交流を盛んに行っている。ただ、経済協力の統計を眺めても「文化」という用語を使った項目は見当たらない。文化に関連するさまざまな途上国支援の一部は、DAC

の統計表に含まれているのだが,統計表では「その他」などさまざまな項目に分散されて表示されているために,把握することが難しいのである。以前から,このような現状の背景にDAC特有の考え方があると指摘されてきた[4]。DACが加盟国や国際機関の活動を開発協力として認定する際に「途上国の経済開発・福祉向上への寄与」を必要条件としてきたため,文化という要素が明示されず,DAC統計に含まれない文化交流が多くなる結果が生まれたとの指摘である。

　国際文化交流の領域では,文化財の保存や専門家の交流などが行われてきたが,代表的な例として,カンボジアにある世界的に有名な文化遺産であるアンコールワット遺跡の修復事業が挙げられる。アンコールワットの遺跡は,カンボジアの長年の内戦と経済的疲弊のために劣化が進んでいたが,日本政府は1994年から本格的な修復作業に着手した。作業現場の1つを訪れてみると,熱帯の厳しい日差しのもとで,回廊を飾る石のレリーフの破損部分を修復する,細かな作業に取り組む日本人専門家の姿があった。遺跡の修復現場の近くの小屋にはノートが置いてあって,観光客として訪れた人々が「日本人であることを誇らしく思えた」などと感動を綴っていた。貴重な仕事に対する外国語での賛辞も多く記されていた。修復や保全の一環として,カンボジア側の専門家の育成も行われてきた。日本が世界に誇ることのできる技術協力・文化協力であるこの事業は,日本政府から国際交流基金を通じてユネスコに拠出された「日本ユネスコ信託基金」によって実施されたが,DACには報告されず,したがって日本の経済協力の統計にも記載されなかった。国際協力であっても経済協力でない文化面の協力の代表的な例である。なおその後,同様の遺跡保全事業が中米のマヤ遺跡などでも行われている。

　遺跡の保全や修復が経済協力の対象にならないというわけでは

ない。インドネシアのボロブドゥールおよびプランバナンの遺跡や，インドのエローラとアジャンターの遺跡の保全・修復を日本の援助（ODA）で行った事例もある。遺跡の保全や修復が文化交流の事業として実施された場合に，さまざまな制度的な理由で，経済協力の統計に含まれない例がありうるということである。

3-2 平和のための協力

冷戦後の世界で目立つのは，国内の地域間および民族，宗教，言語などの集団間の紛争，あるいは，それに連動した国家間の紛争の著しい増加である。それにともなって，紛争の予防・解決，平和の定着，復興などに対する支援が，「平和のための協力」あるいは「平和構築」として国際協力の重要な領域となっている。このテーマについては第6章でくわしく取り扱うが，日本も政府，政府機関，民間企業，NGOなど，さまざまな関係者が平和づくりに貢献してきた。この領域での重要なアクターの1つが自衛隊である。自然災害や難民に対する救援での自衛隊の活動は，すでに定着しているが，いわゆる「テロとの戦い」にともなって自衛隊の活動と経済協力（ODA，NGO活動，民間企業の活動など）との接点が大きく広がった。さらに第2次安倍内閣の下で成立した「安全保障法制」（2015年9月）の一環として，「国連平和維持活動（PKO）協力法」が改定され，いわゆる「駆けつけ警護」（緊急の要請に対応して行う民間人などの保護）が認められるなど，自衛隊の任務が拡大した。これによる日本の国際貢献能力の強化が評価される一方で，各種武装勢力との衝突のもたらす深刻な結果を懸念する声も高まっている。リビアのカダフィ政権崩壊後，途上国の間に高度な兵器が大量に拡散し，各種武装勢力の持つ装備が高度化したことが懸念の背景になっている。

3-3 NPO, NGO, 地方自治体, 一般市民などの国際協力活動

第11章に述べるように,市民社会の途上国とのかかわりは多様化するとともに量的にも拡大しており,NGO(非政府組織)や業界団体,労働組合,地域住民組織,ボランティア組織,女性団体,宗教団体などさまざまなNPO(非営利民間団体),個人としての一般市民の活動など多様な主体による国際協力活動が展開されるようになった。また多くの地方自治体が,それぞれのネットワークや経験・技術を活用して,独自の国際協力活動を行っている。

草の根レベルから全国規模の組織までが含まれる多様な活動は,日本の国際協力活動の幅を広げ柔軟性を加えているが,その全体像を体系的に把握することは困難である。公式の統計に含まれる部分も多いが,カバーされていない活動もあることは避けられないであろう。

4 経済協力とODA

前述のように,「資金の流れ」の数字を,OECDの下部機構であるDACの事務局が取りまとめて,開発協力(日本の用語では経済協力)の統計数字として発表するが,資金の流れのなかでDACが定めた"一定の条件"を満たすものを,「政府開発援助」(Official Development Assistance: ODA)と呼ぶことが,国際的に合意されている。援助イコールODAである。

ODAとして国際社会で認定されるための条件は,資金の流れの"出し手"と金融的条件に関する以下の3つである。

①資金の流れの"出し手"が政府あるいは政府機関であること。
②目的が途上国の経済開発や福祉の向上であること。したがって軍事援助は含まれない。

③途上国にとって一定の程度以上に有利な条件で資金が流れること。

商業ベースの金融と比較して、どの程度、有利なのかの判定基準が、「グラント・エレメント」(Grant Element: GE) と呼ばれる指標である。典型的な商業ベースの金融の条件として金利が9％(後発開発途上国〔LDC〕および低所得国の場合、なお下位中所得国については7％、2014年12月に従来の10％から変更された)の融資を想定し、この場合のグラント・エレメントを0％とする。金利の支払いや元本返済をまったく必要としない資金の流れを「贈与」(grant)と呼ぶが、贈与のグラント・エレメントは100％である。つまり、途上国の立場からみると、贈与が最も有利で商業ベースの金融が最も不利という考え方である。さまざまな条件の金融が、グラント・エレメントを基準として、贈与と商業ベースの金融の2つの極の間に位置づけられる。金利が低くなり、返済期間が長くなり、返済を猶予される「返済据置期間」が長くなるに従って、金融的な条件は途上国にとって有利なものとなるが、それにともなってグラント・エレメントも上昇していく。国際社会では、グラント・エレメントが45％(後発開発途上国および低所得国の場合、なお下位中所得国については15％、2014年12月に従来の25％から変更された)を超える条件の資金の流れをODAとして認めることが合意されている。たとえば金利1.75％、返済期間15年、返済据置期間3年の場合には、グラント・エレメントは45.2％となる。

資金の流れの"出し手"には、政府や政府機関だけでなく、民間企業、民間非営利団体(NPO/NGO)などがある。経済協力の標準的な統計数字は、このような"出し手"別に整理されている。"出し手"の1つは政府や政府機関であるが、"出し手"が政府や政府機関であっても、自動的にODAとなるわけではない。資

金の流れの金融としての条件が有利でないものは，つまりグラント・エレメントの指標が45%未満（後発開発途上国および低所得国の場合，なお下位中所得国については15%）の資金の流れは，ODAではなく，「その他政府資金」（Other Official Flows: OOF）として整理される。資金の流れの金融としての条件が，途上国にとって非常に有利な贈与の形であっても，資金の"出し手"が政府や政府機関でないと，ODAとならない。NGOの活動は，ODAではなく，「民間非営利団体による贈与」（net grants by NGOs）として整理される（なお，NGOが政府の資金支援を得た活動は，ODAの項目に含まれる）。

5 開発に関するさまざまな考え方

本章の冒頭で述べたように，発展途上国の人々が現状から"より良いと思う状態"に向かって進もうとする努力を，ここでは「開発」と呼ぶ。"より良いと思う状態"は人それぞれに異なり，それにともなって「"より良い"状態とは何か」を考える枠組み，つまり開発についての考え方もさまざまである。開発に関する主な考え方を，「経済開発」「社会開発」「人間開発」の3つの立場に整理してみよう。

5-1 経済開発（economic development）

経済学の標準的なテキストでは，経済開発（経済発展）は，経済規模の拡大（経済成長）と経済の構造変化を総合した現象，つまり国民1人当たりの所得や生産の増加に加えて，産業構造（とくに第1次産業と第2次産業の比重の変化），就業者構造（とくに第1次産業と第2次産業の就業者比率の変化），地域構造（農村と都市のバランスの変化），消費行動や生活パターンの変化などを総合し

た現象として定義されている。したがって、経済開発は所得や富の増加だけを意味しているわけではないが、経済開発の度合いを示す指標として通常使われるのは、1人当たりの所得、購買力、あるいは生産などである。この背景には、「家計や個人は、財やサービスを選択し消費して、満足を得ることを目的として行動している」という経済学の大前提がある。財やサービスに対する欲求が満たされることを「効用」(utility)と呼ぶが、1人当たりの所得、購買力、あるいは生産の数字は、効用の充足度を表す指標として使用されている。

国際社会は、とくに「人間としての尊厳を維持するために最低限必要な、食料、栄養、衣服、住居、基礎教育、衛生、医療などを得るために必要な購買力（purchasing power）」を重視してきた。人間としての尊厳を維持するためには、他の条件も必要であるが、一定の購買力が不可欠という視点である。最低限必要な購買力は「貧困線」(poverty line)と呼ばれ、世界銀行は、貧困線を各国の物価水準の差を考慮した「購買力平価[5]」の1993年価格で、1日1.90ドルと定義している。最近の推計では、2012年時点で世界の人口の12.7%すなわち約9億人が1.90ドル以下の水準で生活している[6]。東アジアの貧困削減の成果はめざましく、貧困線以下の人口比率が1981年の80%から2012年の7.2%まで低下した。他方、サハラ以南のアフリカ（サブサハラ・アフリカ）では、2012年時点の人口の42.6%（3.9億人）が貧困線以下の生活を送っている[7]。

経済開発には途上国の政治的自立を守る役割もある。途上国が政治的には独立していても経済的に脆弱なままでは、外部からの援助に依存せざるをえず、したがって、国の政策運営に関する対外的な交渉力が低下して、国際社会からの介入を受けやすくなるからである。かつてアジアやアフリカの国々が独立した当初には、

第1章 国際協力ということ　13

「経済的自立なくして政治的独立なし」という点が十分に認識されていたが、その後は、途上国の自立の前提条件としての経済開発の役割は、ともすれば見失われがちである。

5-2 社会開発 (social development)

経済開発のアプローチが経済優先で偏りすぎているという批判は、かなり早い段階から提示され、この批判のなかから「社会開発」の概念が登場した。社会開発は「経済優先の開発路線を是正する試み」として、1960～70年代に人間の尊厳を守るために最低限必要な生活条件に焦点を当て、80年代には経済優先の開発路線のもたらす、さまざまな「ひずみ」としての社会問題の論議が展開された[8]。社会開発が中心的な位置に立ったのは95年の「世界社会開発サミット」で、社会開発サミットの宣言において「人々を中心とした枠組みの確立」を訴え、従来の開発の主な担い手であった国家と企業に加えて、「市民社会」(civil society) が重要な役割を果たすべきであるとした。

ただ社会開発の定義が必ずしも確立しているわけではない。社会開発の論議は、経済開発アプローチの欠陥の指摘において貢献したが、社会開発自体の概念やアプローチの体系化は、まだ課題として残されている。長い間、社会開発に関する研究を進めてきた佐藤寛も、「社会開発を一義的に定義することは困難」と考え、その現状を補うために、「社会開発の……さまざまな定義案……に含まれている要素をいくつかのグループに分類する」形で社会開発の概念整理に努めている。そこで挙げられている要素は、①経済的・量的な成長とは異なる基準、②社会の成員を取り巻く社会環境への働きかけの重視、③個々人の潜在能力の発現、④地域住民など当事者の主体性と変化の過程の重視、⑤外部者の働きかけの重視などである[9]。経済開発と社会開発の視点の違いだけで

なく，両者の相互補完性に注目することも，社会のセーフティネットの強化にとって重要である。世界銀行の『世界開発報告』2000/2001年版（"Attacking Poverty"のタイトルで知られる）に代表されるように，現在の経済協力あるいはODAは，2つの視点の総合化に努めている。

なお，社会開発の認識の広がりにともなって，国連や世界銀行によって，途上国の生活条件を示すさまざまな指標の測定が行われた。乳幼児死亡率，識字率，初等教育就学率などの「社会指標」である。この面の統計の整備によって，途上国の人々の生活状態の国際比較が容易になった。

5-3 人間開発 (human development)

国連の主要機関の1つである国連開発計画（United Nations Development Program: UNDP）は，1990年に『人間開発報告書』（*Human Development Report*）を発表し，「人間の選択肢を広げる」「人間開発」という新たな開発概念を提示した。人間開発の概念の提唱に中心的な役割を果たしたポール・ストリーテンは，後に「人間開発は，人々の選択肢を広げるプロセスである。その選択肢は，いろいろ違った種類の洗剤やテレビのチャンネルや自動車の種類だけでなく，人間の能力と活動を拡大することで生まれてくる選択肢，人々が生活の中で何をし，何をすることができるかということ」であり，それは物質的要素だけでなく，「政治的，社会的，経済的，文化的な自由，地域の連帯感，独創性や生産性を発揮する機会，自尊心，人権」などの非物質的要素をも含むと主張した[10]。

人間開発の概念は，インド出身の経済学者で，人々の生活水準について新しい視点を提示したアマルティア・センの考え方に大きな影響を受けている。伝統的な厚生経済学の考え方は，前述の

経済開発の考え方と同様に、財・サービスの欲望充足の度合いである「効用」を基準とするが、センは効用以外の基準で福祉の水準を論議する。"価値を見出せるような良い状態"を「福祉」(well-being) と考え、福祉に表されるような望ましい状態に"なれること"を「機能」(functioning) と呼ぶ。ある人にとっての選択可能な「機能」の範囲の広さが「潜在能力」(capability) と呼ばれる概念で、それは人が福祉を実現する自由度でもある。こうしてセンの思想は「選択の自由」の重視につながり[11]、「選択の自由」の重視が、ストリーテンの「人間開発」の考え方に反映されているといえる。

こうしてセンの考え方は新しい開発の概念を構成したが、潜在能力あるいは選択の自由の度合いを、国際比較が可能な形で計測することは容易でない。UNDPの対応は、人間開発の度合いを表す指標としての「人間開発指数」(Human Development Index: HDI) の導入であった。「人間開発指数」は、1人当たりGDP (購買力平価ベース)、平均寿命 (出生時平均余命)、教育達成度 (成人識字率および初等・中等・高等教育就学率) などの指標を組み合わせたものである。つまり購買能力、長生きする能力、知識を身につける能力を総合したものを、人間開発指数と呼んでいる。ただ、このようなアプローチは、かなり以前から経済開発指標と社会指標の総合として試みられてきており、指数自体はとくに新たな貢献とはいえない。

なお、人々が"より良いと思う状態"として「幸福」(happiness) という概念が考えられる。ブータン国王が国民総生産 (GNP) よりも「国民総幸福」(General National Happiness: GNH) の重視を唱えていることは、よく知られている。また幸福に関する社会科学の本格的な研究も出ている[12]。この面の研究の進展を見守りたい。

6　なぜ国際協力するのか

　"より良いと思う状態"についての考え方は人によって違うだろうが，本章では，途上国の人々の間に，"より良いと思う状態"に移行しようとする行動が広く見られることに注目し，そうした試みに対する国際社会の支援を「国際協力」と定義した。国際協力のあり方は，支援の対象となる途上国の人々が，どのような状態を"より良い"と考えるか，支援する側の人々が，どのような状態を"より良い"と考えるかによって決められる。それでは，国際協力する側は，なぜ途上国の人々に対して支援するのだろうか。

　「人のためになるような何かをしたい」「人の役に立ちたい」という心理は古くからあるが，「人を助けるのが楽しい」と考え，「人の役に立つこと」を生活の一部にする潮流が，日本の人々の間に急速に広がってきた。阪神・淡路大震災に大勢のボランティアが集結した 1995 年は「ボランティア元年」といわれるが，その後も，長期不況や格差拡大，東日本大震災など，われわれの心理状態を内向きの気持ちにする状況のなかでも，この潮流は着実に定着してきたといえるだろう。「人を助ける」「人の役に立つ」という気持ちの対象は，日本の人々に限られるわけではなく，海外の人々とくに途上国の人々にも向けられている。さらに人間だけではなく，動物や植物，生態系や地球環境にも向けられている。こうした「個人のボランタリーな気持ち」が国際協力の基盤を形成しているといえるだろう。

　それでは，ODA の場合にはどうだろうか。世界のリーダーたちは，サミット宣言などで，繰り返し「今なお世界の多くの場所で貧困と不公正が人間の尊厳を害し」ている状況に強い懸念を表

し，貧困の根本問題に取り組む姿勢を強調してきた。これと連動する形で，OECDの下部機構であるDACの加盟29メンバーは，それぞれの援助理念を掲げている。国ごとに重点の違いがあり，貧困削減，人道支援，人権尊重，ジェンダー配慮，環境保全を前面に出す北欧諸国，テロとの戦い，民主化支援を重視したブッシュ政権のアメリカ，途上国の自助努力支援を強調する日本の「開発協力大綱」など，それぞれの特徴があるが，基本的な考え方は共有されているといえるだろう。

その一方で，DACメンバーのような，いわゆる先進工業国が行う途上国支援については，美しい言葉の背後に偽善や世界戦略や自国の経済的利益がちらついているという懐疑的な見方が少なくない。とくに日本の援助に対しては，「日本企業の利益に直結している」「資源確保と市場拡大が狙い」などのパターン化された批判が，内外から続けられてきた。

ただ何の動機も持たず，援助理念だけでの途上国への支援を期待することは非現実的であろう。程度の差はあっても，どの国も固有の理念とともに独自の動機を持っているといえる。最も援助理念に忠実で国益にとらわれないドナー（援助国・機関）と見られているデンマーク，ノルウェー，スウェーデンなどの北欧諸国も，貧困削減，人道支援などの理念の発信が国際社会での自国の存在感や発言権につながること，つまり広い意味での国益を念頭に置いていると見るべきであろう。

7　国際協力と「国際公共財」

途上国への支援は，しばしば国際公共財あるいは国際公共財への貢献であるといわれる。この点を理論的に整理しておこう。

まず「公共財」（public goods）とは何か，確認したい。公共財

とは「市場原理のもとでは供給されないか,あるいは不十分な量しか供給されない財」をいう。ある財を市場が供給できないか,できるとしても不十分だとすると,政府がその供給を引き受けることが必要になる。したがって,公共財の概念は多くの政府活動の根拠となってきた。公共財は,2つの重要な性質を持っている。第1は,「便益を受けようとするどのような人も排除できないこと」(排除不可能性)である。たとえば,ポリオの予防注射を受けたいという1人の幼児を,予防接種プログラムから排除できないのは代表的な例である。第2は,「それを消費あるいは利用する人が増えても追加的な費用がかからない(便益を受ける人が増えることによる限界費用がゼロである)こと」(使用の同時性)である。たとえば,航行する船の安全のために半島の先に灯台が設置されたとしよう。灯台を維持する費用は,そこを通過する船の数が1隻増えても増加するわけではない。同じように,人口が1人増えたという理由で国防予算が増額されるわけではない。このような財やサービスは純粋の公共財の例であるが,前述の条件を完全に満たす純粋公共財(pure public goods)は少なく,国防とか公衆衛生(前述のポリオの予防注射の例を参照)などに限られるとされている。ただ,公共財の性格を濃厚に持つ財・サービスの例は少なくない。

　同じような視点で「国際公共財」を考えると,途上国への支援は国際公共財といえるのだろうか。ODAについては,以下の千明誠と深尾京司の考察[13]に見るような「純粋な国際公共財としての必要条件を完全には満たしていない」という見解が有力である。千明と深尾は,援助によって国際秩序が安定し,途上国の貧困が緩和されれば,援助は国際公共財の性格を持つと考える。しかし彼らは,多くのドナー諸国が輸出振興や資源確保を目的として,旧植民地への影響力保持を狙って,あるいは国連での支持を求め

て援助を行っている事実を指摘し，このような自国の国益を追求する援助は「私的財」であり，援助が公共財と私的財の2つの側面をあわせ持つ以上，援助は「不完全な公共財」(impure public goods) と見るべきであると主張する。援助が私的財であり国益を追求する以上，援助対象国が享受できる便益にも制約があり，したがって国際社会での純粋な公共財とはいえないとの指摘である。

これが経済理論的な視点からの整理であるが，援助によって実施される事業のなかには，ドナー側の動機や国益追求の意図にかかわらず，公共財としての性格を濃厚に持つものが多い。ざっと挙げるだけでも，（大気汚染防止，酸性雨対策，海洋汚染防止，野生生物保護，植林などによる）環境保全，広く住民に保健・医療サービスを提供するプライマリー・ヘルスケア，農村電化，遺跡修復，洪水防止，地震，サイクロン，洪水などの災害への緊急支援などがある。ODA が私的財としての側面を持つことは避けられないが，可能な範囲で国益追求を抑制し，上記のような地球社会が共通に享受できる公益を追求する努力によって国際公共財に近づくことが可能であり，望ましいと考える。

〈注〉
1) 英語の development に対応する2つの日本語として「開発」と「発展」がある。同一の英語の訳語であるが，「開発する」は「発展する」に比べてより能動的な感じを与えることなどもあって，日本語の文献ではこの2つの用語を使い分けている場合が多い。
2) 御厨貴・中村隆英編『聞き書 宮澤喜一回顧録』岩波書店，2005年，第10章。
3) 2015年時点で28か国プラス EU。日本と韓国を除いてすべて西欧諸国で，中国，中東産油国などの非西欧ドナーは含まれていない。
4) 榎泰邦「人はパンのみに生きるにあらず——文化と開発援助の接点

を探る」『外交フォーラム』No.140, 2000年4月, 48-53頁。
5) 通常のマクロ経済統計では, 世界各国の1人当たり国内総生産（GDP）や1人当たり国民総所得（GNI）が, 公定為替レートを使用した米ドル表示で示されているが, この数字を使って国際比較すると, 先進工業国と途上国の経済水準の差が過大に表示される結果となる。途上国の物価水準は先進工業国に比較して低く, 1ドル相当の金額の「使いで」は, たとえばアメリカと日本とインドとタンザニアでは大幅に異なるからである。たとえばインドの一般市民の理髪料金や映画館入場料は, 日本に比べてかなり安い。インドで100ルピーを使って買い物をすれば, （公定為替レート換算した）ドル金額を使ってアメリカで買い物するよりも, 多くの財・サービスを購入できる。なおGNIは, かつて広く使用された国民総生産（GNP）とほぼ同じである。

それぞれの国で, その国の通貨1単位が, どれだけの財・サービスを購入できるか, つまり, どれだけの購買力を持っているかを示す「購買力平価ドル」（purchasing power parity dollars）を推定し, それに基づいて各国の生産, 消費, 所得などを表示することによって, 公定為替レートでドル表示した数字とかなりの違いが生じ, 先進工業国と途上国の格差は縮小される。

6) World Bank, *Poverty Overview*, October 7, 2015.
7) 同上。
8) 西川潤『人間のための経済学』岩波書店, 2000年, 第9章。
9) 佐藤寛「社会開発に込められる多様な期待」佐藤寛・アジア経済研究所開発スクール編『テキスト社会開発――貧困削減への新たな道筋』日本評論社, 2007年, 4-8頁。
10) ポール・ストリーテン「人間開発の10年」UNDP『人間開発報告書』1999年版, 22-23頁。
11) 佐藤仁「開発援助における生活水準の評価――アマルティア・センの方法とその批判」『アジア研究』第43巻第3号, 1997年, 1-31頁; 野上裕生「アマルティア・センへの招待――基本概念を中心にして」絵所秀紀・山崎幸治編『アマルティア・センの世界』晃洋書房, 2004年。
12) ブルーノ・フライ, アロイス・スタツァー（佐和隆光監訳, 沢崎冬日訳）『幸福の政治経済学――人々の幸せを促進するものは何か』ダイヤモンド社, 2005年。
13) 千明誠・深尾京司「不完全な公共財としての国際援助」『経済研究』一橋大学経済研究所, 第44巻第1号, 1993年1月。

〈読者への推薦文献〉

Frey, Bruno and Alois Stutzer, *Happiness and Economics*, Princeton University Press, 2002(佐和隆光監訳,沢崎冬日訳『幸福の政治経済学——人々の幸せを促進するものは何か』ダイヤモンド社,2005年)

Searbrook, Jeremy, *The No-Nonsense Guide to World Poverty*, New Internationalist Publications, 2003(渡辺景子訳『世界の貧困——1日1ドルで暮らす人びと』青土社,2005年)

青山和佳・受田宏之・小林誉明編『開発援助がつくる社会生活——現場からのプロジェクト診断』大学教育出版,2010年

浅沼信爾・小浜裕久『途上国の旅——開発政策のナラティブ』勁草書房,2013年

絵所秀紀・山崎幸治編『アマルティア・センの世界』晃洋書房,2004年

黒崎卓・大塚啓二郎編『これからの日本の国際協力——ビッグ・ドナーからスマート・ドナーへ』日本評論社,2015年

佐藤寛・アジア経済研究所開発スクール編『テキスト社会開発——貧困削減への新たな道筋』日本評論社,2007年

下村恭民『開発援助政策』国際公共政策叢書19,日本経済評論社,2011年

下村恭民・小林誉明編『貧困問題とは何であるか——「開発学」への新しい道』勁草書房,2009年

西垣昭・下村恭民・辻一人『開発援助の経済学——「共生の世界」と日本のODA』(第4版),有斐閣,2009年

「ひとりじゃ生きられないニッポン」制作委員会編『ひとりじゃ生きられないニッポン——知ってるようで知らなかった日本と世界の関係55』文化工房,2010年

元田結花『知的実践としての開発援助——アジェンダの興亡を超えて』東京大学出版会,2007年

第2章　国際協力の基本的な仕組み

1　途上国への資金の流れ

　第1章で述べたように，国際社会では発展途上国に支援される資金，財・サービスなどをすべて金額に換算し，開発援助委員会（DAC）が，発展途上国への資金の流れの統計数字として毎年発表している。

　資金の流れは非常に多様な経路をとるが，**図 2-1** のように要約することができる。繰り返しになるが，ここでいう「資金」は，資金だけでなく各種の財・サービスを金額に換算したものを意味する。資金の流れの主要な"出し手"は，政府および政府機関，

図 2-1　国際的な資金の流れ

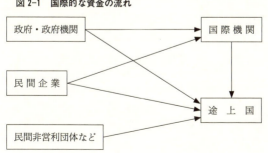

表 2-1　DAC 加盟国から途上国への資金の流れ（支出純額ベース）

	1995-99 平均	2000	2005	2010	2012
政府開発援助（ODA）	54,301	59,790	120,394	129,066	126,949
二国間贈与	34,075	37,134	92,907	90,988	88,574
二国間貸付	2,973	3,503	−715		
国際機関に対する出資・拠出	17,253	18,529	26,254	38,078	38,376
その他政府資金	10,105	−4,532	4,140	5,878	9,792
民間資金	112,894	78,330	182,885	344,386	307,772
輸出信用	2,918	7,352	5,563	27,069	9,082
直接投資金融	72,258	71,932	103,950	179,317	207,138
二国間証券投資	40,857	9,583	87,506	144,158	92,433
国際機関に対する融資	−3,138	−3,369	40	−6,157	−881
民間非営利団体による贈与	5,805	6,965	14,879	30,775	29,753
総　　計	183,106	139,725	319,806	510,106	474,267

（注）　輸出信用は1年超。2000年と05年については，表に含まれない項目の調整によって，小計および総計が合わないことがある。
（出所）　OECD, *Development Co-operation*, various issues.

民間企業，民間非営利団体（NGO，NPO など）と国際機関である。DAC 加盟国以外の国々，たとえば中国，インド，タイ，中東産油国，ロシア・東欧諸国なども"出し手"となっている。"受取り手"は基本的に途上国と国際機関である。国際機関は，各国政府から出資，拠出された資金や，市場で債券を発行して得た資金を使って途上国支援を行うので，資金の"受取り手"と"出し手"の二重の役割を持っている。途上国に対して直接行われる支援を「二国間協力」，国際機関を通じて行われる支援を「多国間協力」と呼ぶ。

DAC 加盟国からの資金の流れの長期的な趨勢は**表 2-1** に見る通りである。時期によって，また年によって変動が激しいが，変動の主な原因は「民間資金」の流れにある。1990年代後半の東

アジア通貨危機の影響に2001年の9.11アメリカ同時多発テロの打撃が重なって，21世紀の初めには「民間資金」の流れが急減し，それにともなって全体の資金の流れも減少したが，その後は，2008年のリーマン・ショックにともなう急減があったものの大幅な増加基調にある。1990年代に主要援助国の財政収支の悪化を背景として「援助疲れ」の現象が発生し，政府開発援助（ODA）の金額も停滞したが，その後は着実に増加を続けている。NGOによる贈与は持続的な増加傾向にある。途上国への資金の流れの"出し手"別の構成は，民間資金の流れの不安定な増減を反映して変化が激しい。

それでは資金，財・サービスなどから構成される「資金」は，さまざまな"出し手"から，どのようにして途上国の"受取り手"まで到達するのだろうか。まず"出し手"が資金を"受取り手"に直接流すケースが考えられる（**図2-2-A**）。以下のような事例がある。①1990年代後半に発生した東アジア通貨危機の際に，外貨不足に直面したタイ，インドネシアなどの国々に対して，日本が決済資金を緊急支援した「新宮澤構想」に代表される緊急外貨支援，②民間銀行が途上国に対して行う融資，あるいは民間企業による緊急外貨支援，③民間企業が途上国に進出して設立した現地企業の資本金，④日本の「里親」からNGOを通じて途上国の貧困児童に送られる奨学金などである。

実際には**図2-2-B**のケースが多く，これを「資金の流れ」の標準的なルートと見ることができる。この場合には3つの主要なアクターが存在する。第1のアクターは，"受取り手"となる途上国の政府，民間企業，（恵まれない人々や村人などの）一般市民である。発展途上国の政府や人々が，現状から"より良いと思う状態"に向かって進もうとする努力（国づくり・人づくり）の過程で，さまざまな財あるいはサービスが必要になる。途上国がこれ

図 2-2-A　資金の流れ：直接移転方式

図 2-2-B　資金の流れ：立替え払い方式

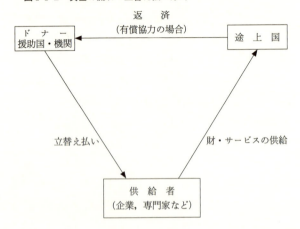

らを全面的に国内で賄うことは難しいから，ある程度は外国から輸入しなければならない。第2のアクターは，このニーズに対応して財（たとえば病院や発電所）やサービス（たとえば農業技術やIT技術）を供給する「供給者」である。多くの場合に供給者は企業であるが，個人としての専門家やNGOの場合もある。途上国側が財・サービスを輸入するためには，外貨による支払いが必要になるが，途上国では常に外貨が不足気味であり，外貨の制約のために国づくり・人づくりが思うように進まないことが多い。これを克服する1つの方法は，必要な財・サービスの輸入代金を，資金の流れの"出し手"が立て替えて供給者に支払うことである。"出し手"が第3のアクターである。**図 2-2-A** の場合と異なり，資金が途上国側に直接渡されるわけではなく，資金の流れの"出

し手"が供給者に対して輸入代金を立替え払いする。このような立替え払いが経済協力となる。立替えの実例をいくつか見てみよう。ODAの場合には政府・政府機関が立替えを行う。民間企業のメーカーが途上国に発電機を輸出する場合には,「サプライヤーズ・クレジット」の仕組みが多用されるが,この仕組みのもとでは,メーカー自身あるいは商社や銀行が立替えを行う。NGOが難民キャンプで医療を行う場合には,旅費や滞在費をNGOが自己負担するが,これも一種の立替え行為と見ることができる。なお,資金の流れの"出し手"が国際機関の場合にも,上記の2つのルートのいずれかを経由して,必要な財・サービスが途上国に渡る。"受け手"である途上国側が,立替えを受けた金額を"出し手"に返済する場合を「貸付」(loan),返済が求められない場合を「贈与」(grant)と呼ぶ。

第1章に述べたように,DACが多様な"出し手"からの資金の流れ(DACの用語では開発協力,日本の用語では経済協力)の統計を作成する。DAC加盟国から途上国への資金の流れの数字は**表2-1**,日本の実績は**表2-2**の通りである。なお2つの表の「資金の流れ」の数字には,政府・政府機関および民間企業から国際機関への資金の流れが含まれているため,「実際に途上国に流入する金額」とは異なる。この2つの金額の差は,以下のように整理できる。

途上国への資金の流れ(経済協力の規模)
　＝各国から途上国への資金＋各国から国際機関への資金
実際に途上国に流入する資金額
　＝各国から途上国への資金＋国際機関から途上国への資金

経済協力とくにDAC加盟国の経済協力については,こうしてデータが整備されているが,さらに範囲を広げて「国際協力」を量的に把握しようとすると,残念ながらデータの不足が障害とな

表 2-2 日本から途上国への資金の流れ （2010 年度）

(支出純額ベース，単位：100 万ドル)

政府開発援助（ODA）	11,112
二国間贈与	6,955
二国間政府貸付	474
国際機関に対する出資・拠出	3,684
その他政府資金	5,644
民間資金	22,674
輸出信用（1 年超）	−8,637
直接投資	26,300
二国間証券投資等	4,020
国際機関に対する融資	992
民間非営利団体による贈与	692
総　　　計	40,123

(出所) 外務省『政府開発援助（ODA）白書』2012 年版。

り，事例を中心とする断片的な情報から全体像を類推せざるをえないのが実情である。このような状況を考慮して，以下では，国際協力のうち経済協力について，基本的な仕組みをさらにくわしく眺めてみよう。

2　資金の流れと条件

途上国側にとって流入する資金の「量」とともに，「どのような条件か」という点が重視される。重要な条件の1つは金融条件，とくに「返済が必要かどうか」であり，返済が必要な場合には，金利水準と返済期間が問題となる。もう1つの重要な条件は，資金導入が特定の国からの輸入を義務づけているかどうかであり，言い換えれば「ひも付き」の有無が問題となる。

2-1 金融条件

途上国側から見て最も有利な金融条件は、返済義務をともなわない資金の流れとしての「贈与」である。**表2-1**および**表2-2**の経済協力実績の数字には、2つのタイプの贈与が含まれている。1つは贈与ベースのODAであり、日本の援助の仕組みでは「無償資金協力」と「技術協力」から構成される。途上国は、「無償資金協力」のもとで緊急支援の食糧・医薬品、小学校、病院・保健所などの財を、「技術協力」のもとで技術や経験の移転というサービスを手に入れる。もう1つの贈与は、NGO（民間非営利団体）による支援である。この場合もモノやチエの流れである。

途上国は、民間企業による直接投資（Foreign Direct Investment: FDI、途上国に現地会社を設立して生産活動を行う）の流入を強く希望しており、「援助より投資を」という声が強い。直接投資は資金の流入だけでなく、現地で生産活動を行うことによって雇用を創造し、技術や経営ノウハウを移転し、経済成長に寄与するために、途上国にとって大きな魅力があるが、同時に途上国側は、返済に相当する負担がない点にも魅力を感じている。現地に設立された企業が軌道に乗り利益をあげると、利益の一部が親会社に利益送金されるが、返済が義務づけられている対外借入に比べて途上国側の負担が軽いからである（ただ、直接投資は贈与には該当しない）。もっとも、森林、石油、鉄鉱石などの資源を開発して国外に輸出する古典的な直接投資の場合には、途上国に巨大な近代的設備こそ出現するものの、アパレルや家電の工場とは異なり、地元での雇用創造効果は少なく、また途上国の人々への技術移転はあまり期待できないので、直接投資を一括して扱うことは適当でない。

途上国に返済負担が生じる対外借入の場合には、返済負担の度合いの低い、言い換えれば金利が低く返済期間の長い融資条件が、

途上国側から優先度を与えられる。政府・政府機関から出される資金の流れで，商業ベースの金融と比較して一定の程度以上に有利な条件のものを，国際社会ではODAと呼び，金融条件がそこまで有利ではないケースを「その他政府資金」（Other Official Flows: OOF）と呼んでいる。

2-2 調達条件

資金の使途が"出し手"の国からの資機材やサービスの購入義務と結びつけられている場合がある。ODAの場合には財・サービスの調達が国際競争入札で行われるのが一般的であるが，援助国の企業のみが入札に参加できる場合を「ひも付き」（tied）条件，入札参加資格に関する国籍の制限がまったくない場合を「アンタイド」（untied）条件という。ひも付き条件については援助の動機が自国製品の輸出振興ではないかという批判があるが，ひも付き条件のもとでは，資金を受け入れた側が，質の良い財・サービスを有利な価格で購入する自由が制約されるから，途上国側はアンタイド条件を希望するのが一般的である。この点には例外もあり，途上国側が価格よりも技術的な水準の高さを求める例も少なくないが，競争の参加者の範囲が広いほうが有効な競争が確保でき，結果として開発援助も有効になると考えるべきであろう。

ひも付き条件の援助に対する批判は古くからあったが，かつては，ほとんどの贈与の援助がひも付き条件で行われていた。他方で，日本の貸付の援助（日本では「有償資金協力」と呼ばれ，「円借款」という名称で広く知られている）はアンタイド化が進み，アンタイド条件の比率が高かった（1997年度の円借款のアンタイド比率は99％だった）。その結果，1990年代半ばまでは，贈与の援助が多いヨーロッパ諸国のアンタイド比率が低く，日本のアンタイド比率が高いという状況が続いていた（**表2-3**）。ところが，1990

表 2-3 主要援助国のアンタイド率の推移

(単位:%)

	1993	1999	2005	2010
日　　本	83.9	86.4	89.6	93.7
アメリカ	—	—	—	69.5
イギリス	35.2	91.5	100.0	100.0
ド イ ツ	47.9	93.2	93.0	96.0
フランス	31.5	68.0	94.7	96.6

(出所) ODCD, *Deveiopment Coopertion*, various issues, 外務省『政府開発援助(ODA)白書』2010年版。

年代後半になると，国際援助社会のなかで「贈与もアンタイド化すべきだ」という主張が強くなった。この論議を主導した1人であるイギリス労働党政権のクレア・ショート国際開発相(当時)が強調したのは，以下の3点であった[1]。第1に，特定国からの購入が条件づけられると，競争が制限され契約価格が割高になる。第2に，援助する側の関心が途上国への支援よりも自国企業の契約に向けられるため，汚職が発生しやすくなる。ショートはイギリスの保守党政権がマレーシアに供与したパーガウ・ダム(Pergau Dam)事業に関する疑惑を具体例にしながら，問題点を強調した。第3に，ひも付き援助によって各国からさまざまな仕様の資機材が供給される結果として，途上国内での技術的な統一性が失われ，在庫管理などの負担が増えて非効率になる。

ショートに代表される「援助アンタイド化」の主張の高まりのなかで，伝統的にひも付き率の高かった贈与の援助においてもアンタイド化の動きが進み，1990年代後半からヨーロッパの主要援助国のアンタイド率は急速に高まった(**表 2-3**)。なお，日本の贈与(「無償資金協力」と「技術協力」)は実質的にひも付き条件のままとなっており，その結果，アンタイド率でみると DAC メン

バーのなかでの日本の順位は次第に下がった。近年の調達条件を見ると，バブル崩壊後の経済の停滞を反映した「狭い国益」の追求が顕在化しており，日本の援助の懸念材料となっている。具体的には，円借款の下でのひも付き条件である「本邦技術活用条件」(STEP) の適用比率が上昇傾向にある。日本の優れた技術を途上国に活用してもらいたいとの趣旨であるが，クレア・ショートが提示した問題点を考えると，慎重な運用が必要であろう。

〈注〉
1) "Protectionism in Aid Procurement: Disposing of a Dinosaur," A Speech by Clare Short, Secretary of State for International Development, Department for International Development, Dec. 2, 1999.

〈読者への推薦文献〉
外務省『日本の国際協力』(政府開発援助〔ODA〕白書) 各年版
城山英明『国際援助行政』東京大学出版会，2007 年
城山英明『国際行政論』有斐閣，2013 年
中尾武彦「我が国の ODA と国際的な援助潮流」『ファイナンス』第 40 巻第 10 号・第 12 号
西垣昭・下村恭民・辻一人『開発援助の経済学――「共生の世界」と日本の ODA』(第 4 版)，有斐閣，2009 年

第3章　途上国支援アプローチの変化
——初期の潮流（1980年代末まで）

1　はじめに

　第2次世界大戦の終了後，アジアやアフリカの国々が，長年の植民地支配を克服して次々に独立した。とくに1960年にはサブサハラ・アフリカ（サハラ以南のアフリカ）だけで17カ国が独立を達成し，「アフリカの年」といわれた。これらの若い国々は民族主義の熱気と国づくりの希望にあふれていたが，同時に，厳しい制約条件のもとで多くの課題に直面していた。その後の長い年月に発展途上国はさまざまな経験をしたが，その過程で途上国の状況も，直面する課題も多様化してきた。目を引くのは2つの格差の顕在化である。まず途上国の間の経済パフォーマンスが，明らかに二極化の傾向を示している。東アジアが経済成長を続け，南アジアでも成長率が改善を見せる一方で，サブサハラ・アフリカや後発開発途上国（LDC）は停滞を続けている（**表3-1**）。その間に，多くの途上国の国内で格差拡大が顕在化した。こうした変化の過程で，途上国が取り組む課題が変化するとともに，途上国の自助努力を支援する国際社会の課題も変化を続けてきた。

　途上国を取り巻く国際環境の変化や途上国が直面する課題の変

表 3-1 途上国の発展実績の二極化

（1人当たり GDP 実質平均成長率，単位：％）

	1975-2005	1990-2005
途上国平均	2.5	3.1
後発途上国平均	0.9	1.8
東アジア・太平洋	6.1	5.8
南アジア	2.6	3.4
中南米	0.7	1.2
サブサハラ・アフリカ	−0.5	0.5

（出所）UNDP, *Human Development Report 2007/2008*.

化に対応して，国際社会の支援アプローチも，長い年月の間に試行錯誤を繰り返してきた。それは，「どうすれば途上国は貧困を克服できるのか」という，古くて新しい問いかけに対する回答の模索の歴史ともいえるだろう。本章では1980年代末までの支援アプローチの変遷を振り返り，第4章で90年代以降の潮流の変化を概観したい。

2 南北問題の登場と「国連開発の十年」

第2次世界大戦が終わり，やっと平和な時代が訪れるという期待は裏切られ，世界は「東西対立」，つまりアメリカとソ連という2つの超大国の間の抗争に覆われた。もっとも，この厳しい対立が，途上国への経済協力の始動にとって有利な環境を作り出したことは否定できない。それは，この時期の西側世界で圧倒的な経済力を持っていたアメリカが，1947年の「トルーマン・ドクトリン」に沿って，「共産主義に抵抗する自由な人々」に対する軍事援助・経済援助を精力的に開始したことに現れている。この時代の「自由陣営」への支援には，西欧諸国の復興を支援するための「マーシャル・プラン」も含まれていたが，次第に途上

国への支援が比重を増した。このような戦略的視点あるいは援助の動機と並んで、アメリカは対外援助の理念を明確にした。「世界平和に対するアメリカ国民の責務」という理想主義的な理念である。49年の就任演説で、トルーマン大統領は「(低開発地域の国民の貧困が) 彼ら自身のみならず、より豊かな地域にとっても重荷であり、脅威である」ことを強調して、「わが国は科学の成果と産業の進歩の利益を低開発地域の改善と成長に役立てる」[1]ための計画を提案した。これが「ポイント・フォア計画」と呼ばれたものである。世界戦略と人道的視点は、アメリカの援助における2つの柱となった。

1950年代が進んで、東西間の緊張に「雪解け」が生まれると、平和共存のなかで東西の両陣営が「第三世界」の支持を得ようとして、それぞれ途上国に対する支援を積極化した。60年にイギリスの外交官オリバー・フランクスが述べたように、東西対立に加えて「南北問題」(north south problem) という座標軸の重要性が認識されはじめたのである。

南北問題の重要性が高まるなかで、アメリカのケネディ大統領は、1960年代を「開発の十年」とするよう国連総会に提案し、採択された (1961年)。こうして、第1次から第3次までの「国連開発の十年」において、途上国の長期開発戦略が打ち出され、また国際的な開発目標も設定された。70年代の「第2次国連開発の十年」で導入された「ODA国際目標：ODAを先進国の経済規模 (GNP) の0.7%とする」は、その後も「ミレニアム開発目標」に関する提言 (recommendation) として維持されてきた。70年当時の実績は0.34%であったが、その後の先進工業国の「援助疲れ」のなかで、90年代には0.25%以下まで低下した。2012年の実績はGNI (国民総所得) の0.29% (EU加盟国のDACメンバーに限れば0.40%) である[2]。

「国連開発の十年」の基本思想は、大量の資本と技術を途上国に投入しようとするものだった。「途上国はなぜ貧しいのか」という問いに対して、主な理由が資金と技術の不足であり、援助を通じて必要な資金と技術が供給されれば制約条件が克服され、途上国の潜在力が解放されて持続的な成長軌道に乗ると判断したのである。当時の代表的な国際経済学者であったラグナー・ヌルクセは、途上国の状況を、貧しいために貯蓄ができず、十分な貯蓄ができないため投資ができず、現状から脱却できない状況、言い換えれば、貧しいために財やサービスの購買力が低く、したがって市場が発達しない状況としてとらえ、「貧しい国は貧しいがゆえに貧しい」という「貧困の悪循環」を唱えた[3]。このような診断に基づいて、外部からの大量の資金と技術を投入する「ビッグ・プッシュ」（big push）の支援アプローチが登場した。このアプローチのもとでは、途上国への資金移転の必要量は、基本的に途上国の国内貯蓄と所要資金量の差額である。

1960年代の途上国の経済成長率は年率5.5％であったから、歴史的に見ると順調な成長の時代であったが、人々は急速なキャッチアップを期待していたから、失望が大きかった。「北」と「南」の双方から打開のための提案がなされた。70年代に途上国が主張した国際経済体制の根本的変革の提案と、国際機関やアメリカによって唱えられた「ベーシック・ヒューマン・ニーズ」のアプローチを紹介したい。

3 「新国際経済秩序」の試み

なぜ南北間に格差が存在するのか。アルゼンチンの経済学者ラウル・プレビッシュは、これを次のような構造的問題として説明した。世界は工業化された「中心国」と、農産物など未加工の一

次産品を生産する「周辺国」から構成される。国際貿易の歴史を振り返ると，一次産品の国際価格は，工業製品の価格に比べて趨勢的に低下してきた（一次産品国の交易条件が悪化してきた）。このままでは周辺国の国際収支が悪化しマクロ経済運営が厳しくなることは避けられないから，何らかの打開策が必要である。

このような観点からプレビッシュは，周辺国である途上国の工業化と，中心国に有利な形となっている既存の国際経済ルールの変更を主張した。具体的な制度として提案されたのは，①一次産品の在庫量の調節によって価格安定を図る「国際商品協定」の仕組み，②先進国側が途上国側に一方的に特恵的地位を与える「一般特恵制度」，③一次産品生産国の交易条件の悪化を相殺するための「補償融資制度」などであった[4]。これらの提案は，「援助より貿易を」のスローガンのもとに，第1回の「国連貿易開発会議」（United Nations Conference on Trade and Development: UNCTAD）に提出され，大きな反響を引き起こした。

1973年秋に発生した第1次石油危機による原油価格の高騰は，世界経済に大きな衝撃を与えたが，同時に，一次産品価格の操作によって途上国の交渉力を高めるというプレビッシュの構想の妥当性を示すものでもあった。これに勢いを得た途上国側は，74年の国連総会で「新国際経済秩序（New International Economic Order: NIEO）樹立に関する宣言」の採択を勝ち取った。新国際経済秩序には2つの柱があった。第1は，天然資源に関する主権を国際資本から奪い返して，それを武器とした経済的自立を達成しようとする途上国の「資源ナショナリズム」であり，これは2回の石油危機を通じて現実のものとなった。第2は，前述のような新しい"公平な"国際貿易の仕組みの基礎となる「主権の平等」の原理である。言い換えれば，この宣言の基本的な考え方は，戦後世界の経済秩序であったIMF・GATT体制に対抗する

原理でもあった。

　新国際経済秩序を求める途上国の動きは1970年代を通じて進展し、「南」の人々に誇りと希望を与えたが、その輝きの持続期間は短く、80年代に入ると急速にその勢いを失った。2度にわたる石油危機が、非産油途上国の国際収支の悪化を通じて債務負担を増加させ、債務危機に陥った途上国は先進国の資金支援を求めざるをえなくなり、途上国側が交渉力を失ったためである。

4 「ベーシック・ヒューマン・ニーズ」のアプローチ

　同じ時期に先進国の間では、「国連開発の十年」のアプローチに対する批判が高まっていた。「国連開発の十年」の背景には、経済が成長すればその果実が時間とともに途上国社会に広がっていくという、いわゆる「トリクル・ダウン」（trickle down）の前提があったが、現実にはトリクル・ダウン効果は限定的であり、経済成長の果実を享受できるのは限られた層にとどまり、所得格差の拡大や貧困問題の悪化が進んでいるという批判が顕在化した。途上国の経済成長の成果が底辺の民衆をバイパスしてしまうという政策課題に対応するために、途上国支援の新しい戦略が登場した。「ベーシック・ヒューマン・ニーズ」（Basic Human Needs: BHN、人間の基本的ニーズ）のアプローチである。

　ベーシック・ヒューマン・ニーズのアプローチは、後述するように、さまざまな組織・専門家によって同時並行的に打ち出されたが、共通しているのは、人間として最低限必要な食料や栄養、基本的な社会サービス（医療・保健、衛生、初等教育など）を、貧困層に効果的に届くような方法で供与しようとする基本的な考え方である。国際労働機関（International Labor Organization: ILO）は、1972年の報告書で開発戦略の転換を強く求め、「生産的雇用

の拡大，貧困の根絶，極端な不平等の縮小，成長の成果のより平等な分配」を提案した[5]。アメリカでは，議会の強い主導権のもとに「対外援助法」が改正され（1973年），援助の「新しい方向」(new direction) に沿って，社会セクター（食料，栄養，人口計画，保健，衛生，教育などの分野）と農業を優先分野とし，貧困層や恵まれない人々に対象を絞った援助が提唱された。また同じ頃，世界銀行のロバート・マクナマラ総裁が，ベーシック・ヒューマン・ニーズ重視の方向への転換を行い，途上国に対して成長の恩恵が貧困層に広く行き渡るような政策の採用を強く訴えた。

1970年代には，「南」からの新国際経済秩序の構想と並んで，「北」からのベーシック・ヒューマン・ニーズのアプローチが従来型の大規模援助方式に対する鋭い批判を展開し，新たな潮流となったが，この潮流は80年代に入ると影を潜めた形になった。途上国の債務危機が深刻化し，世界銀行や国際通貨基金（IMF）主導の，新古典派経済理論に基づいたマクロ経済改革が支配的なテーマとなったからである。ただ，ドナー社会がマクロ政策論議に覆われても，農村開発や社会セクターは途上国支援のなかで重要な位置を占め続け，やがて80年代後半に，貧困問題の重視として再び脚光を浴びるようになった。

5 途上国債務危機と「構造調整アプローチ」

1980年代に入ると，途上国を取り巻く国際環境は急速に悪化した。2度の石油危機に続いて先進国経済がスタグフレーション（景気低迷とインフレの併存）に見舞われたからである。国際環境の影響から多くの途上国のマクロ経済状況が急激に悪化した。財政赤字と国際収支赤字が拡大するなかで，多くの途上国が資金不足・外貨不足の苦境を乗り切ろうとして対外借入を進め，その結

果,対外債務が返済不能に陥るケースが続発した(累積債務問題)。82年の夏に起きたメキシコの債務不履行が典型的な例である。こうして,「どのようにして債務危機を克服するか」が,80年代の途上国支援の中心テーマとなった。

深刻な債務危機発生について2つの説明があった。第1は,前述のような国際環境の悪化に注目するものである。1970年代に発生した2度の石油危機は,原油価格の高騰によって非産油国を直撃しただけでなく,その後の世界的不況や一次産品国際価格の低迷などの後遺症を通じて,産油国を含めた多くの途上国の外貨収入を減少させた。このような逆風のなかで途上国が国際収支の赤字を抑制し必要な外貨を確保することは困難だった。他方,国際環境に着目したこのような説明に対して,世銀やIMFは,途上国の経済政策や制度の欠陥を重視する視点を提示した。途上国の経済政策の失敗が危機の主因と主張したのである。彼らが強調したのは,多くの途上国に見られた過剰な規制と政府介入だった。世銀やIMFの診断は,規制と政府介入が,不必要な公共投資と補助金,非効率で赤字体質の国営企業などを増殖して財政赤字を増加させ,また,規制によって民間企業の活動が束縛され,非効率な経済構造が国際競争力の低下につながって国際収支を悪化させたというものであった。「不健全な経済政策が,途上国の経済発展を阻害している」という基本認識は,一貫して世銀やIMFの助言の前提となっている。

外貨不足に直面した国への緊急資金支援はIMFの役割であったが,IMFの資金だけで途上国債務危機を乗り切れないと判断した世銀は,1979年に「構造調整融資」(Structural Adjustment Loan: SAL)の制度を導入した。これは資金援助の条件として経済改革プログラムの実施を求めたもので,このような,融資に際して市場メカニズム重視の経済政策の導入を条件づけるアプローチ

は「構造調整アプローチ」と呼ばれる（くわしくは第5章参照）。「構造調整アプローチ」のもとで，途上国政府は緊縮予算や金融引締めを実施するとともに，規制緩和，自由化，民営化，分権化などの具体的な改革プログラムを作成して，世銀の承認を得ることを求められた。従来，発電所や道路建設など個別の開発プロジェクトに対する融資を中心として活動してきた世銀にとって，マクロ経済政策を支援するSALの採用は大きな転機となった。なおIMFも，86年に同じような考え方に基づいた「構造調整ファシリティ」（Structural Adjustment Facility: SAF）を導入した。

　1989年にベルリンの壁が崩壊し，東欧，旧ソ連，モンゴル，インドシナなど，ユーラシア大陸の広大な地域で市場経済への移行が始まると，西側諸国と世銀やIMFは，構造調整アプローチを援用する形で市場経済移行への資金支援を開始した。1990年代後半に発生した東アジア金融危機の際の緊急支援においても，同様の考え方に基づいた改革プログラムの採用が国際社会の融資の条件となった。

　こうして構造調整アプローチは，さまざまな時代のさまざまな問題に対する処方箋として提示されてきたが，振り返ると，その成果は対象国の状況によってまちまちであった。1980年代前半の韓国やタイ，市場経済移行初期のポーランドなどでは，構造改革プログラムの効果が短期間に現れたと評価されているが，多くの途上国とくにサブサハラ・アフリカで見るべき成果をあげられなかったことは，世銀の報告書『アフリカの構造調整』（*Adjustment in Africa*）で，世銀自身が認めている。

　構造調整アプローチに対する多様な批判のなかで，以下の2点は最も本質的な問題を取り上げていると考える。第1は，社会的弱者への影響に関する批判であり，性急な市場原理の導入や短期間にマクロ経済指標を改善しようとする緊縮政策が，社会的

弱者に過度の「痛み」を引き起こすことは、当初から指摘されてきた。多くの途上国では、低所得層が食料や燃料などを購入できるように、これら生活必需品の価格を生産費用よりも低く設定して、差額を価格補助金で補塡している。価格自由化政策のもとで価格補助金が廃止されると、財政収支が改善し資源配分が合理化される一方で、生活必需品の価格高騰が低所得層の生活を直撃する結果となる。また、多くの途上国では為替レートが過大評価されているが、性急に市場レートに移行すると輸入価格が上昇し、結果として食料や燃料の価格も上昇して、低所得層の生活条件を悪化させる。国営企業の民営化の過程での人員整理や、緊縮政策による経済活動の停滞なども、その影響が社会全体で均等に負担されるわけではなく、低所得層や交渉力の弱い人々にしわよせされる傾向が顕著である。こうした批判に応えて、世銀は、構造調整アプローチの負の影響を緩和する社会的安全網の整備に努力してきたが、なかなか有効な対策を見出せないでいる。

第2の主要な批判は、「健全な経済政策が経済成長をもたらす」という基本的な前提が、あまりに単純ではないかという疑問である。サブサハラ・アフリカに代表されるような後発途上国では、市場機構が十分に発達しておらず、市場原理や価格機能の働きに期待をかけても成果が出ない。前述のように世銀は、アフリカでは構造調整だけでは限界があることを認め、次のように述べた[6]。「構造調整プログラムは、アフリカのすべての問題を解決することはない。構造調整にできることは、成長の復活に必要な基盤を作り出すことだけである。貧困削減や生活水準の改善には、人的資本やインフラへの持続的な投資、制度能力の改善が必要である。資源が開発目標の達成に使用されるためには、何よりも、強いリーダーシップと良い統治（グッド・ガバナンス）が必要である」。

6 「持続可能な開発」の思想

1980年代の後半になると、かなりの数の途上国で、累積債務問題の危機管理が何とかヤマを越えたと実感されるようになり、視野を広げて地球社会が直面している各種の基本問題（グローバル・イシュー）について考える余裕が戻った。グローバル・イシューと呼ばれたものには以下のようなものがある。

①地球環境問題
②貧困など社会開発のテーマ：貧困、（所得・地域・ジェンダー、人種などに関する）格差、人口、飢餓・栄養、教育、ジェンダー、麻薬、感染症・HIV／エイズ、組織犯罪など
③政治的テーマ：民主化、人権、「良い統治」（グッド・ガバナンス）、汚職・腐敗、難民
④グローバリゼーション、市場経済化

これらのグローバル・イシューのなかで、最も早い時期に大きく取り上げられたのは地球環境問題であった。1983年の国連総会の決議に基づいて設置された「ブルントラント委員会」（「環境と開発に関する世界委員会」、委員長は当時のノルウェーの女性首相であったグロ・ハーレム・ブルントラント）の報告書『われら共有の未来』（*Our Common Future*）は、そのキーワードであった「持続可能な開発」（sustainable development）の概念によって、世界的な影響を持った。「持続可能な開発」は、大量生産・大量消費・大量廃棄の経済社会システムを変革する基本原理となっている。ブルントラント委員会の報告が大きなインパクトを持った原因の1つは、当時、南極上空の成層圏でのオゾン層の減少（「オゾン・ホール」）が注目を集めるなどの、環境破壊に関する認識の広がりであった。

なお，国際社会における地球環境問題の検討の源流は，1972年にストックホルムで開催された第1回「国連人間環境会議」であった。この会合の結果，国連のなかに環境問題を担当する専門機関として国連環境計画（United Nations Environment Program: UNEP）が設立された。72年はまた，ローマ・クラブの報告書『成長の限界』が「資源を浪費し続けるならば人類の生存すら危うくなる」と警告を発した年でもある。その後しばらくは，石油危機や世界的スタグフレーション，さらに途上国債務危機などによる激動の時期が続いたために，地球環境問題が脚光を浴びることはなかったが，80年代後半になって再び国際社会の関心を集める状況が整ったのである。ここで留意する必要があるのは，ブルントラント委員会のメンバーの過半数が途上国の有識者であったことである。当時，先進国側が環境破壊に関する危機感を強めていたのに対して，途上国側は別の危機感を共有していた。途上国の人々から見れば，世界的な環境破壊は産業革命以後の工業化の過程で，先進諸国が環境配慮を怠ったために引き起こされたものであり，世界的な環境保全の動きが途上国の経済成長あるいは生活水準の改善を制約することが懸念された。「発展の権利」を掲げる途上国側と先進国側との微妙なバランスの上に「持続可能な開発」の概念が合意されたのである。「持続可能な開発」の概念は，「将来の世代がそのニーズを充足する能力を損なわないように，現在の世代のニーズを充足させる開発」として定義されているが，その背景には，「技術にも社会制度にも改善の余地があり，改善によって制約条件は緩和されうる」つまり「限界は成長する」（growth of limits）との認識があった。

　『われら共有の未来』の報告書を契機として，地球環境問題に関する関心が加速し，1992年にリオデジャネイロで開催された「地球サミット」（「国連環境開発会議」）につながっていく。地球

サミット以降の潮流については,第7章「持続可能な開発への取組み」で論じることとしたい。

〈注〉
1) David Lumsdaine, *Moral Vision in International Politics: The Foreign Aid Regime, 1949-1989*, Princeton University Press, 1993, pp. 221-222.
2) OECD, *Development Co-operation Report 2014*.
3) 絵所秀紀『開発の政治経済学』日本評論社,1997年,14頁。
4) 国際連合貿易開発会議編(外務省訳)『プレビッシュ報告——新しい貿易政策を求めて』国際日本協会,1964年,第2部。
5) 絵所・前掲書,101-02頁。
6) World Bank, *Adjustment in Africa*, Oxford University Press, 1994, p. 219.

〈読者への推薦文献〉
de Steiguer, J. E., *The Age of Environmentalism*, McGraw-Hill, 1997(新田功ほか訳『環境保護主義の時代——アメリカにおける環境思想の系譜』多賀出版,2001年)
石川滋『国際開発政策研究』東洋経済新報社,2006年
絵所秀紀『開発の政治経済学』日本評論社,1997年
小川裕子『国際開発協力の政治過程——国際規範の制度化とアメリカ対外援助政策の変容』東信堂,2011年
下村恭民『開発援助政策』国際公共政策叢書19,日本経済評論社,2011年
白井早由里『マクロ開発経済学』有斐閣,2005年
西垣昭・下村恭民・辻一人『開発援助の経済学——「共生の世界」と日本のODA』(第4版)有斐閣,2009年
元田結花『知的実践としての開発援助——アジェンダの興亡を超えて』東京大学出版会,2007年

第*4*章　21世紀の新しい潮流

1　新しい潮流の概観

　1990年代に入ってから現在までの約25年間に，途上国への支援に関するさまざまな提言や問題提起が行われ，国際協力の潮流は大きく広がり多様化している。その結果として近年までに，「21世紀の潮流」とでもいうべき新しい考え方が姿を現している。本章では，このような国際協力の新しい潮流を概観し，その意義と課題を考えたい。

　さまざまな新しい概念が導入され，数多くのテーマが取り上げられ，多様な視点・戦略・アプローチが提示されてきたが，一貫して流れているのは貧困の深刻化に関する強い懸念，ポール・コリアー（オックスフォード大学）が「底辺の10億人」(the bottom billion) と呼ぶ状況への懸念である。「貧困の主流化」とも形容される。ただこの新しい潮流が「格差」「不平等」をどう考えているかは，必ずしも明確でない。その一方で途上国の状況は複雑化しており，問題の所在は一様ではない。国連のミレニアム開発目標レポート[1]が述べるように，極度の貧困は過去20年間に急速に減少した。現在の貧困線である1日1.25ドル（購買力平価ベー

ス:第1章注5を参照）以下の所得水準の人々は,1990年に途上国人口の半数近くを占めていたが,この比率は2015年には14％に低下した。極度の貧困状態にある人々の人口は1990年当時の19億人から半分以下（9億人以下）に減少した。この他のミレニアム開発目標についても顕著な改善が見られる。このように途上国全体として多くの点で進展が見られる一方で,強く懸念されているのは,サブサハラ・アフリカ（サハラ以南のアフリカ）に代表される取り残された国々があり,多くのグローバル・イシューが取り残されたテーマとなっており,また,中国やインドのように,めざましい進展を示す国々のなかにも,取り残された地域や人々が多いことである。このような問題意識に基づいて,貧困や開発に関する新しい理念,視点などが提示された。

取り組むべき対象が,取り残された国々,取り残された人々,取り残されたテーマであるだけに,長年の努力にもかかわらず事態の改善が遅々として進んでいないという認識が広がっており,途上国支援,とくに従来型の支援アプローチに対する無力感が顕在化している。この状況の下で,2015年末にミレニアム開発目標が期限を迎え,新たに持続可能な開発目標（Sustainable Development Goals: SDGs）が導入された。SDGs が直面する状況については,本章の最後の部分で取り扱うこととしたい。

本章では新しい理念と戦略,そして新しい担い手へのニーズに対応する国際的潮流を概観し,代表的な側面については,本書の第2部「国際協力のフロンティア」と第3部「国際協力の主要なアクター」で詳細に検討する。

2 UNDPの提案
——「人間開発」と「人間の安全保障」

1990年代に入ると,国連開発計画(UNDP)が精力的な発信活動を開始し,90年に最初の『人間開発報告書』で「人間開発」(human development)の概念を提示し,94年の『人間開発報告書』で「人間の安全保障」(human security)の概念を提示した。この2つの概念は,その後の国際社会の開発と貧困の論議において重要な役割を果たしてきている。

1990年の『人間開発報告書』では,人間開発を次のような形で定義した[2]。すなわち,人間開発は,「人々の選択肢を拡大するプロセス」であり2つの側面を持つ。第1の側面は,「健康,知識,技能などの改善を通じた人間の潜在能力(capability)を形成する」ことであり,第2の側面は,「人々が獲得した潜在能力を,(レジャー,生産活動,あるいは文化的・社会的・政治的活動に)使用させる」ことである。このような概念規定は,第1章に述べたように,アマルティア・センの「ケイパビリティ(潜在能力)・アプローチ」の考え方に基づいている。同報告書はまた,購買能力,長生きする能力,知識を身につける能力を総合した「人間開発指数」(Human Development Index: HDI)を発表した。ただ第1章に述べたように,この指数自体がどの程度センの思想を反映しているか,従来の視点にどれだけの付加価値を加えたかについては課題が残る。

1994年の『人間開発報告書』は,人間の安全保障をさまざまな「脅威」(threat)からの保障として規定し,「恐怖からの自由」と「欠乏からの自由」から構成されると述べた。考慮すべき具体的な脅威としては,飢餓,疾病,失業,低所得,環境破壊,

犯罪,テロ,政治弾圧,戦争,紛争,伝統的文化の喪失などを挙げている[3]。このように対象とする脅威の範囲が非常に広いために,実効性を持つ概念とはいいがたいが,途上国支援に関する近年の国際潮流の特徴である包括的・網羅的な性格を反映していると見るべきであろう。なお UNDP は,同年の『人間開発報告書』で,人間の安全保障を実現するための方策として,いくつかの興味深い(実効性を持った)提案を行った。代表的なものとして,先進国は政府開発援助(ODA)の 20 %,途上国は国家予算の 20 %を社会開発のテーマに割り当てる「20:20契約」がある。この発想は,その後の国際社会の"途上国の国家予算の配分への関与の重視"につながるものである。

1995 年にコペンハーゲンで開催された「世界社会開発サミット」宣言が打ち出した,「人間を開発の中心に置き,より効果的に人間のニーズを満たすよう経済の方向付けを行う」「人間中心の開発」とも連動して,人間開発や人間の安全保障の概念は,その後の国際社会の論議に新たな視角を与えた。

日本政府は,人間の安全保障の潮流を積極的に推進し,その過程で,緒方貞子元 JICA 理事長が重要な役割を果たした[4]。1999 年には,日本が主導して貧困緩和や難民対策などを実施するための「人間の安全保障基金」を国連に設立し,また 2001 年には国際社会に呼びかけて,緒方貞子,アマルティア・セン共同議長の「人間の安全保障委員会」の設立につなげた。世界の有識者をメンバーとするこの委員会は,人間の安全保障に基づいた行動指針の提言を目指したものであった。さらに 2003 年度には,改定された「政府開発援助(ODA)大綱」と「政府開発援助に関する中期政策」の基本方針に「人間の安全保障の視点」を盛り込み,並行して,従来の草の根無償資金協力を拡充した「草の根・人間安全保障無償資金協力」の制度を創設した。

ただ、人間の安全保障がきわめて広い概念であることも一因となって、援助活動への影響を具体的に特定することは容易でない。人間の安全保障概念の導入によって実際の援助活動にどのような具体的な変化が生じたのか、つまり人間の安全保障概念が考慮される場合と考慮されない場合を比較して、具体的に何が違うのかの確認（With-Without の対比）は、今後の重要な課題として残されている。

3 「参加」重視の潮流

人間中心の視点とともに、1990年代以降の国際社会で強調されるようになったのは、途上国の人々の生活条件の改善には「参加」（participation）が不可欠であるという認識である。できるだけ広範な関係者（ステークホルダー）の参画が、現状の改善努力の成果を高め、貧困削減の効果につながるという認識が広まった。

「参加型開発」（participatory development）の理念を最初に発信したのは、経済協力開発機構（OECD）の開発援助委員会（DAC）の政策ステートメント「1990年代の開発協力」（1989年）である。このなかでDACは、「できるだけ多くの人々が開発の意思決定に参加し」、「できるだけ多くの人々が経済成長の恩恵をエンジョイする」ことを強調した[5]。さらに、世銀の『世界開発報告』2000/2001年版（"Attacking Poverty" のサブ・タイトルで知られる）は、貧困削減の過程で重要なのは、貧困層の人々が状況改善のための「機会」（opportunity）を手に入れて、改善のための意思決定に「参加」し、参加を通じて彼らの発言力・交渉力を強める「エンパワーメント」（empowerment）であると述べた[6]。これまでの論議を総合すると、貧困層や地域住民の参加には、**図4-1**のようないくつかの段階があり、参加の度合いが進むにつれ

図 4-1 「参加」の諸段階

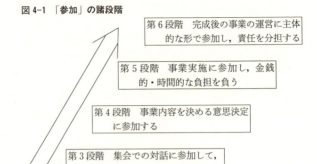

第6段階　完成後の事業の運営に主体的な形で参加し，責任を分担する

第5段階　事業実施に参加し，金銭的・時間的な負担を負う

第4段階　事業内容を決める意思決定に参加する

第3段階　集会での対話に参加して，事業内容について意見を述べる

第2段階　集会に参加し，下記の試みや事業について意見を聞かれる

第1段階　貧困削減の試みあるいは開発事業に関する情報を受け取る

(出所)　斎藤文彦編『参加型開発』日本評論社，2002年；佐藤寛編『参加型開発の再検討』日本貿易振興会アジア経済研究所，2003年，などに基づき筆者作成。

て貧困層や住民の主体性が強まり，その結果，貧困削減の試みも効果的となりうるとの基本認識が共有されている。

参加の重要性に関する認識は広く共有されているが，参加をテーマに考察と提言を続けてきた佐藤寛（アジア経済研究所）が指摘するように[7]，参加をめぐる状況が決して単純ではない点にも留意するべきであろう。佐藤は，「形だけの参加」ではなく「主体的な関与」を達成するために，「参加は常に望ましいことなのか」「望ましいとすれば誰にとってなのか」という問いを忘れるべきではないと主張している。

近年その意義が注目されている「マイクロファイナンス」(microfinance) は，参加型開発の1つの有効な事例といえるだろう。従来は金融システムの対象外と考えられてきた都市のインフォーマル・セクターの人々や農村の土地なし層を対象として，彼らが

試みる零細な所得創出活動あるいは事業活動に小口の信用貸付を行うマイクロファイナンスは、その一例であるバングラデシュの「グラミン銀行」(Grameen Bank) の提唱者モハメド・ユヌスが、2006年のノーベル平和賞を受賞したことで著名となった。グラミン銀行の事例では、担保のない貧農の女性グループが、彼女らなりに所得創出の機会を模索し、活動を計画し、融資を受け、所得を得て交渉力・発言力を高めてきた。ここに主体的な参加によるエンパワーメントの過程を見出すことができる。マイクロファイナンスについては、その意義とともに、極貧層に恩恵が届きにくいなどの限界に留意する必要があるが、貧困層の人々の能動的な活動を通じて、彼らのなかに潜在していた可能性・資源を生かしたという意味で、参加型開発の有効性を示す例といえるだろう。

4 ガバナンス重視の潮流

「ガバナンス」[8] (governance) は、現代社会のキーワードの1つであり、地球規模での規範やルール (グローバル・ガバナンス)、国や地方自治体のあり方 (パブリック・ガバナンス)、企業活動のあり方 (コーポレート・ガバナンス) など、さまざまな領域で使用されているが、国際協力の世界でも重要な位置を占めるようになった。

途上国のガバナンスに対する国際社会の関心の原点は、1980年代の支配的な援助思潮であった構造調整アプローチの挫折である。構造調整アプローチの時代の世銀やIMFは、途上国の経済発展の停滞の原因が「経済政策の失敗」、すなわち過剰な規制や政府介入にあると考え、規制緩和や自由化などの市場原理の導入による経済活性化を図った。しかし、サブサハラ・アフリカ (サハラ以南のアフリカ) など多くの途上国では、経済改革が持続的

な発展につながらなかった。この反省から，国際社会は「経済政策の改革に加えて何が必要か」を検討し，「グッド・ガバナンス」(good governance,「良い統治」と訳されることもある）が不可欠との見解に達した。第3章に紹介した世銀の報告書『アフリカの構造調整』(1994年）の結論部分が1つの代表的な例である。

グッド・ガバナンスの構成要素としては，以下のような項目が挙げられることが多い[9]。

①民主化
②政府の権力行使のあり方：説明責任，透明性，公開性など
③法の支配
④公的部門の能力
⑤汚職・腐敗の抑制
⑥過度の軍事支出の抑制

その後，グッド・ガバナンスが経済発展に与えるプラスの影響に関する実証分析が数多く提示されてきた。低所得国を中心に導入されている「貧困削減戦略文書」(poverty reduction strategy paper: PRSP) に「ガバナンスの改善」が組み込まれている例も多い[10]。また，近年の国際援助社会では援助効果の期待できる途上国に援助を重点配分する「選択的援助」(selective aid) が有力となっているが，2002年に発表されたカナナスキス・サミットの「G8アフリカ行動計画」やアメリカの「ミレニアム・チャレンジ会計」(millennium challenge account) は，グッド・ガバナンスを選択基準として重視した。

これだけの重要な役割を与えられているガバナンスの概念であるが，これまでの研究は実質的にガバナンスと経済発展パフォーマンスとの間の相関関係の確認にとどまっており，両者の間の因果関係の解明は十分とはいえない。さらに途上国の発展経験を，ガバナンスの度合いでどの程度具体的に説明できるか疑問である。

かつて国際社会は，経済成長が加速する前の東アジアのガバナンスを，サブサハラ・アフリカと比較して高く評価していたわけではなかった。評価の低かった東アジア経済のガバナンスのどの部分が，持続的な発展に貢献したかに関する分析は不足している。このように重要なテーマとして位置づけられながら，ガバナンスと経済発展・貧困削減，あるいはガバナンスと途上国支援の効果については，多くの課題が残されたままとなっている。

5 包括的・網羅的アプローチの潮流
―― 「包括的開発フレームワーク」と貧困削減戦略

UNDPは，1994年に発表された「人間の安全保障」の概念によって，飢餓から環境破壊，テロから伝統的文化の喪失にわたる，あらゆるタイプの「脅威」からの保障を訴えたが，こうしたきわめて広範なテーマを包括的に取り扱うアプローチが，近年の途上国支援の潮流のなかで顕著になってきている。貧困削減が多面的な性格を持つので，広範なテーマを整合的に取り扱う必要があるという判断であるが，あまりにも多くの問題を取り扱う結果として，焦点や優先順位が不鮮明となる傾向の見られることは否定できない。

世銀のウォルフェンソン総裁が1999年に自ら執筆して世に問うた「包括的開発フレームワーク」（Comprehensive Development Framework: CDF）は，貧困の深刻な状況を改善するための体系的な枠組みで，マトリクスになっており，横軸はガバナンス改善，教育の充実，インフラ整備，文化保護などを含む広範な14項目，縦軸は途上国政府，ドナー（援助国・機関），市民社会，民間セクターの4種類の担い手で，それぞれの担い手が14の項目のすべてについて何を行うべきかを定めている。きわめて体系的である

とともに網羅的なシステムである。包括的開発フレームワーク(CDF)の包括的な性格は，CDFと連携して一体のシステムを構成する「貧困削減戦略文書」(PRSP)にも共有された。

1999年のケルン・サミットで，重債務貧困国（HIPCs）の債務を100％削減することが合意されたが，債務帳消しを行う条件として国際社会は，途上国政府がPRSPを作成して，世銀とIMFの承認を得ることを求めた。PRSPの目的は，債務支払いを免除されたために使用可能となった資金を，途上国側が有効に貧困削減に活用する計画を定めることにあった。国際援助社会がPRSPの実現を支援するので，PRSPは貧困削減を最上位目標とした援助プログラムでもある。

実際のPRSPを見ると，貧困削減のために必要とされる政策手段のリスト（どの組織が，いつまでに，何を実施し，どのような目標を達成するかを規定したもの）は非常に分厚く長大なもので，文書の作成と政策手段の実施，そして達成状況のモニタリングは膨大な事務量となる。ラオスやカンボジアについても，膨大な分量と内容のPRSPが作成された[11]。これらの国々の非力な行政機構との乖離に懸念があった。

6　援助協調の潮流
──パートナーシップ，オーナーシップ，ファンジビリティ

冒頭に記したように，従来の支援アプローチの限界に対する反省から，国際社会では援助効果に関する論議が盛んになり，さまざまな形で援助効果を高める方策が論じられてきた。aid effectiveness debateと呼ばれる，これらの論議の過程で，途上国支援の関係者の間の協調，とくに援助する側（ドナー）の間の協調が有効であるとする主張が有力となった。代表的な例が「援助効

果にかかるパリ宣言」(2005年3月)である。

　援助協調に関する近年の論議では，2つのキーワード，すなわちパートナーシップ (partnership) とオーナーシップ (ownership) が強調されている。パートナーシップの概念は，本来，ドナー間の関係だけでなく，ドナーと途上国，ドナーと市民社会などの関係を含むが，とくにドナー間の協調関係が「援助協調」という形で注目されている。また，援助側の協調が途上国のオーナーシップの強化につながり，ドナーと途上国の間の関係をより良い方向に導くと主張されている。このような潮流の背景には，とくにサブサハラ・アフリカで，各援助国，各援助機関の援助がばらばらに供与され，その結果，多数の援助事業が相乗効果を欠いて孤立して所期の効果が得られず，無意味な費用を生んでいるという現状認識がある[12]。

　それでは援助協調はどのような効果をもたらすのだろうか。これまでの論議を以下の6項目にまとめることができるだろう。

①援助効果の改善

　多数の援助国，援助機関がばらばらに実施してきた援助が，相互連携によって整合的に進められるため，所期の効果の発現につながる。

②ファンジビリティ (転用可能性, fungibility) の克服

　貧困削減にとって重要な部門，たとえば初等教育に援助が流入すると，途上国政府にとって"援助がなければ初等教育に予算配分されていたはずの政府資金"が不要になる。その予算が初等教育や保健・衛生などの，貧困削減に密接な関係を持つ部門に予算配分されず，大統領の記念館の建設のような不要不急の目的に転用される怖れが残る。多数の援助国，援助機関がばらばらに関与すると，このような転用のチェックは難しいが，ドナー社会が協働してチェックすれば，新たな援助の流入によって不要になった

予算を,貧困削減に必要な目的に使用するよう,途上国政府と話し合うことができる。

③取引費用の削減

事前の調査,調達手続き,モニタリング,事後評価などがドナーごとに別々に行われると,類似の業務が繰り返して行われ,時間や費用が重複して発生する。また途上国側のスタッフに過重な負担を負わせる。日本の各種の機関が争って同じ途上国にミッションを送り,似たような質問状を提示する,「調査公害」と通称される状況が代表的な例といえよう。援助協調によって,こうした重複による無駄が減る。

④援助の透明性の確保

特定の援助機関と途上国側の特定の要人が個別に取引する余地を排除することによって,当該途上国にとって真に優先順位の高い目的への資金配分が容易になる。

⑤「国際公共財」の追求

各援助国と援助対象事業との結びつきが不鮮明になれば(国旗を降ろした「フラッグ・ダウン」の状態という),自国の国益のために援助する動機が低下し,援助の私的財としての性格が薄れて,国際公共財に近づくことができる(国際公共財については第1章参照)。

⑥途上国側の主体性(オーナーシップ)の強化

関係するすべての援助国・援助機関と途上国が協議する援助国会合では,途上国の代表が議長の役割を担うが,これによって途上国側が進行の主導権を握り,主体性を確保することができるとされている。援助する側と途上国の力関係の現実から遠い一種のフィクションではあるが,国際援助社会では有力な主張となっている。

上記の議論と並行して、農村開発、発電所、病院建設などの個別事業を中心とする「プロジェクト中心の援助」から、途上国の政策プログラムを多数のドナーが協調して支援する援助手法（モダリティ）に移行すべきであるとする主張が、イギリス・北欧などを中心に提唱された。具体化の方策については、下記のようないくつかの段階がある。

①セクターワイド・アプローチ

特定セクター（電力、教育など）の開発戦略を途上国とドナー側が合意し、その開発プログラムに対して、多数の援助国・援助機関が協調して援助する。

②コモン・バスケット方式

途上国とドナー側が特定セクターあるいは国全体の開発戦略について合意し、合意された目的の実現のために、ドナーが共通の「基金」を設けて資金を拠出する。

③一般財政支援

援助資金を途上国への財政支援という形で投入し、国家予算全体の運営に関与することによって、貧困削減や経済開発に寄与する費目に予算が配分されることを確保する。

このような援助協調の潮流は、国際援助社会の多くの専門家によって支持されているが、ここには有意義な側面とともに懸念すべき側面も見出される。途上国側の開発関係者の間には、「個別の援助機関との個別の関係」に基づいた「プロジェクト中心の支援」に対するニーズが根強い。こうした途上国側の本音を十分に反映した検討が望まれる。それでは、途上国側は従来型の援助供与方式のどの点に意義を見出しているのだろうか。以下の2つが重要である。

①途上国側の交渉力の確保

ドナー側のコンセンサスが,必ずしも途上国側のニーズに沿って形成されるとは限らない。ドナー側が一本化されていると途上国の希望を訴える余地は限られてしまうが,各援助国,各援助機関との個別交渉が可能であれば,交渉の過程で,途上国側の意向に理解を示すパートナーを見出すことも可能であろう。この視点から見れば,個別の援助交渉の余地を残すことが,途上国のオーナーシップに寄与することになる。

②長期的コミットメントの確保

地域開発などの大型事業は,10年以上の長期間にわたる継続的な実施が必要になる。この間に「点」としての個別事業を連関させて「点→線→面」に展開させ,相乗効果を確保するためには,途上国およびドナーの双方での長期的なコミットメントが不可欠である。双方が長期的にコミットすることによって,特定の限られた数のドナーと途上国関係者の間に,相互信頼関係の醸成や,当該事業を取り巻く複雑な政治・経済・社会・文化の要因の理解が可能になる。

パートナーシップとオーナーシップのテーマは,途上国への国際協力を有効なものとするうえで非常に重要である。多数の援助国・援助機関が共同歩調をとる場合には,ドナーの力が途上国を大幅に上回り,ドナー主導型のパートナー関係となってしまう。このような側面に留意しつつ,とくに途上国側の視点に配慮しながら,援助協調の検討を進めることが望まれる。

2005年のDACハイ・レベル・フォーラムの成果は「パリ宣言」として取りまとめられ,各援助国がそれぞれの制度・手続きを単純化して共有する「調和化」(harmonization)が強調された[13]。パリ宣言は援助協調の潮流のピークだったといえるだろう。それ

に対して，6年後の2011年12月に打ち出されたDACハイ・レベル・フォーラムの「釜山宣言」では，調和化は「原則」に含まれなかった。パリ宣言の他の2つのキーワード，つまり①途上国の「オーナーシップ」と，②途上国の開発戦略・制度の尊重（「整合性」〔alignment〕）が原則として維持されたのと対照的な取り扱いである。釜山宣言の主要なテーマの1つは，台頭する「新興ドナー」（中国，インドなどDAC外で活動する有力ドナー）をDACの既存の枠組みに取り込むことであったから，伝統的ドナー社会からの独立性に強いこだわりを持つ中国やインドなどの新興ドナーを取り込むためには，調和化への執着は適切でないとの判断が働いたと考えるべきであろう。これは援助協調の退潮を示唆する変化といえよう。

7 ミレニアム開発目標（MDGs）と持続可能な開発目標（SDGs）

国際社会は貧困削減のための共通目標として「ミレニアム開発目標」（Millennium Development Goals: MDGs）を掲げ，その達成に努めてきた。ミレニアム開発目標は，2000年9月にニューヨークで開催された国連ミレニアム・サミットで採択された「国連ミレニアム宣言」に基づいている。国連ミレニアム宣言は，平和と安全，開発と貧困，環境，人権とグッド・ガバナンス（良い統治），アフリカの特別なニーズなどを課題として掲げ，21世紀の国連の役割に関する方向性を提示した。同時に，国連ミレニアム宣言と1990年代に開催された主要な国際会議やサミットで採択された国際開発目標を統合し，1つの共通の枠組みとしてミレニアム開発目標をまとめた。ミレニアム開発目標の8項目の「目標」（goals）は，18の「ターゲット」（targets）に分割されている。国連はミレニアム開発目標の意義を「歴史上，最も広く支持され，

最も包括的で,具体的な貧困削減の目標」と主張しているが[14],**表4-1**に見るような広範な目標を掲げて,国際協調で達成しようとしている姿勢は,21世紀の新しい潮流の2つの主要な特徴,すなわち包括性と国際協調を体現しているともいえよう。

ミレニアム開発目標の具体的な目標を概観すると,貧困削減に関する1つの特徴ある視点が浮かび上がる。目標1の「極度の貧困と飢餓の撲滅」は,「1日1ドル未満で生活する人口」に焦点を当て,2015年までに,途上国の総人口に対する「1ドル未満で生活する人口」の比率を1990年水準の半分に引き下げることを目指しているが,これは所得面での貧困(絶対的貧困)の削減を追求したものである。目標2から目標5は教育,ジェンダー,保健などいろいろな面での不平等(恵まれない人々が機会を"剥奪"された状態)の是正を追求している。その一方で,所得面での格差(相対的貧困)の削減については明示的に言及していない。目標2から目標5の達成を通じた「機会の不平等」是正が,間接的に所得格差の是正に努める考え方であるとも理解できる。いずれにしても,貧困をめぐる1つの深刻な状況,つまり途上国での所得格差の拡大に対する考え方は表面に現れていない。たしかにミレニアム開発目標は,世界の貧困問題の最も危機的な部分に絞った開発目標としては明快なメッセージを持ち,国際社会に大きな影響を与えたが,地球社会が共通に直面する格差拡大という政策目標に向き合わなかったという点で,一定の限界を持つといえよう。

ミレニアム開発目標は2015年に期限を迎えたが,国連は多くの目標について大きな成果があったと総括している[15]。主要な成果を見てみよう。極度の貧困人口(現行の貧困線である1日1.25ドル以下で生活する人々)の比率は,1990年の47%(19億人)から2015年には14%(8.4億人)に低下し,「比率半減」の目標を

表 4-1 ミレニアム開発目標と持続可能な開発目標

	ミレニアム開発目標	持続可能な開発目標
目標 1	極度の貧困と飢餓の撲滅	あらゆる場所でのすべての形態の貧困の撲滅
目標 2	普遍的初等教育の達成	飢餓の撲滅、食料の安全保障、栄養の改善、および持続可能な農業の推進
目標 3	ジェンダーの平等推進と女性の地位向上	健康な生活の保証と、すべての世代のすべての人々の福祉の向上
目標 4	乳幼児死亡率の削減	インクルーシブで公平で良質な教育の保証と、すべての人々の生涯学習機会の推進
目標 5	妊産婦の健康の改善	両性間の平等の達成と、すべての女性・少女への能力付与
目標 6	HIV/エイズ、マラリア、その他の疾病のまん延の防止	すべての人々に届くことが保証され、持続可能に管理された水と衛生設備
目標 7	環境の持続可能性確保	すべての人々に対する、手ごろな価格の信頼できる近代的なエネルギーの保証
目標 8	開発のためのグローバルなパートナーシップの推進	すべての人々のための、持久力があり包摂的で持続可能な経済成長、十分で生産的な雇用、そして見苦しくない仕事の推進
目標 9		しっかりしたインフラの建設、包摂的で持続可能な工業化の推進、そして技術革新の育成
目標 10		国内・国際の不平等の是正
目標 11		包摂的で安全でしっかりした都市と住居の整備
目標 12		持続可能な消費と生産パターンの保証
目標 13		気候変動とその影響に対処する緊急行動
目標 14		持続可能な開発のための海洋および水産資源の保全と持続的使用
目標 15		陸上環境システムの保護、回復、および持続可能な形の使用、森林の持続可能な管理、砂漠化防止、土壌の劣化停止と再生、そして生物多様性喪失の停止
目標 16		持続可能な開発のための平和で包摂的な社会の推進、すべての人々への司法アクセスの提供、そして見苦しくない仕事の推進すべての水準での有効で説明責任を果たす包括的な制度の構築
目標 17		持続可能な開発のための実施方法強化と、グローバル・パートナーシップの再活性化

(注) 持続可能な開発目標については筆者の仮訳。
(出所) 外務省『政府開発援助 (ODA) 白書』2009年版、国連ホームページに基づき筆者作成。

達成することができた。小学校の就学率は2000年の83％から15年の91％へと上昇し，非就学児童の人口は1億人から5700万人に減少した。とくにサブサハラ・アフリカで改善が目覚ましかった。世界全体では初等・中等教育における男女格差解消の目的を達成し，とくに南アジアでの成果が顕著だった。1000人当たりの乳幼児死亡率は，1990年の90人から2015年の43人に減少した。世界全体として目標には達しなかったが，サブサハラ・アフリカでの改善ペースの上昇は朗報である。妊産婦死亡率の目標達成は成らなかったが，世界全体で45％低下し，南インドで64％，サブサハラ・アフリカで49％の妊産婦死亡率低下が実現した。HIV／エイズの新規感染者数は2000～13年の期間に40％減少して，「減少傾向への転換」という目標を達成した。安全な飲料水へのアクセスを持つ人口の比率は，1990年の76％から2015年の90％へと上昇した。

全体を概観すると，達成された目標は多くなかったものの，大半の項目について顕著な改善が見られた点は評価すべきであろう。国連報告書は，全体としての成果を強調する一方で，成果が不均等であること，とくに男女格差について深刻な課題が残されている点を懸念している。また，下位所得階層の人々がミレニアム開発目標でも不利な状況に置かれていると強調し，今後の課題としての格差に目を向けている。

ミレニアム開発目標が期限に近づくとともに，ポスト2015の開発目標すなわち「持続可能な開発目標」（Sustainable Development Goals: SDGs）に関する検討が開始され，有識者によるオープン・ワーキング・グループ（Open Working Group）が素案の取りまとめを行った。この検討過程の特徴は，中国の支持を得てラテン・アメリカ諸国が主導した点である[16]。オープン・ワーキング・グループの報告書[17]は，近年の国際社会での途上国の声の

高まりを反映しており,長年にわたって途上国が主張してきたいくつかの論点が組み込まれている。「発展の権利」(the right to development),「共通だが差異のある責任」(Common but Differentiated Responsibilities: CBDR),「国際機関における途上国の声の反映」「経済成長」「インフラストラクチャー」「工業化」などが代表的なものである。1986年の国連総会で採択された「発展の権利に関する宣言」は,途上国の人々の生存と尊厳を守るために先進国も義務を負うという意味を持ち,南北格差是正を要求する際のレトリックとして使われた歴史を持つ[18]。発展の権利を追求しつつも,地球社会の一員として地球環境問題に取り組む立場が「共通だが差異のある責任」であり,1992年にブラジルのリオデジャネイロで開催された「環境と開発に関する国連会議」(「地球サミット」)では,とくに地球温暖化対策を巡る論議のなかで途上国側が主張し,原則の1つとして採択された[19]。ザンビア出身のエコノミストであるダンビサ・モヨが厳しい口調で主張したように,また途上国の指導者たちが繰り返し発言してきているように,被援助国側には成長,インフラ,工業化への支援に対する強いニーズがある。ただ彼らのニーズは,教育・医療やガバナンス改善に優先順位を絞った従来型のODAには必ずしも反映されておらず,被援助国側の強い不満となってきた。伝統的ドナー社会と途上国の支援ニーズのズレをついたのが中国などの新興ドナーの活動であり,とくにサブサハラ・アフリカで新興ドナーの協力が一定の好評を得ている状況は,モヨの著書に繰り返し強調されている[20]。新興ドナーがその活動を急速に拡大し,またアジアインフラ投資銀行(AIIB)や新開発銀行(BRICS銀行)などの国際機関を新設して伝統的ドナー社会に挑戦しているなかで,途上国側の発言を反映したオープン・ワーキング・グループの報告書に対する対応が注目された。

2015年9月の「国連持続可能な開発サミット」で「持続可能な開発のための2030アジェンダ」が採択されたが,先進国と途上国の間で最大の争点となったのは「共通だが差異のある責任」の取り扱いであった。最終的には,解釈の余地と玉虫色の性格を残しつつも文言自体は盛り込まれた[21]。17項目の持続可能な開発目標は**表4-1**に見る通りであるが,注目されるのは,経済成長,インフラストラクチャー,工業化などを明記した第8目標および第9目標である。これは,最重要課題の貧困緩和に特化したミレニアム開発目標には見られなかった特徴であり,開発協力を巡る国際潮流の変化を示している。このような持続可能な開発目標の準備過程を観察すると,ミレニアム開発目標から持続可能な開発目標への路線転換を生んだ重要な要因が,途上国,とくに新興ドナーの発言力の高まりであるといえるが,この点については終章で触れたい。

8　インクルーシブ（包摂的）な開発・援助

　第7節に見たように,ミレニアム開発目標を総括した国連の報告書は,一定の成果が達成されたものの達成度が不均等であり,不利な条件の人々（女性,貧困層,社会的弱者）が深刻な状態に取り残されたままになっていると指摘している。これは,開発の成果からの「排除」が中心的な問題意識となっていることを意味する。いうまでもなく,排除の克服は新しい政策課題ではない。時代の動きに応じて重要度に変動はあったが,ベーシック・ヒューマン・ニーズ（第3章第4節）の時代から参加重視の潮流（第4章第3節）を経て,一貫して維持されてきた問題意識である。近年,「排除の克服」という問題意識を新しい形で展開しているのが「インクルーシブ（inclusive: 包摂的）な開発,成長あるいは援

助」の概念である。持続可能な開発目標の第8目標も「インクルーシブで持続可能な経済成長」を掲げている。一般的には「包摂性」は「すべての人々に恩恵を与える」と受け止められており，平島成望たちの著書（Hirashima, Oda and Tsujita [2011]）は，「インクルーシブな成長」を「社会のすべての部分に恩恵を与える急速な成長」と定義しているが[22]，インクルーシブな開発・成長・援助は，どのように従来のアプローチと異なるのだろうか。

イギリスの開発援助機関である DFID（Department for International Development）の専門家たちが中心となって刊行した *Inclusive Aid* はインクルーシブな援助の掘り下げた検討を行っているが，彼らはインクルーシブな援助の定義を「主要な利害関係者の相互関係の多様化と力関係の理解促進」としている[23]。このままの定義では抽象的で理解しにくいが，彼らが強調しているインクルーシブな援助の本質，すなわち「意思決定プロセスから取り残されている（marginalized）アクターを包摂するための，いいかえれば援助をより包摂的にするための，組織の規範・手続き，個人の姿勢と行動規範の変化」[24]を手がかりに考えてみたい。ここで指摘されているのは，援助の仕組み（援助する側と援助される側，あるいは豊かな者と貧しい者の関係）や援助関係者の姿勢を従来のままにして，単に「すべての利害関係者の参加」やオーナーシップ（援助受入れ側の主体性）を謳うだけでは，実体のある変化は望めず，参加やオーナーシップがレトリックに止まったままになるという現実である。従来型のドナーとの対話・交渉で被援助側の代表者となるのは，結局のところ「西欧の言語に巧みでドナーの手続きに精通した人物」になってしまうという現実が，具体的な事例として挙げられている[25]。こうした従来型援助アプローチの限界を超えるために導入されたのがインクルーシブの概念で，援助活動の主要な関係者（途上国の中央政府・地方政府，国

際機関,二国間援助機関,NGO,そして顧客としての貧困層の人々)の間の相互関係の抜本的変更が追求される。途上国のローカルな政治社会の現実を理解し,その理解に沿ってローカルの新しい関係者を取り込み,ローカルな関係者の間の相互関係や力関係(power dynamics)を的確に把握することができれば,長年続いてきた行き詰まり打開のスタート地点になる[26]。このようにローカルな状況を理解し把握するために,援助関係者の姿勢の根本的な変化が提唱されている。従来の開発や援助アプローチでは取り込めなかった人々を,開発・援助の過程に包摂する「新しい包摂の政治」(the new politics of inclusion)[27]の一側面として見ることができるだろう。

インクルーシブという概念が,ともすれば安易に使われがちな最近の傾向は懸念されるが,インクルーシブな開発・成長・援助の潮流が貴重な視点を切り拓いたことは高く評価される。そのうえで,最も重要と考えられる今後の課題を指摘しておきたい。途上国のローカル社会の新しい関係者が開発の意思決定に参加し,関係者が多様化するのにともなって,多様化した関係者の間の相互関係は複雑になるが,その過程で新しい利害対立が生じることは避けられない。途上国のローカルな社会には(宗教・言語・人種などによる)分断化や,(カースト制に代表される)階層化の要素が組み込まれている。かつてケネス・ボールディングが『紛争の一般理論』(ボールディング[1971])で定式化したように,複数の関係者の利害が両立しない場合に,それぞれの関係者が自分の欲求を満足させようとすれば,関係者間の利害対立は紛争を生む。紛争をコントロールし,緩和し,最悪の事態を予防しながら解決につなげていくための知恵や仕組み(たとえば訴訟,調停,和解など)が必要となるが[28],残念ながら,インクルーシブ概念を取り扱う文献には,利害対立や紛争解決などの問題意識は希薄である。

インクルーシブ概念を途上国社会への実体のある貢献に結びつけるためには，それぞれのローカル社会の利害対立の本質を理解し，対応のための社会システム構築を検討することが不可欠であろう。インクルーシブな開発・成長・援助の今後の展開を考えるうえで重要な課題といえる。

〈注〉
1) UN, *Millennium Development Goals Report 2015*.
2) UNDP, *Human Development Report 1990*, p. 10.
3) UNDP, *Human Development Report 1994*.
4) 外務省『政府開発援助（ODA）白書』各年版。
5) OECD, *Development Co-operation 1991*, Part 2.
6) World Bank, *World Development Report 2000 / 2001*, Overview.
7) 佐藤寛編『参加型開発の再検討』日本貿易振興会アジア経済研究所，2003年，第1章，第2章。
8) 日本語ではガバナンスを「統治」と表現することが多いが，ガバナンスと統治の間には，無視できない意味合いの差があるので，ここではガバナンスという表現を採用したい。
9) 下村恭民編『アジアのガバナンス』有斐閣，2006年，37-38頁。
10) 下村恭民「日本の役割の再発見」秋山孝允・笹岡雄一編『日本の開発援助の新しい展望を求めて』国際開発高等教育機構，2006年のラオスとタンザニアの例を参照。
11) 同上47-51頁に実例が紹介されている。
12) Ohno, Izumi and Yumiko Niiya, "Good Donorship and the Choice of Aid Modalities," GRIPS Development Forum, 2004, pp. 1-6.
13) 柳原透「『開発援助レジーム』の形成とその意義」『海外事情』第56巻第9号，2008年。
14) UN Millennium Project 2005, *Investment in Development: A Practical Plan to Achieve the Millennium Development Goals*, Overview, United Nations Development Programme, 2005, p.2.
15) UN, *Millennium Development Goals Report 2015*.
16) 高柳彰夫「ポスト2015／SDGsの意義と争点」，グローバル・ガバナンス学会研究会発表資料，2015年9月26日。

17) UN, Open Working Group on Sustainable Development Goals, 国連ホームページ（2015年9月7日アクセス）。
18) 多谷千香子『ODAと開発・人権』有斐閣, 1994年, 106-114頁。
19) GEF, *Valuing the Global Environment Actions & Investments for a 21st Century*, Global Environment Facility, 1998, p.101.
20) Dambisa Moyo, *Dead Aid: Why Aid is Not Working and How There is a Better Way for Africa*, Farrar, Straus and Giroux, 2009.
21) 高柳前掲資料。
22) Shigemochi Hirashima, Hisaya Oda and Yuko Tsujita, "Introduction: Inclusiveness in India — A Challenging Strategy for Growth and Equality", in Shigemochi Hirashima, Hisaya Oda and Yuko Tsujita eds., *Inclusiveness in India: A Strategy for Growth and Equality*, Palgrave Macmillan, 2011, p.1.
23) Rachel Hinton, "Enabling Inclusive Aid: Changing Power and Relationship in International Development", in Leslie Groves and Rachel Hinton eds., *Inclusive Aid: Changing Power and Relationships in International Development*, Earthscan, 2005, p.210.
24) ibid. p.218.
25) ibid. p.212.
26) Rachel Hinton and Lelie Croves, "The Complexity of Inclusive Aid", in Leslie Groves and Rachel Hinton eds., *Inclusive Aid: Changing Power and Relationships in International Development*, Earthscan, 2005, pp.5-9.
27) 元田結花『知的実践としての開発援助——アジェンダの興亡を超えて』, 東京大学出版会, 2007年, p.84, pp.125-130　なお元田は, 包摂ではなく「包括」の用語を使用している。
28) ケネス・ボールディング（内田忠夫・衛藤瀋吉訳）『紛争の一般理論』ダイヤモンド社, 1971年（Kenneth Boulding, *Conflict and Defence: A General Theory*, Harper & Row Publishers, 1962）, 1頁および第15章。

〈読者への推薦文献〉
World Bank, *Assessing Aid: What Works, What Doesn't and Why*, Oxford University Press, 1998（小浜裕久・冨田陽子訳『有効な援助——ファンジビリティと援助政策』東洋経済新報社, 2000年）
秋山孝允・笹岡雄一編『日本の開発援助の新しい展望を求めて』国際開発

高等教育機構，2006年

岡本真理子・粟野晴子・吉田秀美編『マイクロファイナンス読本——途上国の貧困緩和と小規模金融』国際開発高等教育機構，1999年

木原隆司「援助協調の理論と実際」『開発金融研究所報』第17号，2003年9月

国際協力機構編，絵所秀紀監修『人間の安全保障——貧困削減の新しい視点』国際協力出版会，2007年

斎藤文彦編『参加型開発』日本評論社，2002年

佐藤寛編『参加型開発の再検討』日本貿易振興会アジア経済研究所，2003年

下村恭民『開発援助政策』国際公共政策叢書19，日本経済評論社，2011年

下村恭民編『アジアのガバナンス』有斐閣，2006年

宮川公男・山本清編『パブリック・ガバナンス』日本経済評論社，2002年

元田結花『知的実践としての開発援助——アジェンダの興亡を超えて』東京大学出版会，2007年

第2部

国際協力のフロンティア

家族で植林をする。砂漠化や森林の減少を防ごうとする意識が，人々の間にも浸透しはじめている（2012年，ブルキナファソ）　写真提供：飯塚明夫／JICA

第5章　貧困削減への取組み

1　グローバル化による国際環境の変化

　20世紀末以降の世界の状態を表す言葉の1つとして,「グローバル化」がいわれて久しい。電気通信技術の飛躍的発展,輸送運搬手段の強化・高度化によって,情報,資金,物資,人間などの,地球規模での移動・伝達が容易かつ迅速になった。移動・伝達にかかる費用が低減し,いっそう多くの情報,資金,物資,人間が,国境を越えて動き回ることになった。かつてほどには,物理的距離や国家およびそれを隔てる国境が,致命的な意味を持たなくなってきたといえよう。国際貿易,国際資本移動,国境を越えた人々の移動の広がりには,目を見張るものがある。世界が「狭くなった」といわれる所以である。

　もちろん,このような人間活動の拡大は,ここ数十年だけの現象ではない。人類誕生以来,人間は好奇心に駆られ,経済的利益を求め,あるいは現在いる土地を追われて,移動・伝達・運搬し,その活動範囲を広げてきた。そのために,さまざまな道具や技術が開発されてきた側面もある。すなわち,グローバル化は,過去数千年にわたる都市化,文明の興亡,領土の拡大,交易の進展,

経済規模の増大,人々の交流,産業革命,資本主義の伸張などの延長線上に位置づけられるのである。ただ,近年の技術革新が拡張を加速化させているのは事実であろう。

1-1 一様ではないグローバル化

さて,グローバル化というと,自由になった移動・伝達行為が,地球全体を一様に覆っているかのような響きがあるが,実際にはそうではない。情報交換,貿易,資本移動,旅行など,所得の高い先進諸国を中心にし,先進諸国間や先進諸国と一部の開発途上国間で圧倒的に多く発生している。地球規模といわれる通信・輸送手段によって結ばれていない国や一国のなかの地域は,依然として広範に存在する。そしてそこに住む人々は,グローバル化による利便性やそこから生まれる経済的恩恵にあずかってはいない。

たしかに,最新の移動・伝達手段がまだ届かないそのような国・地域や人々は,かつてより少なくなってきてはいるが,世界の他地域と結ばれていくスピードにおいて,各国・地域は一様ではない。活発な経済活動と便利な生活を享受できる都市に住む人々は増えているし,都市の数が増え,都市同士の交流も深まっているが,富の生産や利便性から取り残された農村は広範囲に存在し,農村の孤立化は徐々に弱まっているものの,都市内および都市間の統合の速さには,とても追いつかないゆっくりしたものである,とでも表現できようか。

多くのサブサハラ・アフリカ(サハラ以南のアフリカ)諸国は,政治的混乱と経済的停滞のトンネルを脱け出て,ようやく経済成長の入り口に立ったようである。都市部およびその周辺では,携帯電話が急速に普及し,道路が整備され,送電線も延びてきた。しかし,乾燥・半乾燥地帯の遊牧民にとって,上空を飛び交う航空機や衛星国際通信は,いまだ別世界の事柄にすぎない。

先進国間の頻繁な往来を考えれば，南太平洋の島嶼諸国は，日本やオーストラリアやハワイからそれほど遠くに位置するわけではない。にもかかわらず，直行便を飛ばすのに見合う経済性がない限り，また長距離飛行に耐える大型航空機が着陸できる空港がない限り，多くの島嶼国はモノやヒトの移動において孤島のままである。他方で，情報だけはこれらの島々にも世界中から飛び込んでくるようになった。

　フィリピンの首都マニラやインドの商業・金融の中心地ムンバイの企業家たちと，ニューヨークや東京やロンドンとの距離はたしかに縮まった。情報交換や金融取引は瞬時に可能となった。しかし，マニラの金融街マカティのすぐ裏手のスラムに住む人々や，ムンバイの路上生活者たちにとって，そのようなグローバル化は何の便益ももたらさない。むしろ，彼らと同国人の企業家たちとの心理的「距離」は，かえって広がってしまったのかもしれない。世界はすべての人々にとって，同じようなペースで「狭くなって」はいないといえる。

　また，情報，資金，物資，人間の間でも，グローバル化の度合いやそのスピード，移動の自由の程度は異なっている。2010年チュニジアに端を発した民主化運動や政権への抵抗は，情報・通信技術を通じて，世界の耳目を集めつつ中東各国に瞬く間に拡大した。携帯電話やインターネットのない時代なら，これは不可能だったに違いない。国際資金移動には金融規制や課税が，物資・商品の国際移動には障壁や輸送費用が立ちふさがるものの，今やこれらも相当自由になった。一方，人間の移動は，旅行者としては世界の隅々まで可能かつ迅速となったが，生活や政治信条のための移民となるとそう簡単ではない。グローバル化は「まだら模様」で，情報か資金か物資か人間かによっても，国境の高さや物理的な距離は異なった意味を持つ。

1-2　グローバル化のプラス面とマイナス面

　それでは，このように「不完全な」グローバル化の現実に直面して，われわれはどう対処すべきなのだろう。グローバル化がいっそう世界中に及ぶように，それを推し進めるべきか，むしろ押し止めるべきか。推し進めるとして，果たしてそれだけで人類の厚生は確実に向上するのか。押し止めるとして，果たしてそれは望ましいことで，実現可能なのか。これらを考えるにあたっては，グローバル化のプラス面とマイナス面とを，もう少し検討してみる必要がある。

　まずプラス面から見てみよう。市場取引に基礎を置く経済活動は，その規模が大きくなればなるほど効率的になる。情報がある程度完全であれば，資源配分はいっそう効率化され，生産性が上がり，土地，資本，労働等の一定の投入でより多くの富が生み出されるはずである。グローバル化のメリットも同様に理解される。グローバル化とは，人間が人為的に引いた国境線や物理的距離による制約を限りなく小さくして，人間の経済活動を地球規模に広げ，効率化することにほかならない。「規模の経済」の極大化である。その意味で，グローバル化は諸国民の富の総和を増大させる。

　情報の地球規模での流通は，知識・知見や芸術・文化の交流を通じて，より高度な価値を生み出す可能性を拓いている。人権保護や環境保全や男女平等といった，世界共通の価値観が形成されていく。その過程でさまざまな誤解やぶつかり合いが生ずるだろうが，相互理解が進むにつれて，人類は新しい知恵を獲得し，すべての人がその恩恵に浴するはずである。とすれば，グローバル化はまことに結構な事態であるし，それを押し止めることは不可能に近い。人は誰でも豊かさを求め，知恵を探求するからである。

　他方で，グローバル化のマイナス面を忘れることはできない。

資本主義市場経済のもとでのグローバル化は，効率の追求による富の増加を約束しても，その分配については何も保証してはいない。現在のグローバル化が「まだら模様」である以上，その波に乗ることができる国々や人々と乗り遅れる国々や人々とが発生するだけではなく，波に乗った，あるいは巻き込まれた国々や人々の間でも格差が生じうる。ある国々や人々は創り出された富の大きな分配にあずかり，別の国々や人々はわずかの分配にしかあずかれないかもしれない。経済のグローバルな規模への拡大は，格差の問題をいっそう先鋭化させる。実際の不公平の存在だけでなく，地球規模での情報の迅速な流通が原因で不公平が認識されやすく，現実以上の不公平感や不満を抱いてしまう怖れがあることにも注目が必要である。何かきっかけがあれば，そのような不満には簡単に火が付いてしまう。

　一国の経済において成長一本槍では，環境問題などさまざまな歪みが起こってしまうのと同様，グローバル化は，経済的格差以外にも問題を生じうる。国境を越えて広がる感染症や麻薬，経済活動の膨張による地球温暖化やエネルギー・食料問題，一国に起こった金融不安の世界全体への波及などはその典型例だろう。関係者が遠隔地にまで広がり多数となる分，責任の所在も不明確である。強力な外来種の侵入による希少種への被害，文化の均一化のよる少数言語の消滅なども，望ましくない副産物といえる。

　さらに，グローバル化にともなって国境の壁が低くなり，国家が個人に対して持つ意味が問い直されている。古代文明の担い手たる国家から近代の国民国家まで，絶対的とも見えた国家観が揺らぎはじめた。すなわち，グローバル化は，個人や一定の集団を従来の国家による保護や制限から解き放ち，経済的・政治的・社会的リスクに直接さらすようになってきたのである。たとえば，地方自治体や地域の伝統的共同体，民族や言語や宗教で結びつい

た集団, 経済主体は, 地球全体に及ぶ経済活動や情報の流れに立ち向かわざるをえない。既存の国家の相対化である。

このような現象に対して, 既存の国家がかえってその権限を強めようとしたり, 国家よりも下位の単位が強化され互いに争ったり, 国家よりも上位の単位がまとまりを見せたりと, さまざまな軋轢（あつれき）や混乱が生じるようになった。グローバル化と「ローカル化」の同時進行ともいえよう[1]。格差の問題がこれに複雑に絡み合う。

このように見てくると, 市場主義経済や資本主義同様, グローバル化の流れは不可避であって, もう後戻りはできないようである。むしろ, 地球上のより多くの人々がその恩恵にあずかれるよう手助けする必要がある。その人々が望む限りではあるが。同時に, グローバル化にともなうマイナス面を見逃してはならず, それらを緩和し, 派生する問題を解決すること, グローバル化に望ましい修正を加えることに, まさに地球規模で取り組まねばならない。一方でグローバル化の途上国への浸透を支援しつつ, 他方でその弊害を緩和・除去する。本書のテーマである「国際協力」の意義も, グローバル化のプラス面・マイナス面抜きには考えられない。

2　国際環境の変化が開発途上国に与える影響

2-1　貿易や投資による影響

グローバル化という新しい国際環境は, 途上国にどのような影響を及ぼしているのだろうか。第1に, モノの動き, 国際貿易について検討してみよう。需要と供給, およびそれらによって決まる価格シグナルに応じて, 物資・商品が国境を越えて運搬されることが富を生み出し, 需要側・供給側の厚生を増大させる点は,

理論上も経験上も証明されてきたといってよいであろう。この国際貿易はグローバル化の主要な側面の1つであり、そのルールは国と国との交渉や世界貿易機関（WTO）の判断に委ねられているものの、規制の廃止、関税の削減、貿易自由化の方向性は変わらないようである。ただ、これが途上国にとって僥倖とは限らない。

　主として農林水産物を輸出し、工業製品を輸入している途上国の立場からは、先進国の農林水産物輸入に対する関税や非関税障壁をなくし、また先進国内の農林水産業への補助金を撤廃することが、輸出振興や外貨獲得の観点から望ましい[2]。工業製品を輸出している先進国の立場からは、途上国の工業製品輸入への関税や障壁を低減してもらいたい。これについて、先進国内の農林水産業界は自国政府に対して、他国からの安価な輸入を制限し、自国産業を保護するよう圧力をかける。先進国内の消費者は、どこの産品であろうが安価で良質なものなら歓迎する傾向が強い。これは消費者の所得の上昇と同じ効果を持つ。逆に、途上国のこれから成長しようとする製造業者にとっては、国際競争力のある先進国工業製品に市場を奪われるのは倒産への道である。

　途上国のなかにも中国のように工業製品の巨大な輸出国になっている例があり、先進国でもアメリカやオーストラリアのような食料輸出国があるので、途上国と先進国、途上国同士、先進国同士の利害関係は、国内の業界事情や消費者の声に応じて複雑に絡み合う。タイのように先進国から積極的に投資を受け入れて、工業製品の輸出基地になろうとする場合には、完成品ではなく工業中間財や部品の輸入を自由化したほうが有利だろう。貿易の自由化の影響は、投資の自由化の度合い、貿易対象品目、それぞれの国の国内産業の発展段階、生産者・消費者を含む国内の利益集団の勢力などによって、その様相を異にしてくるのである。

また、先進国の途上国に対する支援の一環として、特定の産品に限って、先進国が途上国から輸入する際の一定の割当量（クォータ）を設定することがあったが、自由化にともなう割当撤廃は、同じ産品を輸出するある国には有利に働き、別の国には不利に働く可能性がある。国としての比較優位性や企業の競争力に違いのある途上国の利害は、決して一律ではない。さらに、先進国のある輸入規制が望ましくない非関税障壁なのか、環境や安全や労働者の人権に配慮した望ましい規制なのかも、判断の難しい場合が多い。

　WTOドーハ・ラウンドや国ごとの経済連携協定・自由貿易協定の行方によるにしても、貿易や投資の自由化の流れは不可避、不可逆である。農林水産物・加工品や軽工業品の輸出およびそれらにかかわる直接投資の受入れは、途上国に産業振興、雇用創出、技術革新、経済成長の大きな機会を提供している[3]。とくに、必ずしも自国内の資源に恵まれない小国にとって、近隣諸国や世界経済との結びつきは、より広い市場を得ることを意味し、小国の経済的制約を取り除くメリットがある。シンガポールの成功が好例である。

　豊かな先進国は、途上国がこのような機会を生かすのに協力する道義上の責任があるだけでなく、協力することこそ、自国産業構造のいっそうの高度化や消費者の利益への貢献となる。途上国がより付加価値の高い産品を生産・輸出できるよう支援するべきだろう。さらに、途上国の所得水準を上げて新たな消費者を生み出せれば、先進国の将来の産業利益にも適うはずである。先進国が途上国には貿易自由化を求めながら、自ら保護主義に走るのは許されない。

　そもそも商業資本の勃興とそれに後押しされた大航海時代以来、グローバル化の恩恵を最も受けてきたのはヨーロッパ諸国である。

中国やインドやブラジル，さらにこれらに続く途上国がグローバル化のメリットを生かそうとしたとたんに，欧米でさまざまな名目に隠れた保護主義が議論されるのはおかしなことである。また，自由化によって途上国からの輸出が先進国の産業を脅かしているように見えても，実は先進国の大企業が生き残りのために自国の下請け企業を切り捨てて途上国に移転したのであって，先進国の国内問題であることも多い[4]。

他方で，工業化に遅れをとった途上国の民族資本家・企業家にとって，資本や技術の十分な蓄積がないままに，先進国や他の途上国の先進的な企業と競争させられるのには大きな困難がともなう。それら先進企業は，これまで自国内で政府の保護育成策を受けてきた可能性があるだけに，なおさらである。かといって，途上国企業がいつまでも狭い国内市場だけを相手にし，国外との競争にさらされないと，技術面でも経営面でも改善がなされず，生産性の向上や国際競争力の強化は望めない。そもそも貿易障壁が高いままでは，内外からの民間投資にも制約がかかってしまう。要は，猶予期間をどれだけ設けるか，その間にいかなる産業戦略を立案し実行するかであろう。

途上国の圧倒的多数の国民が農業で生計を立てている以上，農産品輸入の自由化には慎重さが求められる。食料輸入は農民の自給自足的生活や生計を脅かし，農業経営へのインセンティブを失わしめ，食料安全保障を危うくし，輸出機会を奪う。西アフリカ諸国などを襲っている食料不足は，これまでの輸入自由化に責任の一端がある。一方で工業製品同様，徐々に国際競争にさらされねば生産性，価格競争力が失われ，自国の消費者が被害を受ける[5]。

このように，貿易や投資におけるグローバル化は，途上国に対して機会とリスクを与えており，国内に勝者と敗者を生む結果を

もたらす。途上国政府は，自由化のプラス・マイナスを十分計算し，内外の民間部門の意見に耳を傾けて将来を展望した戦略を作り，国内の既得権益を排しつつ敗者を救済する施策を採り，他国との交渉に臨む必要がある。運輸，エネルギー，水資源等のインフラ整備，農業普及，人材育成，適切な金融手段確保などによって，自国産業の効率性を上げることも不可欠である。貿易・投資に関する交渉だけでなく，先進国・国際機関からの援助内容や付帯条件にも，十分注意が払われなければならない。これらに失敗すると，かえって貧困層を増やしてしまったり，国内や先進国との格差を広げてしまう怖れがある[6]。

2-2 金融による影響

第2に，資本移動のグローバル化が途上国に大きな影響を与えた典型例は，1997年に発生したアジア通貨危機である。タイで起こった大量の資金の対外流出とそれにともなうタイ・バーツの大幅な下落は，瞬く間に韓国や他の東南アジア諸国に伝播した。バンコクの不動産価格の値上がりを当てにして，多額の短期資金が先進諸国から流れ込み，それが砂上の楼閣だと感じられたとたん，敏感かつ過剰に反応して一斉に逃避し，通貨への信認が失われたのである。さらに，タイと同様の事態が近隣の新興市場国でも起こりうるという憶測が，その憶測を現実のものとし，何億人もの人々の生活が影響を受けた。

バーツ減価による輸入インフレで生活が苦しくなったタイの庶民，金利高騰と資金繰り悪化で会社が倒産したジャカルタやソウルの工場労働者，他方，ルピア下落による輸出競争力向上で急に収入の増えたスマトラ島のパーム・オイル農園労働者やスラウェシ島のカシュー・ナッツ農民など，さまざまな人たちがいたはずである。

アジア通貨危機の発生と伝播，これに対する国際通貨基金（IMF）の対処の誤りなどの経験に基づき，国際金融市場における短期資金やヘッジファンドの監視，関係各国のマクロ経済運営の健全化と外貨準備融通の仕組みづくり，企業や金融機関の統治（ガバナンス）強化，IMFや世界銀行の融資条件の見直しなど，その後種々の再発防止策が採られてきた。ただ，大量の資金と情報の瞬時の流れが，国家による保護を突き破って，企業や個人を直撃し，貧困層を増加させる危険は決して去ってはいない。

　政府や中央銀行による組織的対応が十分でないままに，金融の自由化を強いられた途上国にとって，このリスクは慎重に考慮されるべきである。とくに，アジアや中南米諸国と異なって，これまで国際金融市場にさらされてこなかったものの，ようやく成長軌道に乗ったアフリカ諸国は，今後何らかの対策が求められよう。投機的な短期資本移動に市場を開放するような自由化は，グローバル化を拡大するかもしれないが，経済成長を促進するとは限らず，むしろ貧困を増加させる怖れがある。さらに，アジア通貨危機から10年を経て，世界の資金の流れの担い手はいっそう多様化しているが，サブプライム・ローン問題に象徴されるように，リスク伝播を抑止する特効薬は見つかっていない[7]。グローバルな投機的資金が，鉱物資源や石油，食料などの価格を乱高下させている現状もある。

　一方，国際的な金融機関による途上国金融機関の株式取得などを通じて，途上国金融市場が厚みを増し，地方部へも支店網が広がり，競争が激化することは，顧客にとっての利便性向上につながる。携帯電話などを利用すれば，遠隔地での金融サービスも可能になってきた。かつては政府系金融機関やNGOの独壇場だったマイクロファイナンス（有形担保を求めない小規模金融）市場にも，内外の民間金融機関が参入している。これらは貧困削減に向

けて利用できるはずである。

2-3 情報技術による影響

第3に,グローバル化を支えている,携帯電話やインターネットのような情報通信技術の進化と低廉化は,途上国の貧困層にも新たな機会を提供している[8]。遠隔地に住む農民は,農作物の市場価格情報を従来よりも入手しやすくなり,仲介業者の言いなりになるのではなく,より有利な取引が可能となった[9]。漁民は,最も取引価格の高い漁港に水揚げできる。「情報の非対称性」はなくせはしないが,ある程度是正できるだろう。これは国境を越えた取引にも活用されうる。中間マージンを減らし,生産者の取り分を増やした「フェア・トレード」がその活用例である[10]。また,安価な遠隔地教育・研修や医療・保健の道も開けてきた。

途上国の貧困層にとって,政府機関などに対する各種申請にともなう煩瑣な手続きは,先進国の人間には想像もつかないような手間と費用を要することが多い。これが腐敗の温床となり,強者が弱者を搾取する絶好の機会となってきた。影響力のある者は簡単に目的を達する一方,力のない者は延々と官僚主義に振り回される。しかし,これまでのこういう事態は,情報通信技術の普及によって変化しつつある。技術が十分容易に使用可能となれば,それはすべての人にとって公平な道具だからである。

技術革新が力の弱い個人に力を与える（エンパワーする）このような情況は,その同じ技術を通じて,地球規模に広がっていく。途上国が抱える感染症,ジェンダーによる差別や不利益,気候変動による災害などの問題は,それらに関する情報があまねく伝達されること,感染症は「狭くなった世界」のどこにでも伝染しうること,ジェンダー問題や気候変動は途上国,先進国共通の課題と認識されることなどから,国境を越えた共通の問題意識や価値

観のもとでの「グローバル・イシュー」となってきた。これは影響力の弱い途上国政府や国民にとって、世界的な連帯感を得やすいという意味で、従来よりも望ましい情況である。

ただ、これらの問題の発生している政治的・経済的・社会的・文化的背景、事態の深刻さとインパクト、対処の困難さなどは、途上国と先進国とで相当異なっている。途上国と先進国との経済格差や途上国の貧困は、「共通の」グローバル・イシューを論ずるにあたって、忘れてはならない前提条件の差である。これらの課題は、先進国の大半の人々にとっては、日々の生活の糧を得ることと直接関係がなく、必ずしも社会の構造と強く結びついたものではない。他方、途上国では、先進国の人々が別の話題に関心を移した後も、深刻な事態は遅々として改善されないのである。

2-4 ヒトの移動による影響

第4に、グローバル化の一部をなすヒトの国際移動が、途上国に与える影響はどのようなものであろうか。商品、資金、情報に比べて、旅行を除く人間の移動のグローバル化はやや歩みが遅い。にもかかわらず、顕著な現象として、就業機会を求めて、主として途上国から先進国に向かう合法・非合法な移民の流れと、彼らの本国への送金がある。フィリピンやソマリアのように、海外にいる移民の本国送金が、本国経済にとって主要な外貨獲得源となり、多くの家族や親戚の生活を支えている例もある。先進国への移民は、医者や看護師、教師、技術者など貴重な人材を流出させてしまう側面を持つ反面、国内の過剰労働力からくる圧力を緩和し、海外に出た人々がそこで得た技能や人的ネットワークをいずれ祖国に還元する可能性もある[11]。帰国せずにホスト国の国民となった場合も、さまざまな局面で出身国の応援団となってくれる。アルメニアはその典型的な例である。もちろん、移民の人

たちのホスト国での生活は決して生やさしいものではない。

　戦乱や災害や迫害を逃れて近隣国などに難民となって流出するケースは，必ずしもグローバル化と関係しているわけではない。難民の置かれる厳しい情況は論を待たないが，とくに受入れ国が貧しい途上国である場合，その土地やインフラにかかる圧力，限られた資源・生計手段の分配，難民と地元民との軋轢，援助機関やNGOの活動による一時的な資金の流入とバブル経済など，多様な問題に直面することになる。難民の帰国が可能となった際も，失われた生計手段の再建，不在中に別の人々が住み着いていたときの権利関係，インフラや行政サービスの復旧など，課題は山積している。

　旅行者の増加によって，途上国の観光産業はますます脚光を浴びている。直接的な雇用創出，関連産業への波及効果，外貨獲得などが期待される反面，必ずしも地元にカネが落ちない場合もあり，土地や水や自然環境や宗教施設をめぐって観光資源周辺住民との対立が起こりうる。売春や感染症などの問題も発生する。輸送手段の発達などグローバル化が，途上国の貧困や戦乱を逃れたい人々の希求と結びついて，国際的な人身売買や犯罪につながっている事実もある。先進国や途上国は，これらの課題にも取り組まなければならない。

　アマゾン川やコンゴ川の奥地に住む狩猟・採集民族にとって，グローバル化とは，木材伐採業者や農耕民の侵入によって，自然と調和したこれまでの生計や独自の文化が脅かされ，新たな感染症の危険にさらされることにほかならない。グローバル経済が，木材や穀物・バイオ燃料への需要を急速に増大させているからである。このような事態にはどう対処すればいいのだろうか。

　以上見てきたように，「ヒト，モノ，カネ」と情報のグローバ

ル化は，途上国に経済成長や「その声を広く届かせる」大きな機会を与えるとともに，いまだ経験したことのないリスクにもさらさせている。分配の不公正，貧困の増大，格差の拡大，不公平感などを招き，「ローカルな」対立を先鋭化させて，国家や中央政府の基盤を揺るがす怖れさえある。また，国際資本の伸張によって，国有企業の外国民間企業への売却，外国民間企業による公益事業への投資・運営などが，多くの途上国で見られるようになったが，これらは効率を高めるかもしれないものの，従業員の大量解雇につながるのが通例であるだけでなく，伝統的な政府の役割や国家安全保障のあり方に変容を迫っている。途上国政府は，現在の先進国が富を蓄えたかつての時代に比べて，はるかに難しい舵取りを強いられているといえるだろう。

経済的，政治的，社会的混乱の被害を最も受けやすいのが，貧困層であり，社会的弱者であり，途上国である。混乱を最小限にし，グローバル化の果実を幅広く行きわたらせるには，どのような手段を講じればいいのだろうか。どのような適切な政策・制度やゲームのルールが，グローバル化の時代の貧困削減に求められているのであろうか[12]。そのために先進国は，国際協力を通じて何を実行するべきなのだろうか。

1921年にマハトマ・ガンジーは，「私は，私の家の戸や窓を閉ざしておきたくはない。あらゆる土地の風が，私の家を吹き抜けることを望む。しかし，私は，それらの風によって私の足元が吹き飛ばされることを拒否する」と書いた[13]。グローバル化の現在も十分通用する至言であり，依然として大きな課題である。

3 途上国の貧困削減への取組みの必要性と国際目標

3-1 貧困とは何か

　世界銀行が 2000 年に発表した『貧困者の声』によれば，貧困とは，衣食住を含む基本的福祉のための資源が欠如していることに加え，①物理的，人的，社会的，環境的資産が欠如していて，自然および人的災害に対して脆弱であること，②道路，輸送手段，水，衛生といった基本的インフラへのアクセスが限られているか，ないこと，③保健・医療や教育といったサービスへのアクセスが不十分であること，④自己主張すること，権利を行使すること，独立を保つことができず，他人の搾取にさらされていること，⑤独自の文化を維持し，自らが所属する共同体の生活に十分参加することができないこと，を意味するとされている[14]。

　とくに資産の問題は重要で，貧困者が事実上あるいは慣習上保有していても，権利として登録されていなければ経済的価値を持たない。それを担保にして金を借りることもできない。

　同じく 2000 年の国連開発計画（UNDP）『人間開発報告書』は，人間の基本的権利が求めるものは自由であり，その自由とは，あらゆる差別からの自由，尊厳ある生活を営む自由，個人の可能性を実現する自由，恐怖からの自由，正義と法の支配に浴する自由，思想・言論・結社および意思決定への参加の自由，搾取されることなく尊厳ある仕事につく自由である，と述べている[15]。基本的人権への脅威は，すべて貧困の問題と深くかかわっているのである。

　貧困はこのように多面性を持った概念であるが，国際協力を議論する際には，便宜上所得ないし支出の面に着目して，1 日 1.25 ドル未満で生活する人々を絶対貧困層と定義してきた。この人々

の数は,1990年の19億2600万人から,2015年の8億3600万人と,おそらくは人類史上初めて減少に転じた。われわれは,貧困削減について一定の成功を収めてきたのである[16]。

貧困削減への取組みを考えるにあたって,忘れてはならないのが,「人間の安全保障」の概念であろう。これは,1人ひとりの人間の自由と,創造的で価値ある人生を生きる豊かな可能性とを確保するため,人間の生存・生活・尊厳に対する脅威への取組みを,あらゆるレベルで強化すべきとの考え方である。UNDPが1994年の『人間開発報告書』で打ち出し,翌95年コペンハーゲンで開催された「世界社会開発サミット」に引き継がれた。現在の日本の援助の基本的視点ともされている。

貧困問題に深くかかわる基本的人権は,国家や国境,社会制度から独立した普遍的な価値である。また,人権への脅威は,環境劣化,気候変動,人口増大圧力,食料やエネルギーや安全な水の不足,大規模な災害,紛争と難民,麻薬や感染症の蔓延,国際的組織犯罪やテロ,差別といった形で,国境を越えて現れており,解決に向けた国際的な協力が不可欠となる。すなわち,「人間の安全保障」の考え方に立った貧困削減への取組みは,21世紀の世界共通の重大な課題となっているのである。グローバル化が進展するなかで,貧困問題の克服なくして,人類全体の名誉ある繁栄はありえない。依然として8億人もの人たちが絶対的貧困状態にあり,基本的人権さえ奪われているとは,正に恥ずべき情況である。

3-2 貧困削減への国際目標

貧困問題に対処するための国際目標が,初めて定量的な形で示されたのは,1995年の「世界社会開発サミット」での合意を受け,96年経済協力開発機構(OECD)開発援助委員会(DAC)上

級会合で採択され,OECD閣僚理事会で承認された「21世紀に向けて———開発協力を通じた貢献」(通称「DAC新開発戦略」)においてである。これは,オーナーシップとパートナーシップ,包括的アプローチと個別的アプローチ,成果重視の7つの開発目標からなっている。

その後,2000年9月に開催された国連ミレニアム・サミットに基づき,「国連ミレニアム宣言」が採択され,この公約を達成するための工程表として,ミレニアム開発目標(MDGs)がまとめられた。これは,8つの目標,18のターゲット,48の指標から構成されるもので,そのポイントは,第4章第7節に述べた通りである。

それでは,このような国際目標の達成に向けて,これまでどのような考え方で,途上国の開発努力がなされ,それに対する国際社会の支援が行われ,いかなる成果をあげてきたのだろうか。今後の見通しはどうだろうか。

4 貧困削減政策の系譜と成果

4-1 貧困削減の方策

貧困削減のためには人口増加を上回る経済成長が不可欠である。経済成長は生産の拡大,所得の増加を意味する。成長なしに新たな雇用は生まれず,個人の生計は向上しない。貧困削減には,貧困層自身の経済成長が必要なのである。また,個人や企業の業績が上がらなければ,国庫に入る税収は増えず,国民に対する公共サービスは改善しないし,インフラや人材への公共投資など,持続的な成長のための施策を実行することもできない。

しかし,インド出身のアマルティア・センが主張する通り,ある国の経済全体が成長したからといって,その国のすべての国民,

とりわけ貧困層がその恩恵にあずかれるとは限らない。法による保護，基礎教育，健康，金融，土地や自然環境等の資産，社会保障などの機会に恵まれてはじめて，貧困層も経済成長の分け前を得られるのである。とくに，貧困層の持っている最も有用な資産であるマン・パワーを生かせるよう，訓練を施し，雇用機会を創出せねばならない。所得の低い貧困層は健康や教育を得にくいし，健康や教育に恵まれなければ貧困層は所得を上げることができない[17]。

　また，成長を主導する産業が労働集約的なものではなく資本集約的であれば，雇用創出効果は小さく，貧困削減にはあまり貢献しないだろう。同じ産業であっても，労働者の取り分と経営陣や株主の取り分との分配によっては，貧困削減への影響は異なるであろう。

　都市スラムや地方部に住む貧困層を対象に，安全な水，衛生的なトイレやゴミ処理，輸送手段やエネルギー，基礎教育，保健サービス，栄養改善，居住環境などを，直接的に供与することが貧困削減への近道だという，ベーシック・ヒューマン・ニーズの考え方もある。ただ，途上国政府が外国援助だけに頼らず，これらの基礎的社会サービスを継続的に供給するには，やはり経済成長による税収増加が前提条件となる。また，これらの社会サービスは，必ずしも無料ではないので，需要者である貧困層の側に一定の家計収入が必要である。すべて無料にするというやり方もあるが，それでは国庫にいくらカネがあっても足りないし，サービスの質が低下することは目に見えている。

　紛争や災害の犠牲者・被災者，難民，孤児，寡婦，老人，障害者，先住・少数民族，被差別民，人身売買の犠牲者など，貧困層のなかでも，とくに弱い立場に置かれている人々に対する福祉を強化して，「社会的安全網」を整備すべきであるとの立場もある。

一般に貧困削減を論ずる際には，貧困層やその課題をどうするかという面にばかり関心が集まる。ただ，貧困削減の財源を確保するためには，富裕層や中間層を多数生み出し，そこに課税して国庫を豊かなものにすることを忘れてはならない。彼らの貯蓄が民間投資に回って雇用を創出するし，彼らが国債の購入に投資してくれるのである。

　さらに，貧困は人権にかかわる問題であり，単なる低所得よりも広い概念・現象である。ただ，議論を所得水準に限定するとすれば，貧困削減とは貧困層に成長，すなわち所得増加をもたらすことにほかならない。したがって，ジョセフ・スティグリッツの言う通り，成長か貧困削減かという論の立て方にはあまり意味がない[18]。国民経済全体だけでなく貧困層も成長しなければ，貧困削減はできないし，国内の経済格差がますます拡大して社会や政治を不安定化させ，ひいては国民経済全体の足を引っ張ることになるのである。

4-2　構造調整の考え方

　さて，オーストリア・ハンガリー帝国に生まれた経済学者フリードリッヒ・フォン・ハイエクにはじまり，イギリスのサッチャー革命の支柱となったキース・ジョゼフや，シカゴ大学のミルトン・フリードマンに主導された，国家よりも市場の役割を重視する考え方は，先進国だけではなく，20世紀最後の20年間，途上国の開発，貧困削減努力に大きな影響を及ぼした。世銀とIMFが，ほとんどの途上国に対して強く推進した「構造調整政策」がそれである。

　構造調整の考え方では，マクロ経済の不均衡の原因を市場に対する政府の過剰な介入や規制に求め，これを最小限に抑えて経済活動を市場原理に委ねれば，その国の経済は成長軌道に乗るとさ

れる。市場が完全競争状態にあることを前提とした新古典派経済学の理論が、途上国においても適用可能とされたのである。これはやや揶揄的に「ワシントン・コンセンサス」と呼ばれる。

具体的には、①税制改革、政府歳出削減、政府借入抑制、国有企業の民間への売却・縮小・廃止などからなる、財政緊縮政策、②金利自由化、銀行部門等の外資への開放、債権・証券市場の育成、中央銀行の独立性確保、政策金融の縮小・廃止などからなる、金融部門改革、③為替管理の自由化、輸出入制限の緩和・手続き簡素化、量的規制の関税への転換および関税率引下げ、資本移動の自由化などからなる、貿易・為替・投資制度改革、④価格統制の撤廃、許認可手続きの簡素化、公企業による独占廃止および民間企業の参入促進などからなる、経済活動全般の規制緩和政策を含む、包括的な処方箋が適用される。

世銀・IMFはこの処方箋を政策条件（コンディショナリティ）としてあらかじめ途上国政府と合意し、条件の達成状況に応じて資金を貸し付けるのである。条件が満たされなければ、資金は供与されない。これらの政策を実行するにあたっては、一定の政治的・社会的痛みをともなうことが予想されるので、改革への反対勢力に隙を与えないために、一気呵成にすべての政策手段を発動すべきであるとされた。処方箋の内容を見れば容易に理解できるように、構造調整は世界的なグローバル化と期を同じくし、途上国のグローバル化を推し進める役割を果たしたといえる点を、とくに強調しておきたい。

この構造調整に対しては、日本を含む東アジア諸国に高度成長をもたらした歴史的経験に照らして、そのすべての処方箋が正しいとはいえないという批判、途上国の現実から著しくかけ離れた完全競争市場という前提に基づいて政策が立てられているため、政府の介入が減り規制が緩和されても、民間部門の投資や生産は

活性化しない，途上国においてそもそも市場は不完全・未発達であって，構造調整には「市場を育成する」という視点が欠落しているという批判が，当初からあった。

結果的には，①市場経済基盤の脆弱なサブサハラ・アフリカ諸国では，経済成長を促進するどころかかえって阻害し，貧困層を増やし，政府をいっそう弱体化し，債務問題を悪化させてしまった，②長年にわたって政府があらゆる国民経済活動を統制してきた移行経済諸国については，すべての構造調整政策を同時かつ急速に実施すべきとの「ビッグ・バン・アプローチ」を採用した国が，政治的社会的大混乱に陥り，優先度づけをして徐々に対応すべきとの「漸進主義（グラジュアリズム）アプローチ」を採った国は，スムースに移行できた，③世銀・IMFは東アジア通貨危機にまで構造調整政策を適用し，火に油を注いでしまった，④中南米の構造調整は，国内の経済・社会格差をいっそう拡大した，などの悪評を浴びている。

ジョセフ・スティグリッツは，ワシントン・コンセンサスを厳しく批判して，貿易の自由化，適切な規制をともなわない金融市場の自由化，独占企業の権力濫用を抑える監督機能や競争政策をともなわない民営化，ふさわしくない環境でむやみに追求された緊縮財政，労働市場の柔軟化などを，貧困を悪化させる政策の例として切り捨てている[19]。

構造調整政策に含まれる個々の処方箋には，理論上だけでなく実際上も，途上国にとって有益なものがあったはずである。問題は，それらの選択，組合せ，実行順序や方法であろう。さらに，長い目で見て構造調整がその国にいかなる効果やインパクトを与えたか，今後見極めなければならないだろう。

ただ，①マクロ経済の困難・混乱と社会不安に直面した途上国政府が，世銀・IMFによって準備された処方箋を，十分な検討

時間のないままに飲み込まざるをえなかった結果,著しくオーナーシップを欠いていた可能性があること,②ましてや,構造調整の影響を強く受ける国民は,その内容についてほとんど相談されておらず,改革についての国民的コンセンサスは存在しなかったことは指摘しておく必要がある。

加えて,③生活必需品への補助金撤廃,公共料金の値上げ,公共事業や社会福祉・教育予算の削減,政府や国有企業の人員整理,為替の自由化にともなう輸入インフレ,政府機関による農業・中小企業金融の廃止,安価な外国製品の流入による地場産業への打撃,高金利と経済の縮小による失業などの形で,少なくとも短期的には庶民の生活を直撃する怖れが相当あるにもかかわらず,貧困層や社会的弱者に対する影響への配慮が十分なされてはいなかったことは大きな問題であった。

さらに,④構造調整の処方箋は,単なる経済政策の範疇を超えて,その国の政治制度,社会構造,公的部門と民間部門の関係,文化や伝統,外国との関係などに深くかかわり,きわめて長期的な意味を持つものであるにもかかわらず,性急に合意され,融資資金と引き換えに短期間に遂行されたこと,⑤国ごとに経済・社会・政治の構造やそのときの情況,内外の環境が異なるにもかかわらず,画一的な処方箋が適用されたこと,⑥構造調整の処方箋と,当該国における他ドナー(援助国・機関)の政策や活動との間に,必ずしも事前の調整が行われていなかったこと,なども忘れてはなるまい。

それでは,グローバル化の時代に,途上国の貧困問題を緩和するために,これまで構造調整政策の「光と影」を経験したうえで,現在いかなる貧困削減への取組みが国際協力の文脈でなされているのであろうか。

4-3 ポスト構造調整の考え方

構造調整政策の,主として手法上の問題点に対応するために,世銀は1999年に「包括的開発フレームワーク」(CDF) の考え方を打ち出した。これは,①開発は当該国自身のイニシアティブによるべき,②開発の具体的成果を重視するべき,③経済だけではなく政治・社会・文化などを含んだ包括的なアプローチが必要,④さまざまなレベルのパートナーシップに基づくべき,⑤長期的視点を持つべき,というものである。そして,途上国のオーナーシップ,国内の各主体による参加の過程,途上国とドナーとのパートナーシップ,ドナー同士のパートナーシップが呼びかけられている。

CDFの原則を基礎にしつつ,経済成長の成果として目指すべきは貧困削減である,貧困層に政治的・社会的な力を与え,貧困層を保護しつつ,その経済的機会を拓く開発戦略を採るべきである,との考え方に従って,途上国政府に貧困削減戦略文書 (PRSP) の策定が求められるようになった。具体的には,重債務貧困国 (HIPCs) 向けの債務削減や,IMFによる貧困削減・成長融資 (PRGF),第2世銀 (IDA) による譲許的融資・贈与や財政支援の前提条件として,途上国政府が中心となってPRSPを作成するのである。

PRSPには,①客観的指標を使った当該国の貧困診断,②さまざまな主体による参加の過程を経た,貧困削減への国内共通のビジョン,③開発の成果および貧困削減の結果を重視した,政府・公的部門による優先的行動計画,④計画のモニタリングに際しての参加型手法,を含むとされている。世銀による支援は,従来の構造調整融資では,あらかじめすべての政策条件に包括的に合意したうえで融資承諾し,条件の充足・実行に応じて資金を供与するという方法が採られたが,政策条件に一部ずつ合意して,充足

のたびに事後的に資金供与し,次の条件の議論に進むという漸進的な方法に改められた。

さらに,援助の内容や実施方法を当該国政府の国内制度に沿ったものにしていく「アラインメント」,財政支援等に参加するすべてのドナーが政策条件の議論に参加して,途上国側とコンセンサスを得ることや,各ドナーがそれぞれの得意分野に特化して重複を避けることを含む援助「調和化」なども,従来の構造調整政策等の反省・教訓に基づいて導入されている。個別事業に対する支援をやめて,すべてのドナーが共通の基金に資金を集め,途上国政府の予算を共同管理するという極端な方法まで,一部で行われている。

これらは,構造調整を含むこれまでの国際協力のやり方から,ある程度教訓を汲み取ったものではあるが,依然として問題も多い。第1に,公的部門が民間部門への介入をやめ,経済のあらゆる面で自由化を進めれば,民間部門が自然に勃興してきて成長を牽引してくれるという見通しは,所得水準の低い国であればあるほど甘い期待に終わったはずだった。途上国においては,「完全競争市場」などというものは存在せず,市場をより競争的ですべての企業家にとって公平なものにするための,法・制度面の裏づけ,運輸,エネルギー,水資源等インフラ整備,産業活動の担い手としての人材育成,企業家への資金面での支援,政治の継続性や社会の安定などの「市場育成策」が併せて採られ成功しない限り,構造調整改革だけでは効果を持たない。

「ポスト構造調整」とでも呼ぶべき時代において,インフラ整備を含むこれら補完策や,改革が貧困層に及ぼす影響への配慮はかなり議論されるようになったが,処方箋が基にしている新古典派経済学の理論や政策条件の画一性にはあまり変化がないし,先進国が援助を餌に途上国に自由化を迫る図式は続いているし,い

かにして地場の民間部門を育てるかという肝心の点については，明確な方向性が見出せていないようである。

ただし，アメリカ流の「強欲金融」市場主義が破綻(はたん)して，世界中に不況をもたらし，政府が大幅な介入を余儀なくされた2008年は，市場「至上」主義が見直された契機と位置づけられることに，将来なるかもしれない。

第2に，構造調整の処方箋とは異なってPRSPの策定過程では，途上国政府がイニシアティブを取り，貧困層を含む市民社会や民間部門が参加し，コンセンサスづくりの努力を経て解決策を探す手法が強調されている。しかし，貧困層が，自らの生活に直接関係する開発事業の計画・実施に参加することさえ容易ではないのに，PRSPのような国家的議論に参加する経済的・心理的余裕があるとは思えない。貧困層の声を適切に代弁するような市民社会が，発達・成熟しているわけでもない。貧困層や社会的弱者に発言権を与えて参加を促し（エンパワーメント），同時に民主主義や「良い統治」を導入すれば，市民社会が自然と形成されてきて，広範な参加の実現による「正しい」貧困削減政策に至るというのは，あまりにもナイーブである。「市民社会」もまた，長い年月をかけてそれぞれの国で独自の発展を遂げるものであろう。

PRSPの策定・モニタリング過程と，当該国内の政治参加や意思決定の方法との関係も整理されておらず，依然として前者はドナーとの議論が中心のように見える。途上国政府はドナーに対する説明責任を果たすのに忙しく，国民各層への説明責任は十分果たしていないといってもよい。ドナーは過剰な介入や援助に絡めた独自の国内「参加プロセス」に依存することをやめて，たとえ不完全なものであったとしても，途上国内の本来の政治過程をもっと尊重すべきではないか。

第3に，「ポスト構造調整」では，世銀・IMF主導ではなく，

ドナー同士の連携・協力やコンセンサスづくり，役割分担が重視されている。しかし，これは本当に途上国政府の主体性や主導権を強めているのであろうか。コンセンサスを求めてすべてのドナーが延々と議論を続ける，全ドナーが一致団結して政府に譲歩を迫る，役割分担によって特定の分野への支援が特定のドナーに独占される，政府の予算全体が全ドナーの管理下に入るなど，相変わらず途上国政府ではなくドナーが「運転席に座っている」状態が続いている事例が多い[20]。援助が政府予算の過半を占める事態などめったにないことだし，元来あってはならないはずにもかかわらず，政府予算全体や特定の分野全体をドナー主導で議論・管理するようなやり方（一般財政支援，セクターワイド・アプローチ）は，援助依存を固定化する怖れがある。

　第4に，PRSPが導入された当初は，成長を通じた貧困の削減とはいいつつ，相対的に成長戦略は軽視され，従来通り貧困層の社会指標，とくに教育機会や保健・衛生状態の直接的な改善が，政府や援助による供給面からのみ強調されていた。PRSPの定着と政府側の意向を反映して，近年はサブサハラ・アフリカ諸国においても，経済成長および貧困削減に占めるインフラ整備の役割が重視されるようになったのは望ましい方向である。これは，アジアを主たる対象とした日本の援助が，長年主張・実践してきた考え方でもある。

　なお，2002年に発表された国連貿易開発会議（UNCTAD）の『最貧国報告書』では，世銀・IMFによる貧困削減戦略と債務救済が，依然として古い構造調整にすぎないと批判され，福祉移転支出によってではなく，いっそうの投資と雇用の創出，貧困層の生産能力の向上によって貧困を削減すべきとされている。加えて，グローバル化のもとで，貿易体制の最も開放的な国々と最も閉鎖的な国々とで，貧困が増大したと分析しているのは示唆的であ

る[21]）。グローバル化の長所を生かし短所を抑えながら，いかにして途上国の貧困削減を実現するかについて，「ポスト構造調整」時代の国際協力潮流も明確な答えを見出しえてはいないようである。

4-4　貧困削減の成果

それでは，ミレニアム開発目標（MDGs）の実際の達成状況はどうであろうか。国連の最終評価によれば以下の通りである。まず，目標1（極度の貧困と飢餓の撲滅）のターゲット1A（2015年までに1日1.25ドル未満で生活する人口比率を1990年と比較して半減させる）は，47％から14％と達成され，10億人以上の人々が極度の貧困から脱却した。この比率は，南アジアで52％から17％に，東南アジアで46％から7％に，中国で実に61％から4％にと大幅に改善したが，サブサハラ・アフリカでは57％から41％への減少にとどまった。結果として，依然として8億人以上が極度の貧困状態にあり，その8割がインド，バングラデシュなど南アジアと，ナイジェリア，コンゴ民主共和国などサブサハラ・アフリカとに住んでいる。ターゲット1B（女性や若者を含めすべての人に，生産的で妥当な雇用を提供する）は達成されていないが，ターゲット1C（飢餓に苦しむ人口の割合を半減させる）はほぼ実現した。しかし，まだ8億人近い人々が栄養不良に苦しんでおり（サブサハラ・アフリカで23％），5歳未満の児童の7人に1人が標準的な体重に達していない（南アジアで28％）。

目標2（初等教育の普遍的な実現）のターゲット2A（2015年までにすべての児童が男女の区別なく初等教育の全課程を修了できるようにする）については，開発途上地域における小学校の純就学率が，1990年の80％から15年の91％に改善した。就学率の最大の増加はサブサハラ・アフリカで見られ（52％から80％へ），就

学児童数は倍以上となった。小学校に通っていない児童数は、世界全体で5700万人へと半減したが、貧困国においては初等教育修了率がまだ64％にすぎないと推定されている。貧しい家庭の子供は裕福な家庭の子供に比べて、小学校に行っていない確率が4倍にもなる。他方、15歳から24歳までの識字率は91％に向上した。

　目標3（ジェンダー平等の推進と女性の地位向上）のターゲット3A（初・中等教育における男女格差の解消を2005年までに達成し、15年までにすべての教育レベルにおける男女格差を解消する）について見ると、15年時点の開発途上地域平均で、初・中・高等教育就学率の男女格差はほぼ解消している。南アジアも初・中等でこれを達成した。ただ、平均値だけでは見えない国内・国家間格差があるはずである。また、世界全体で、労働年齢人口の男性の3分の2が就労しているのに対し、女性は半分にとどまっている。女性国会議員の比率は過去20年間で2倍近くになったが、依然として5人に1人の割合にすぎない。

　目標4（乳幼児死亡率の削減）のターゲット4A（5歳未満児の死亡率を3分の2減少させる）については、1990年代初頭以降改善のペースが世界規模で3倍に加速し、90年の1000人当たり90人から2015年の43人へと減少したものの、その達成には届いていない。減少率は、サブサハラ52％、オセアニア31％、南アジア60％、中央アジア・コーカサス55％、東南アジア62％だが、とくにサブサハラでは依然として86人と世界平均の2倍の乳幼児が亡くなっている。また、同じ国のなかでも、都市部か地方部か、富裕層か最貧層か、母親の教育レベルなどによって、大きな差があるのが実態である。また、はしかの予防接種が、2000年から13年の間に1560万人の死亡を防いだが、90年に比べて半減したとはいえ、15年現在毎日1万6000人の乳幼児が、主に

予防可能な病気で命を落としている。

目標5（妊産婦の健康の改善）は，ターゲット5A（妊産婦死亡率を4分の1にする）と，ターゲット5B（性と生殖の健康へのユニバーサル・アクセスを実現する）からなる。1990年以降，妊産婦死亡率は45％減少し，その多くは2000年以降に実現している。サブサハラ・アフリカで49％減，南アジアで64％減となったが，目標には達しておらず，10万出産当たりの死亡がサブサハラ510と，世界平均210の倍を上回っている。14年には，世界の71％以上の出産が医療従事者の立ち会いのもとに行われ，これは90年の59％から大幅な上昇である。ただ，サブサハラ，南アジアともにまだ52％であり，開発途上地域の都市部平均87％に対し，地方部は56％と格差が大きい。開発途上地域の妊婦の半分しか，必要とされる最低4回の出産前検診を受けていないし，10代の出産もサブサハラやラテン・アメリカで多い。出産時の死亡原因についてのデータも，半分の国でしか存在しない。

目標6（HIV／エイズ，マラリアその他の疾病の蔓延防止）には，ターゲット6A（15年までにHIV／エイズの拡大を反転させる），ターゲット6B（10年までにHIV／エイズ治療を完全普及させる），ターゲット6C（15年までにマラリアなど主要疾病の発生を反転させる）がある。HIVへの新たな感染は，2000年から13年までの間に40％低下して210万人となり，14年6月時点で世界1360万人が抗レトロウイルス療法を受け（03年時点80万人），これによって95年から13年までの間に760万人が死を免れた。ただ，サブサハラ・アフリカでは，HIVについて正しい知識を持っている15歳から24歳の若者は，14年で40％未満にすぎない。また，マラリアの罹患率，死亡率ともに急速に低下している。2000年から15年の間に，620万人以上がマラリアによる死を免れ，その多くがサブサハラ・アフリカの乳幼児であった。04年から

14年にかけて，9億以上の殺虫剤処理された蚊帳がサブサハラ諸国に配布され，タンザニアやルワンダでは7割以上の乳幼児が蚊帳の下で寝ている。他方，ナイジェリアやニジェールでは2割にすぎない。さらに，2000年から13年の間に，結核の予防・診断・治療によって，3700万人の命が救われ，この点でも疾病との戦いは有利に展開しているが，エボラ出血熱など，有効な治療法がなく致死率の高い感染症の発生と新たな拡大が懸念される。

目標7（環境の持続可能性の確保）は，ターゲット7A（持続可能な開発の原則を各国の政策や事業に反映し，環境資源の損失を反転させる），7B（生物多様性損失のスピードを10年までに大幅に鈍化させる），7C（安全な飲用水と基本的衛生を享受していない人口を15年までに半減させる），および7D（20年までに，少なくとも1億人のスラム住民の生活を大幅に改善する）からなる。7Aについては，森林喪失はスピードダウンしたものの種と数百万人の生計とを破壊し続けており，地球温暖化ガスの排出量は1990年レベルを5割以上も上回り，海洋漁業資源の過剰利用が深刻化し，水資源不足が人類の40％に影響を与えている。他方，オゾン層破壊物質は90年以来除去され続け，オゾン層は今世紀半ばまでに回復する見込みである。7Bについては，陸上保護区の比率が90年から15年までの間に，西アジアで4％から15％に，ラテン・アメリカで9％から23％に拡大するという望ましい成果が見られる一方で，動植物を絶滅から防ぐのは時間との戦いでもある。7Cでは，15年現在世界人口の91％が改良された飲料水源を使用しており（90年76％），安全な飲料水の目標は5年前に達成された。ただ，この比率はオセアニアで56％，サブサハラで68％である。他方，90年以来21億人が改良された衛生施設へのアクセスを得たが，目標は実現しなかった。アクセスのある人口の比率は，

サブサハラで30％, オセアニアで35％, 南アジアで47％にとどまっている。飲料水にせよ衛生施設にせよ, 都市と地方の格差は縮まったものの依然として大きい。7Dについては, 都市住民のうちスラムに住む人の比率が, 2000年の39％から15年の30％に改善したが, サブサハラの55％を筆頭にやはり高く, 14年のスラム人口は9億人近くに達し, 90年よりむしろ増加している。

目標8（開発のためのグローバル・パートナーシップ）では, ①いっそう開かれた, ルールに基づく, 予測可能で差別のない, 貿易と金融のシステムを作る, ②最貧国, 内陸途上国, 島嶼国の特別なニーズに対応する, ③途上国の債務に包括的に取り組む, ④製薬会社と協力して, 途上国が支払い可能な範囲で必須の薬にアクセスできるようにする, ⑤民間部門と協力して, 新技術, とくに情報・通信にかかわる技術の被益を広める, がターゲットとされている。成果の例としては, ①先進国から途上国向けのＯＤＡが, 2000年から14年の間に実質66％増加した, ②14年現在, 先進国の途上国からの輸入の79％が無関税となっている, ③途上国で輸出額に対する対外債務支払い額の比率は, 2000年の12％から13年の3％に低減したが, 地域によっては近年増加傾向が見られる, ④過去15年間に携帯電話の契約数は10倍となり, 15年現在世界人口の95％が携帯電話の送受信圏内にいる, ⑤インターネットの普及率は, 2000年の6％から15年の43％に向上したものの, 先進地域人口の82％がこれを使っているのに対し, 途上地域では3分の1にすぎず, 情報・通信技術へのアクセスには依然として国内・国家間の格差がある。

今後への総括として国連は, 男女間の経済・政治・社会的不平等, 最貧困層と最富裕層および都市部と農村部の教育・保健・衛生などでの格差, 気候変動と環境悪化, 紛争による人々の強制的

な移動, 8億人もの極度の貧困を挙げ,「誰ひとりとして置き去りにしない」の実現を提唱している。

以上のような分析に当たっては, 平均値では隠れてしまう, 国ごと, 国内の地域や行政単位ごと, 分野ごとの差異に注意が必要である。世界中の人々が市場競争にさらされるグローバル化のもとで, グローバルな格差だけでなく, ローカルな格差にどう対処するか, いかに公平・平等を確保しつつ富を持続的に増大させるかが問われているといえよう[22]。

5 効率と平等とのバランスを求めて

一般に国際協力やその一部である開発援助を論ずる際には, それら先進国から途上国への行為そのもののあり方や効果についての議論から出発することが多い。これには少し留保が必要である。以下に理由を説明しよう。

5-1 効率を確保する政策

途上国か先進国かを問わず, その国で市場経済活動が行われる過程で, 外部性, 情報の非対称性, 自然独占等が原因で「市場の失敗」が発生して効率が損なわれるので, これを是正するために政府部門による介入が求められる。とくに市場経済の歴史が浅い現在の途上国では, 市場の失敗の度合いが大きく政府の役割が不可欠だが, その政府を形づくる制度や組織や人材もまた未成熟なことが多い。さらに, 途上国は, 現在の先進国の過去の時代と同様に, 経済構造の複雑化や政治・社会の急激な変容を経験している最中であり, この変化への対応が途上国政府による介入をいっそう挑戦的なものにしている。

さて, 市場の失敗に対する政府の介入手段としては, 規制, 公

共財の提供,税制,補助金,政策金融などがある。規制以外の4者は,政府予算配分の一環であることが通常である。途上国政府が予算配分を使って,国内開発事業に財政補助したり政策出融資を供与したりする際,その財源の一部についてドナーからの支援を受ける場合,ドナーからの支援の部分が国際協力ないし開発援助である。支援が無償か有償か,資金供与か技術提供かを問わない。援助は,「市場の失敗」への政府介入の一種なのである(より公平な分配を支援する援助については後に述べる)。また,広い意味での規制の一種として,政府による調整・促進・住民組織化などがあり,これらもドナーからの支援に深くかかわることになる。

したがって,何が望ましい国際協力や開発援助かを明らかにするには,まずその国の,あるいは途上国一般の経済・政治・社会の現状,市場の失敗,政府部門の役割,どの介入手段を活用するのが適切か,そのうえでどのような協力・援助をするべきかを検討しなければならない。援助のあり方や効果の前に,途上国自身による開発のあり方や効果,「開発の質」を十分考察するべきである。援助は途上国の開発努力のごく一部を占めるにすぎないからである。また,「開発イコール近代化イコール西欧化」という誤解にも,注意せねばならない。

それでは,まず持続可能な成長はどのようにして達成されるのか考えてみよう。パーサ・ダスグプタによれば,持続可能な成長とは,1人当たりの豊かさがストック・ベースで長期的に増加していることを意味し,それを決定づけるのは,①製造(物的および金融)資本,人的資本,自然資本への投入(インプット),②人口,③全要素生産性,であるという。③は投入の増加だけでは説明できない部分を指す[23]。したがって,成長を実現するには,①それぞれの資本への投入を増加させる,同時に少なくとも各資本

への投入割合のベスト・ミックス（最も望ましい組合せ）を目指す，②人口増加を抑制する，③全要素生産性を向上させる，しかない。

資本への投入を増加させるには，税収等を通じて歳入を強化せねばならない。だが，貧しい途上国では税収基盤が不十分で，成長のためには税収が必要，税収のためには成長が必要，というジレンマに陥りやすい。そこで，限られた資源を有効活用して，どのような配分で製造，人的，自然資本への投入増を実現するのか，「配分効率性」を向上させる仕組みが求められることになる。限られた資源を最も効果の高い配分で利用しようというわけである。

これは，具体的には，民間部門において市場による価格決定を貫徹することを意味する。また，政府部門においては，IMFなどの支援を得て行う歳出管理（PEM）の強化（予算配分，予算執行，決算等），公共投資事業の採否を決める際の内部収益率（IRR）の活用，政府部門でも民活や市場化テストを一部導入して価格競争にさらすことなどが考えられる。これらを可能とするような政府の統治（ガバナンス）のあり方も重要である。構造調整の時代には，政府部門を縮小して民営化することばかりが推奨されたが，現在は，もう少し穏やかな形での民間活力の利用や財政管理の充実が採用されている。

人口の問題はさて置くとして，全要素生産性，すなわち「生産効率性」を政府部門で上げるにはどうすればいいのだろうか。これに関連して能力開発，制度構築，社会資本，ガバナンスなどの言葉が使われることが多いが，市場原理の働きにくい政府部門でどのようにして生産性を上げられるのか，具体的な処方箋は明らかではない。

それにもかかわらずいくつか整理を試みてみると，第1に，利害関係者（ステークホールダー）からの行政サービス向上への

圧力や可能な範囲での競争原理導入を通じて，生産性向上へのインセンティブを創り出すことが考えられる。たとえば，行政サービスの「良し悪し」（量や質）を，地方自治体同士で競わせるのである。

第2に，民間活動だけでなく政府活動においても，規模の利益を追求することである。これは必ずしも組織や事業の規模を大きくすること（スケール・アップ）だけを意味するわけではない。国内各地のさまざまなイニシアティブを結びつけネットワーク化して協力・連携させることが挙げられる。個々の農業協同組合には適正規模があるので，それを大きくするのではなく，組合の連合を組織して流通面で連携するなどはその一例といえる。

第3に，情報の非対称性を軽減する，すなわち情報や互いの理解が多方向でスムースになるような手段を講ずることによって，誤解がなくなり信頼関係が醸成されて生産性が上がる。政府事業の計画策定や実施に幅広い関係者の参加を得て，コミュニケーションを強化したり，行政にIT技術を採用したりするのである。

第4は，政府支出の無駄や取引費用を最少化することだろう。

もちろん，生産性の向上のためには，市場原理に基づく民間部門の活発な活動が不可欠であり，政府は安全・治安の確保，所有権・使用権等私的権利の保障，土地制度や会社・労働法制の整備，公正な司法制度，規制（緩和），税制，インフラ投資，金融部門の育成などを通じて，民間部門が利益を求めて活躍しやすい環境を整える必要があるのは当然である。これらはすべて，予測可能性を高めて，ビジネスの費用を下げることにつながる。さらに，さまざまな技術革新は生産性上昇への切り札であり，政府はそのための研究・開発投資を怠ってはならない。

サブサハラ・アフリカ諸国に典型的に見られるように，一般に途上国は市場が分断されていて狭隘なため，ビジネスの費用に

比べて収入が少なくなる。このボトルネックを打ち破るには、運輸など広域インフラのネットワークを広げて市場を拡大し、「規模の経済」を担保する以外にない。一国のなかでの市場拡大だけではなく、国を跨(またが)った地域経済統合を目指すことは、政治的意味もさることながら経済的に必須なのである。広域インフラの整備などを通じて経済の地域統合を促進することは、不可避とされるグローバル化に対する途上国側の段階的適応方策でもある。なお、地域統合を円滑に進めるには、域内での格差是正に向けた努力が同時に行われることが政治的・社会的に不可欠だろう。

5-2 平等を確保する政策

次に、効率を目指して「市場の失敗」を是正する政府（およびそれを支援する援助）の役割とは別に、グローバル化の時代にとくに重要な、格差是正や公平の問題を考えてみよう。言い換えればこれは、社会正義に適った公正・平等な分配を実現するにはどうすればいいのか、という問いである。ここにも政府および援助の重大な役割が見出される。この目標に反対する人はいないだろう。それにもかかわらず実現が難しいのには理由がある。

そもそも正義や公正・平等の定義が不明確かつ多様で、世間には規範的なあるいは政治宣伝的な主張が氾濫している。専門家の間でも議論が分かれている。たとえば、ジョン・ロールズは『正義論』のなかで、平等な自由の原理（すべての人は平等に、最大限の基本的自由を持つべき）、公正な機会均等の原理および格差の原理（不平等の存在が、社会内の最も恵まれない人々の最大限の利益となる）の2つの条件が満たされる場合、社会・経済的資源配分の一定の不平等を許容することが正義に適う、と述べている。ロナルド・ドゥオーキンは『平等とは何か』で、資源主義（平等論の課題を、社会内における何らかの重要な資源配分の平等性に限定する

立場)と福利主義(資源配分の格差に加え,人間の資質や能力上の格差も反映する,福利実現という次元で発生する不平等に注目する立場)との対立と収斂を論じている[24]。

アマルティア・センは『不平等の再検討』を著して,人間が実現できる可能性のある行動や生活上の状態,すなわちさまざまな機能を実現するための潜在能力を平等化すべきと主張している。その潜在能力の例としては,適切な栄養を獲得できるとか,避けられる病気にかからない,といったことが挙げられる。同時にセンは,何に対する平等をその社会で最も重要な課題とみなすか,という価値判断からは免れないとも述べている[25]。正義,公正,公平,平等などについて大雑把な共通認識を持つことは可能かもしれないが,最終的にそのあり方を決めるのは政治やガバナンスの役割であろう。

さらに,経済成長やその基礎となる効率向上と公平・平等な分配との間に矛盾が生じやすいことも,事態を複雑にしている要因である。たとえば,労働者が一日中ゆったりと働いて高い給与を得ているようでは不効率で,企業は安くて質の良い製品を売り出し,利潤を上げて拡大・再投資に回すことなどできない。企業家は被雇用者の厚生のためよりも,まず自らの利益を求めて,リスクを取って会社を興したはずだろう。企業は,資源やインフラに加えて,低賃金を魅力と考えて立地し,労働者に厳しい生産性を求める。一定の格差こそビジネス・チャンスであり,先進国のこれまでの歴史上も,搾取が資本蓄積の源だったのである。

経済成長は,必ずしも雇用拡大やすべての人の所得増加を意味してはいない。たとえ全員が同じ比率で成長したとしても,出発点が違うので,やはり格差は広がってしまい依然として平等にはならない[26]。

格差是正のために所得累進的重課税をかければ,効率を上げて

所得を向上させようとするインセンティブがなくなってしまう。土地所有の不公平を是正しようとして土地再分配を強行すれば，所有権が保障されないことに不安を感じた投資家・企業家は逃げてしまう。生産性の低い労働者を解雇できない，すなわちそれだけ労働者が保護された法制のもとでは，企業は新規雇用による生産拡大に二の足を踏む。発明・発見が大きな報酬に結びつかないような社会では，誰も発明・発見に人生を賭けようとはせず，技術革新は生まれない。

　1人当たり平均所得が数百ドルの途上国でも国内の格差が目立つことがあるが，だからといって成長を犠牲にして所得分配だけを実行すれば，全員が数百ドルずつ得る貧困国になるにすぎない。これは「貧困の分配」にほかならない。

　一方で，資産所有があまりにも不平等な社会では，庶民はいくら働いても報われないとわかっているので，労働の生産性を上げようという気にはならず，企業の国際競争力や経済成長を損なう。成長の果実の国民への分配が，企業や地主や政府によって正当になされない場合も同様である。

5-3　効率と平等の両立

　さて，公平や平等の定義が明らかでない，これらと効率や成長との両立は難しいと嘆いていても解決策は見つからない。何とかして効率と平等，成長と分配を両立させる方法はないのであろうか。分配の状況を改善しつつ成長するような処方箋は見出せないのだろうか。いまだ不完全ではあるが，いくつかの試みは可能である。

　経済成長を促進する政策や事業があるとすれば，これが個人の所得にどのような影響を及ぼすか，マクロ・メゾ・ミクロの経路分析を行い，貧困層の所得向上へのプラス効果の高い政策を選択

する。同様に，ある政策や事業の利害関係者の各種集団を特定して，ステークホルダー分析を実施し，それぞれの集団がどのような影響を受けるか，それぞれの集団の立場に立つとその政策・事業がどのような意味を持つと映るか，各集団の代表者や構成員の見解も聞いてみたうえで，十分把握・検討して政策判断する。どちらの手法も，完全・精緻を求めると決定に時間ばかりかかって実行が遅れるので，大雑把でもいいから，政策決定にこのような視点を持つことが大切である。

　分配の状況をより公平なものにするために，貧困層や社会的弱者の生活に直接介入するような政策を採る場合には，受益者の意見をよく聞き，彼らの知恵を活用するだけでなく，真にそれを必要とする人々だけに政策が適用されるような工夫（ターゲッティング）が求められる。電気・上水等の料金減免の恩恵を貧困層以外の人たちも受けるような結果になると，それにかかった費用は無駄であり，電力会社や水道公社の財務を危うくし，ひいては国家財政の負担となって成長を阻害する。貧困層を公共工事に雇用して報酬を食糧等で支払う事業では，報酬を最低賃金レベルよりも高くすると貧困層以外が雇用される結果を招く。

　貧富の格差や男女の格差を正義・公正の面からだけでとらえるのではなく，貧しい人々が人間として当然の衣食住の権利や教育の権利を奪われているために，その持って生まれた能力を発揮できていない，生産活動に参加できていない，経済成長に貢献できていないという面からもとらえれば，「平等」に配慮することが「効率」向上にもつながる結果となる。同様に，社会的弱者・少数民族・障害者などの権利の問題はもちろん重要であるが，彼ら彼女らが十全な姿で社会参加する機会を与えられていないために，社会全体がいかなる経済的損失を被っているか数量化できれば，単なる社会福祉政策としてではなく，成長政策としても立案・実

行が可能となってこよう[27]。ウィリアム・イースタリーのいう「自由市場における貧困層の生計活動」を助けるような政策やインフラは，効率と平等の両者を推進することになる[28]。地方インフラ整備，マイクロファイナンス，フェア・トレード，「道の駅」，「一村一品運動」，合意に基づく農地改革への支援などは，地場産業育成策として位置づけられ，やがて成長の牽引車の１つとなれるかもしれない。

途上国で人々が「貧困の罠」に陥る主要な原因は，マクロ経済が安定している場合であっても，病気・災害・冠婚葬祭時の出費であるとする調査結果が数多く存在する[29]。これに紛争を加えてもいい。気候変動の影響で予想外の災害は今後ますます増えよう。資産や蓄えがなく，政府からの十分な支援を受けることができない人々は，これらのきっかけで長期にわたる壊滅的な打撃を受ける。栄養や教育への被害は，世代を超えた爪痕を残す。しかし，貧困層向けのマイクロファイナンスがビジネスとして成立するのであれば，これらについての民間保険制度も可能なのではないか。そうすれば，貧困層が救われるだけでなく，医療や災害時の対応によって政府財政にかかる負担を軽減し，経済のマイナス成長を抑えることもできるかもしれない。市場メカニズムを活用した公平・平等の確保がありうるはずである。

ただし，ソ連の崩壊以降，労働組合運動など，グローバル資本主義の暴走と弊害への抑止力が世界的に低調となり，共産主義・社会主義に代わるような公平・平等を追求するイデオロギーがいまだに登場していない。「グローバル化」への感情的反発はあっても，代替案や修正案は示されていない。

市場経済に基づくグローバル化は，人類の活動全体の効率を高める一方で，そのままでは弱肉強食によって格差を広げ平等を損なう怖れがあるが，政策の選択次第では不公平を少しでも緩和で

きる可能性がある[30]。また，一般には自治権の付与によって公平・平等に貢献するとみなされがちな地方分権や住民参加も，競争や透明性強化や現地事情の反映を通じて効率化を促進する一方で，成功する地方自治体や個人とそうではない自治体や個人との格差を広げ，対立の種をまく怖れが十分ある。もちろん，中央集権だからといって公平な分配が確保できるとは限らない[31]。

このように，効率と平等との関係は複雑で，その両立やバランスは容易ではないものの，慎重な検討やさまざまな工夫による政策選択の余地が存在する。この両立やバランス，それらを可能にする意思決定こそが，グローバル化時代の途上国の貧困削減に求められている最も挑戦的な課題であるといえよう[32]。

ここでは深入りしないが，同様の両立はグローバル化のもとでの効率追求と地球温暖化対策との間にもありうる。産業がエネルギー消費の効率化を目指す投資や立地をすれば，地球全体として温暖化ガスを削減できるはずなのである[33]。

6 担い手としての政府・市場・市民社会

途上国の貧困削減への取組みを考えるにあたって，それをめぐる国際環境，国際目標と成果，取組みの方策などについて論じてきた。本章の最後に「担い手ないしアクター」について整理し，後の章のより詳細な議論につなげたいと考える。

途上国の開発の担い手を概念的に単純化すると，政府の統治機構を構成する「政治」と「行政」，民間生産活動を担う「市場」，一般国民からなる「市民社会」が挙げられる。「政治」は「市民社会」に選ばれた政治家，国会，指導者などからなり，民主的な選挙を経たか否かはここでは問わない。「行政」は「政治」のもとでの官僚機構であり，中央政府機構だけでなく地方自治体機構

図 5-1 途上国の開発の担い手

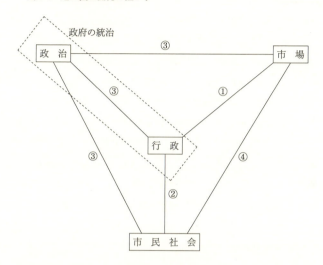

も含む。統治機構としてはこのほかに司法があり、本来「政治」や「行政」から独立した存在であるべきだが、ここで途上国開発との関係では「行政」の一環とみなしておく。「市場」も「市民社会」も民間部門を形成しており、その境界は必ずしも明らかではないが、前者は企業や農家による経済活動の面に着目し、後者は経済活動以外の国民の政治的・社会的活動に着目している。たとえば、地方自治体で働く公務員は「行政」の一部を担っているが、個人としては「市民社会」の構成員であり、副業で農家を経営して「市場」に参加していることもある。

図5-1に従って行政と市場の関係（①）について見てみよう。行政は、制度や政策を通じて民間部門による市場経済活動の基本枠組みを作り、市場の活発化・拡大・高度化を支援する、必要に応じて社会的目的から市場に一定の規制を加える、といった役割を担っている。他方、市場は、自由競争を前提にした需要と供給

第5章 貧困削減への取組み

による価格シグナルを通じて，資源の効率的配分，生産性の向上，所得の増大を達成する。市場は利潤の追求という目的のために，業界団体などを通じて，行政の政策立案および遂行に対し働きかけを行う。行政と市場の意思疎通は大切だが，特定企業や業界の意向を反映して汚職が生じたり，政策・制度が固定化して改革が阻害されたりする場合がある。たとえば，中小企業を保護する政策が，中小から大企業に発展しようとするインセンティブを削いでしまうことがある。あるいは，市場の立場からは，行政や政治が介入しないことこそ望ましいケースもある。インドのIT産業は，政府の不介入のお陰で急速に発展したといわれている。

　行政と市民社会の関係（②）はどうだろう。市民社会は1人ひとりの国民からなっているが，その代弁者としては，伝統的で土着の地域共同体や民族・宗教団体，近代化の過程で西欧等から輸入された概念に基づく市民団体・NGOやマスコミなどがある。行政は市民社会を統治し徴税する見返りに，市民が生活するのに不可欠な行政サービスを供与する。市民社会がそれに不満の場合や公平・平等が損なわれたと感じる場合，行政に直接働きかけるか，次に述べる③のルート，すなわち政治過程を通じて行政に変更・改善を迫るか，司法に訴えるかする。行政を市民社会に近い所に置いたほうが，市民の声が行政に届きやすい。市民社会が行政活動に参加するという方法もある。貧困削減の観点からは，市民社会のなかで貧困層の声がどれだけ聞こえるか，どれだけ行政や政治に届くかが課題である。

　③は市民社会によって選ばれた政治が行政に指示を出す過程である。市場は政治を直接選ぶわけではないが，政治献金等を通じて影響力を行使する。企業家が政治家になることも多い。行政が，理論に裏づけられて経済全体の成長を目指す政策を採ることは比較的容易だが，価値判断を求められる公平・平等や分配は，一義

的には政治の領域である。ただし，民主的な過程を経ない政治（権威主義的体制）のもとでは，行政が政治による分配機能まですべて抱え込み，独善的になる怖れがある[34]。また，選挙による政治の交代は，選挙に勝利した多数派による横暴や政策の大きな変更を招くことがあるが，政治からある程度独立した行政が安定性・継続性・中立性などを担保する場合もある。民主主義が，政治や社会の安定と経済の効率や平等とを保障してくれるわけではない。

市場と市民社会の関係が④である。市場における民間経済活動は利潤を求めて行われるのであって，貧困削減を含む社会的目的が動機として入り込む余地は元来ない。ただ，企業にとって貧困層を含む市民社会は，利潤の可能性を拓く巨大なマーケットである。他方，貧困層を含む国民が，何らかの経済主体を通じて市場経済活動に参加し，雇用と生産性改善によって生計向上を達成していかない限り，裾野の広い市場の発達も，貧困削減も，市民社会の開花もありえない。このためには，国民やその社会的ネットワークとしての市民社会に，人的資本，土地，インフラ，行政や金融サービスへのアクセス，環境を含む天然資源などが不可欠である。

一般に市場は効率を求め，市民社会は平等を求める。市場の効率を高めるには競争が不可欠であり，市民社会の構成員が市場での競争に参加するにあたって，貧困層や弱者にとって公平な競争の場（レベル・プレーイング・フィールド）を確保せねばならない。すなわち，市場友好的な「下駄の履かせ方」，グローバル化された世界市場での競争を公平なものにする「場の設定」を模索する必要がある。そこで政治や行政や市民社会の果たすべき役割は何だろうか。これらこそ，21世紀の貧困削減と格差是正のために求められている課題であり，国際協力もこのような文脈に位置づ

けて考えるべきだろう。

〈注〉

1) Jeremy Greenstock, "Nations Have to Act Locally in a Globalized World," *Financial Times*, May 16, 2008.
2) "Uganda Coffee Farmers Getting Raw Deal," *The EastAfrican*, Sept. 3-9, 2007.
3) Ali Mchumo, John R. Kaputin, Supachai Panitchpakdi and Kemal Dervis, "Global Boom: Farmers Must 'Eat' More Profit," *The EastAfrican*, Sept. 10-16, 2007.
4) Devesh Kapur, Pratap Mehta and Arvind Subramanian, "Is Larry Summers the Canery in the Mine?", *Financial Times*, May 14, 2008.
5) Consultative Group on International Agriculture Research, "Africa the New Rice Bowl?: Availability of Cheap Imported Rice Has Provided an Excuse to Neglect Domestic Rice Production," *The EastAfrican*, July 23-29, 2007; Obiageli Katryn Ezekwesili, "Aid for Trade Can Revitalize Growth in Africa," *The EastAfrican*, Oct. 15-21, 2007.
6) Alan Beattie, "Remote Farmers Dig in Over Tariffs," *Financial Times*, May 23, 2007.
7) 中尾武彦『アメリカの経済政策——強さは持続できるのか』中央公論新社, 2008年, 169-228頁。
8) "330m Africans Will Own Cellphones in 2008," *The EastAfrican*, Mar. 31-Apr. 6, 2008.
9) "Rebooting the Indian Green Revolution," *Financial Times*, May 2, 2008.
10) 「墨田のNGO『フェアトレード』コーヒー——アフリカ会議の席に」『朝日新聞』2008年5月24日。
11) 国連貿易開発会議(UNCTAD)『LDC報告2007年版』。
12) Gideon Rachman, "The Political Threats to Globalization," *Financial Times*, Apr. 8, 2008; FT Interview with Michael Spence, "Blueprint Set to Nurture Developing Nation Growth," *Financial Times*, May 19, 2008.
13) Mahatma Gandhi, "No Cultural Isolation," *Young India*, June 1, 1921, p. 170.

14) World Bank, *Atlas of Global Development*, Collins, 2007, p. 19.
15) United Nations Development Programme, *Human Development Report 2000*, Oxford University Press, 2000, p. 1.
16) United Nations, *The Millennium Development Goals Report 2015*. (『国連ミレニアム開発目標報告 2015 —— MDGs 達成に対する最終評価』2015年7月6日発刊)。
17) Jean Dreze and Amartya Sen, *India: Development and Participation*, Oxford University Press, 2002, p. 323.
18) ジョセフ・E. スティグリッツ（鈴木主税訳）『世界を不幸にしたグローバリズムの正体』徳間書店, 2002年, 126-127頁。
19) 同前, 127-130頁 ; William Easterly, "Trust the Development Experts: All 7bn of Them," *Financial Times*, May 29, 2008; Martin Wolf, "Useful Dos and Do Nots for an Economy Set on Growth," *Financial Times*, June 4, 2008.
20) "Aid Initiative Inspired," *Daily Nation*, Sept. 12, 2007.
21) *Financial Times*, June 19, 2002; Ian Mamuya, "Tanzanian Disappointment"; Yash Tandon, "Industrial Nations' New Colonial Ambitions," Development and Cooperation, July/August 2008.
22) United Nations, *The Millennium Development Goals Report 2015*.
23) Partha Dasgupta, "The Idea of Sustainable Development," International Symposium: Sustainability in an Unequal World at the University of Tokyo, Nov. 24, 2006.
24) 川崎修・杉田敦編『現代政治理論』有斐閣, 2006年, 106-127頁。
25) 同前, 127-135頁。
26) "China's Prosperity Brings Income Gap," *Financial Times*, Aug. 9, 2007.
27) "Simple Aid Would Save Millions and Generate Billions," *Financial Times*, May 21, 2008.
28) ウィリアム・イースタリーは, 2006年に「援助ニーズを積算するという試みは, 経済学の初歩的な原則に対峙する計画経済的メンタリティの現れである。海外援助がそれだけでMDGsを達成できるという考えは常に幻想である。貧困緩和の希望は, 自由市場における貧困層自らの自助努力から生まれる。援助コミュニティの計画者達が, すべての貧困国に対して500億ドルまで援助を増やすべきかどうか逡巡している間に, インドと中国という2つの大きな貧困国の市民は, 毎年自分自身で7150億ドルも所得を増加させているのだ」と述べている

(「援助ニーズをどう評価するか？」仮訳, mimeo.)。
29) Anirudh Krishuna, "Falling into Poverty: Other Side of Poverty Reduction," *Economic and Political Weekly*, Feb. 8, 2003, pp. 533-542.
30) "Globalization 'a Blessing' for West Europe," *Financial Times*, Feb. 26, 2008.
31) L. Muthoni Wanyeki, "MDGs: Don't Score Own Goals," *The East-African*, July 9-15, 2007.
32) Danny Leipziger and Michael Spence, "Globalization's Losers Need Support," *Financial Times*, May 15, 2007; 日本貿易振興機構アジア経済研究所『アジ研ワールド・トレンド』第136号, 2007年1月; S. Hirashima, "The Land Market in Development; A Case Study of Punjab in Pakinstan and India," *Economic and Political Weekly*, Oct. 18, 2008, pp.41-47.
33) "The Greening of Globalization: Protectionists Can Hide behind Concern for the Environment," *Financial Times*, Jan. 4, 2008.
34) 辻一人「アジア通貨危機と途上国開発行政のあり方——成長と公平の両立は可能か？」下村恭民・稲田十一編『アジア金融危機の政治経済学』日本国際問題研究所, 2001年, 145-167頁。

〈読者への推薦文献〉

石川滋『国際開発政策研究』東洋経済新報社, 2006年

奥田英信・三重野文晴・生島靖久『開発金融論』日本評論社, 2006年

川崎修・杉田敦編『現代政治理論』有斐閣, 2006年

スティグリッツ, ジョセフ・E．（鈴木主税訳）『世界を不幸にしたグローバリズムの正体』徳間書店, 2002年

藤永茂『「闇の奥」の奥——コンラッド・植民地主義・アフリカの重荷』三交社, 2006年

峯陽一『現代アフリカと開発経済学——市場経済の荒波のなかで』日本評論社, 1999年

第6章 平和構築と復興支援

1 冷戦後の紛争と国際社会の関与

1-1 冷戦後の紛争状況

　1990年前後の冷戦の終焉は，米ソ関係のみならず，開発途上地域にも大きなインパクトを与えた。米ソ冷戦の枠組みの崩壊にともなって，世界は平和になるどころか，世界各地で民族・宗教等に根ざした内戦や地域紛争が頻発するようになり，いわゆる「破綻国家」や難民の増大，国際テロといった問題が，国際社会全体の大きな課題として顕在化したのである。その意味で，古典的な国家間の「戦争」に代わって，民族的・宗教的対立に根ざした「紛争」(conflict)が国際紛争の主要な局面となったといえよう。

　とりわけ，旧ソ連が分裂してできた15の共和国の周辺地域で，国家の再編にともなう多くの紛争が発生した。また歴史的に，潜在的な民族・宗教の多様性を抱えていた中央・東ヨーロッパでも，国の再編・独立の動きが活発化し，とくに旧ユーゴスラビアでは国家の分裂・再編過程のなかで，その紛争は混乱をきわめた。アフリカでも，冷戦下で米ソそれぞれの支援を受けて争っていた勢

力は，いくつかの国では内戦が収束に向かった。その一方で，冷戦下では紛争のエスカレートに対して一定歯止めがかかっていたが，部族間の勢力争いのなかでさまざまな資源の利権とも絡んで，紛争が歯止めなく激化していくケースも多く，ルワンダやシエラレオネでの内戦はその典型であったといえよう。また冷戦後の紛争の特徴を，「非対称型の紛争」，もしくは「非政府組織型の戦争」といった言い方で指摘することもある。2001年9月11日のアメリカにおける同時多発テロは，こうした冷戦後における紛争の形態の変化を象徴する事件であったともいえる。

実際，冷戦後の国際社会は，何らかの理由に基づく国内あるいは国境を越える性格を持つ対立が紛争へとエスカレートした事例への対応に追われてきた。そのような紛争は伝統的な国家間の戦争とは発生のメカニズムも異なり，また，政府機構そのものが紛争によって弱体化したり，場合によっては消滅したりするなど（崩壊国家），紛争とその後の復興のプロセスも旧来の戦争の場合とは異なるため，紛争発生ごとにさまざまな試行錯誤を余儀なくされてきた。

こうした状況のなか，紛争については，近年，多くの研究がなされるようになった。一般的には，「紛争」とは，「少なくとも2つ以上の主体が，稀少資源（富や権力等）を同時に獲得しようとして相争う社会状況」である，と定義される[1]。この場合の主体とは，必ずしも国家とは限らず，実際，多くの調査研究のデータによれば，1990年代に発生した紛争の大半は，国家間ではなく国家内部で発生している（あるいは内戦が国境を越えて拡大したケースである）。

一例を挙げると，紛争研究で有名なスウェーデンのウプサラ大学の「紛争データ・プログラム」（この調査データはストックホルム国際平和研究所『SIPRI 年鑑』のデータとしても利用されている）

図 6-1 種類別の紛争の数（1946～2012 年）

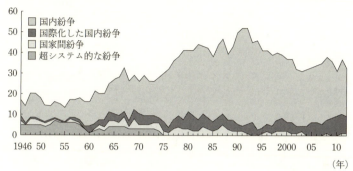

（出所）Uppsala Conflict Data Program, *Armed Conflict Dataset*, 2013.

は，国内・国家間を問わず，年間25人以上の死者を出すものを「紛争」としてカウントして時系列データをとっている（1000人以上の死者の場合を「戦争」〔war〕と呼んでいる）。**図6-1**は，第2次世界大戦後の1946年から2012年までの「紛争」の数の変化を表した図であるが，これによれば，冷戦が終わった直後の1990～92年に紛争の数がピークに達している。また，多くの国家が独立した1960年代から過去50年間の「紛争」の大半は国内紛争（内戦）であることが示されている。

このウプサラ大学の紛争データによれば，紛争は地域的にみると全世界に散らばっており，たとえば1989～99年の10年間に生じた110件の紛争のうち30件はアジアであり，しかもアジアとアフリカで紛争が終結せず継続している比率が高い[2]。「日本の開発援助がこれまで紛争に比較的無関心でいられたのは，その主たる対象国が政治的に比較的安定しているアジアであったからだ」との指摘もあるが，この指摘は必ずしもあたらない。実際，日本の政府開発援助（ODA）の主要な対象国であったインドネシア，フィリピン，インド，パキスタン，スリランカなど，いずれ

も紛争地域を抱えた国々であった。その意味で、日本のODA供与にあたって紛争要因があまり議論されなかったのは、「紛争をあたかもないかのようにODAを供与し続けた」からであるにすぎないともいえる。

しかし、今日では、日本が相手国内の紛争の問題を無視して援助政策を考えることは許されない。実際、日本も従来の「内政不干渉」「政経分離」の原則を実質的に変更して、こうした相手国内の紛争問題に関して、平和に向けた動きの支援を重要な援助方針とするようになった。2003年に改定された「新ODA大綱」で「平和構築」が重要な目標の1つと位置づけられ、さらに2015年2月に閣議決定された「開発協力大綱」の前文では、「狭義の開発のみならず、平和構築やガバナンス、基本的人権の推進、人道支援等も含め、開発を広くとらえる」とされた。これらは、日本政府の姿勢の変化を象徴するものであるといえよう。

なお、1990年代半ばをすぎて紛争の数が減少してきている理由に関しては、いくつかの異なった議論がある。国際法の研究者の間では、1990年代前半に独立を求める運動が高まったが、その後、国連等の場で新たな国家の独立を認めないという国際的な合意が広まり、独立運動の伝播が下火になったとの議論がなされている。他方、国連平和維持活動（PKO）関係者からは、90年代の紛争の減少と国連PKOの拡大とは反比例の関係にあり、PKOが紛争防止効果を持ったとの議論も提示されているが、これについては因果関係を検証することは困難である。

1-2 国際社会の復興支援と平和構築

図6-2は、紛争状況に対応した国連を中心とした政策概念を整理した概念図である。国連主導で近年使われるようになった概念・言葉を中心にまとめられているが、地域紛争・破綻国家・難

図 6-2　国連の概念整理──紛争の諸段階と対応

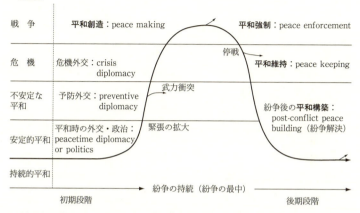

（出所）　Michael S. Lund, *Preventing Violent Conflicts*, United States Institute of Peace Press, 1996, p. 38 をもとに抜粋して筆者作成。

民流出といった問題のそれぞれのフェーズに対応する政策メニューを考えるうえで大いに参考になる。図 6-2 では，国連の役割を紛争の諸段階に対応して，「平和創造」(peace making)，「平和強制」(peace enforcement)，「平和維持」(peace keeping)，「平和構築」(peace building) の 4 つの概念で示している。

「平和構築」(peace building) という概念は，1992 年 6 月に出された国連事務総長の報告書『平和への課題』(*An Agenda for Peace*) で，国連をはじめとする国際社会が果たすべき役割として言及された[3]。その後，「平和構築」はさまざまな援助国・機関，研究者，マスメディア等によって頻繁に使われ議論される言葉となっているが，その使い方は，「紛争後の平和的制度構築」を指す狭義の使い方と，「軍事的・外交的（政治的）・経済的（開発）側面のすべてにおける紛争予防と関連するすべての活動」を

指す広義の使い方がある。今日では,「平和構築」は,紛争の一連のサイクルのあらゆる段階を考慮し,また政治・安全保障・復興開発のすべての側面を視野に入れている点で,後者の広義の意味に使っていると考えられる[4]。

実際,近年,途上国の開発に取り組んできた多くの国際機関が,以前にもまして復興支援に力を入れるようになり,復興支援を効果的に進めるための組織体制づくりや支援ツールの充実に取り組んできた。

2000年にアナン国連事務総長(当時)が設置した「国連平和維持活動検討パネル」の報告書(いわゆるブラヒミ報告書)では,「効果的な平和構築には,紛争の根源に対処するための政治と開発を合わせた活動が必要だ」とし,紛争予防と平和創造,平和維持,平和構築それぞれの相互関係に着目し,それら全体を「平和活動」(peace operations) という概念で統合的にとらえた[5]。このなかで平和活動は,「平和の基礎を再生し,単なる戦争のない状態以上のものを作り上げるための活動」と表現され,戦闘員の市民社会への再統合,警察・司法制度の訓練などを通じた法の支配の強化,人権の尊重の監視,過去または現存する人権侵害の捜査,選挙協力や自由なメディアの支援を含む民主化支援,紛争解決・和解の促進,などの広範な活動を含むものとして位置づけられた。

一方,主要援助国の間でも,紛争と開発の関連について共通のガイドラインづくりが進められた。たとえば,経済協力開発機構(OECD)の開発援助委員会(DAC)は,1997年に,紛争と開発に関する初のガイドラインである「21世紀の紛争,平和と開発協力」をまとめた[6]。そこでは,カンボジアやルワンダ,ボスニア・ヘルツェゴヴィナといった具体的な事例への対応の経験に基づき,各援助機関がこうした紛争に関連して支援を行う際の政策指針と留意点が提示された。その後,2001年に,DACの新ガイ

表 6-1　平和構築に関連する国際社会の主要アクターの動向

1992	国連「平和への課題」（PKO の拡大――政治体制・復興を含む国づくり）
1995	国連「平和への課題――追補」（平和構築の概念の修正）
	DAC「紛争と開発」に関するタスクフォース設置
1997	DAC 報告書「21 世紀の紛争，平和と開発協力」（政策ガイドラインと政策提言）
	主要ドナー間に CPR（紛争予防・復興）ネットワーク設立
	世銀「紛争後ユニット」設置
1999	日本政府（外務省）が国連に「人間の安全保障基金」設置
2000	国連「ブラヒミ報告書」（包括的活動として「平和活動」概念を提示）
2001	DAC「紛争と開発」第 2 次報告書（新ガイドライン「暴力的紛争の予防を支援する」）
	UNDP「紛争予防・復興局」設置
	ICISS（干渉と国家主権に関する国際委員会）「保護する責任」報告書
2002	世銀「LICUS」（逼迫した低所得国）ユニット設置
2003	国連「人間の安全保障委員会」報告書
	日本政府「新 ODA 大綱」で「平和の構築」を重要課題として盛り込む
2004	「脅威・課題・変化に関する国連事務総長ハイレベル・パネル」報告書
2005	DAC「紛争の予防と平和の構築」に関するマニュアル作成
	米・英両政府，相次いで「脆弱国家戦略」報告書発表
	国連「平和構築委員会」設立
2006	「破綻国家指標」（Failed States Index）の公表開始（以後毎年）
2007	ポール・コリア『最底辺の10億人』刊行
2009	国連「人間の安全保障」報告書
2010	OECD「害を与えない」（Do No Harm）報告書
2011	世銀「世界開発報告 2011――紛争・安全保障と開発」

ドライン「暴力的紛争の予防を支援する」が出された[7]。この報告書は，ドナー（援助国・機関）間調整の緊密化，人道支援から復興・開発支援への連続性，ガバナンスと市民社会の重要性，復興支援におけるさまざまな活動の優先順位づけ等の重要な課題について包括的にまとめたものである。**表 6-1**は，そうした国際社会の主要ドナーの平和構築分野での動向を整理した一覧表である。

1-3 9.11同時多発テロ後の国際社会の対応——「脆弱国家」支援

2001年9月11日に勃発したアメリカでの同時多発テロは、国際社会にさらなる新たな対応を求める事件であった。9.11同時多発テロのあと、アメリカは「テロとの戦い」と称して、まずアフガニスタンのタリバン政権を攻撃したが、貧困や政府の機能の弱さや腐敗がテロリストや不満分子を発生させ、それが紛争を引き起こしたり世界の不安定要因になったりしているとして、こうしたいわゆる「脆弱国家」(fragile states)への支援を重視するようになった。

また、そうした「脆弱国家」への国際社会の関与の必要性を重視する議論のなかから、「人道的介入」論や「保護する責任」論も登場してきた。「人道的介入」論とは、国際社会のどこかで「甚だしい迫害が起きており、当該国の政府がそれを止める意志や能力がない場合、あるいは当該国の政府自らが迫害を行っている場合、国際社会は人道的観点から介入すべき」とする議論である[8]。他方、「保護する責任」論とは、「国家主権は人々を保護する責任をともない、国家がその責任を果たせないときは、国際社会がその責任を代わって果たさねばならない」とするものであり、内戦や国家の破綻のなかで生じる人道的危機や非人道的行為を国際社会は放っておいてはいけないのだとする議論である[9]。

この議論は国連の舞台を中心に進展してきた。具体的にいうと、2004年12月、「国連ハイレベル委員会」で、「保護する責任が、予防、暴力への対応、粉砕された社会の再建を含む一連の流れに及ぶ」とされ、05年9月の「国連首脳会合成果文書」で、国際社会がある国内の人々の保護に責任を負うことへの一定の合意が表明されている。一方、こうした「保護する責任」論が欧米を中心に広まるなかで、こうした議論は、「普遍主義の名のもとでの新たな植民地支配正当化の論理」ではないかという批判も出され、

また,こうした論理のもとになされる過剰な軍事関与への懸念,実践的な関与の基準の軽視等の問題も指摘されている[10]。その意味で,この「保護する責任」論はいまだ国際的に定着したとまではいえないが,これまで国内の内政問題とされてきた問題に対する国際社会の関与が拡大してきているという流れ自体は,否定できない国際的潮流である。

一方,こうした議論のなかでしばしば使われる「破綻国家」(failed states)や「脆弱国家」とは,いかなる国家をいうのであろうか。これまでの議論を整理すると,「破綻国家」とは「政府が機能していないか,その国の領域の一部を実効支配できていない状況にある国」のことであり,内戦状態にある紛争国や,内戦終結直後でいまだ正統的な政府が存在しないか政府が機能していない状況にある国のことで,2002年前後のアフガニスタンや,1992年前後の内戦からの復興初期のカンボジア,90年代半ばの旧ユーゴスラビア地域,そして2003年直後のイラクがそうした例として挙げられることが多い。

どの国が「破綻国家」であるかに関しては,もちろんさまざまな議論がありえるが,1つの典型的な整理として,*Foreign Policy*誌が作成した「破綻国家指標」(Failed States Index)が挙げられる。これは人口動態圧力,難民・国内避難民,集団の不満,人的逃避,不均等発展,経済,国家の非正統化,公的サービス,人権,治安機構,党派的エリート,外的介入の12項目について各々10段階評価をして,その「破綻国家」の度合いをレーティングしたものであり,その数値化に恣意性があるという批判はあるものの,この問題を考える際の参考にはなる。

他方,「脆弱国家」は「破綻国家」とはまた概念が異なり,一般的には,「ガバナンスや制度が(一定水準を超えて極度に)弱い国」を指すとされる。実際,政府機能,国家の能力,政策や制度

の状況には，程度の差はあるが多くの途上国で問題があり，「脆弱国家」の数は「破綻国家」の数よりもはるかに多い。

どの国が「脆弱国家」に該当するかに関しては，各援助機関・国際機関によって認識に多少の差異がある。「脆弱国家」に関する代表的な指標は，世銀のCPIA（Country Policy and Institutional Assessment: 国別政策・制度評価）と称する指標であり，4つのカテゴリーに分けた16項目について状況を6段階に分けレーティングした数値に基づくもので，その数値が3.2以下の国を事実上の「脆弱国家」ととらえている。4つのカテゴリーとは，経済運営，構造政策，社会的公正に関する政策，および公的セクターの運営と制度である。

近年（とくに2002年以降），脆弱国家に対する支援は国際社会で重視され，たとえば，OECDのDACで05年以来「脆弱国家グループ」(Fragile States Group) と称するこの問題を議論する主要援助国・機関間の議論のフォーラムができているように，脆弱国家支援に関するドナー間の政策調整とパートナーシップの強化が進展している。

1-4 紛争と開発の関係

さて，紛争と開発の間にどのような関係があるのであろうか[11]。

紛争は開発の成果を掘り崩す大きな要因の1つである。他方，今日の紛争予防論は，「開発などの長期的な取組みが紛争の発生を予防する」旨を主張する。その一方で，低開発（貧困）は紛争原因の1つであるが，貧困あるところに必ず紛争が生じるわけでもない。一般的な意味では，経済開発は平和を促進するとは必ずしもいえないし，ときに紛争を助長することもある。

他方，紛争と開発の関係について，いくつかの統計的な研究もある。たとえば，世銀の近年の研究によれば，①平均収入が低い

「紛争と開発の関係」を考える際の注意点

世界銀行『戦乱下の開発政策』[12]に「1人当たり所得を倍増すると，反乱（内戦）のリスクはほぼ半減する」と書かれているが，この記述は誤解を招きやすい。それは「所得が上がれば内戦が減る」という因果関係を意味しているわけでは必ずしもなく，「所得が高い国で内戦が少なかった（あるいは内戦が多い国は所得が低い）」という統計的な関係を示しているにすぎない。

所得レベル（A）と内戦のリスク（B）は逆相関の関係にあるが，その因果関係は，①AがBの原因，②BがAの原因，③AとBが相互に影響，④AもBも第3変数の結果，⑤見せかけの相関，といった，さまざまな可能性があることを忘れるべきではない。つまり，統計的な分析は，「資源の豊かなアフリカの多くの国で内戦が多く発生し開発が進んでいないこと」を示しているだけであり，その根本原因として，植民地支配の負の遺産，不自然な国境線が引かれたこと，家産制的な国家のあり方等が働いているのかもしれないといった想像力を持つことが重要である。

こと，②低成長，③一次産品（石油やダイヤモンド等）の輸出への依存度の高さ，が内戦の発生との相関が高いとされている[13]。貧しく，かつ経済的に停滞している国が紛争に陥りやすい理由は，推測するしかないが，貧困と経済停滞は，腐敗した，また機能しない政府との相関が高く，こうしたことが全体として紛争を誘発している可能性がある。

また，エスニック集団あるいはアイデンティティ集団間の格差（水平的不平等）が紛争を誘発していると指摘する研究もある[14]。

次ページの**図6-3**は，開発の度合いを示す代表的な指標である，国連開発計画（UNDP）が作成した「人間開発指数」（HDI: Human Development Index）と，アメリカの外交雑誌 *Foreign Policy* 誌が2006年以来毎年出すようになった，国としての破綻度や不安定

図6-3　HDIと破綻国家指標の散布図

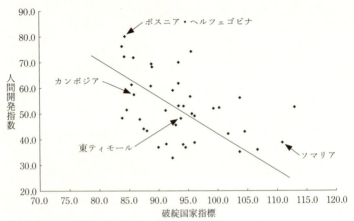

（注）　HDIの数値は100点満点で表してある。
（出所）　筆者作成。

度を示す指標である「破綻国家指標」を，データのある国々を取り上げて，その相関をみるために作成した散布図である（いずれも2008年の数値）。その相関係数はおよそ−0.4であり，国の開発度と国の破綻度との間にはやや強い逆相関があることが示されている。

　他方，多くの研究者がこれまで，紛争の原因についてさまざまな研究を行ってきたが，紛争の原因は，経済的，社会的，宗教的な多くの要因が複雑に絡み合っており，また国際政治的な要因や特定の国の政治的野心といった要因も絡んでいる。紛争要因については，多くの個々の事例を積み上げ，各国・地域のそれぞれの紛争要因を検討し，紛争の「構造的要因」「引き金要因」を整理する作業も多くの援助機関・国際機関で行われてきた。**表6-2**は，こうした援助機関・研究機関の紛争要因に関する研究で取り上げられた諸要因を，再整理したものである。

表 6-2 紛争の「構造的要因」と「引き金要因」

	構造的要因	引き金要因
政治的要因	異なる民族集団間の対立感情 宗教対立 過去の暴力の遺産 一部の集団による政治権力の独占 脆弱な市民社会制度 平和的紛争解決メカニズムの欠如	中央政府の国内コントロールの喪失 政府権力の配分構造の変化 武器の流入，軍事予算の拡大 近隣諸国，国外組織の介入 宗教・民族間の差異の誇張 政治運営の失敗，腐敗，汚職 表現の自由，集会の自由の抑圧 法秩序の悪化，犯罪の増加 独裁者の個人的崇拝 特定民族の言語の公用語化
経済社会的要因	富の偏在 経済活動への参加機会の不平等 資源をめぐる利権 教育機会の不平等	急速な経済停滞・失業者の不満 人や資本の大量移動 経済社会的格差の拡大 行政機関の能力低下・行政サービスの崩壊 公共部門の行き過ぎた改革・変化 特定地域への公共投資の集中

(出所) 世界銀行, OECD, 国際協力機構 (JICA), ドイツ国際協力公社, 等の資料より筆者作成。

また，プロジェクト実施のレベルでは，経済開発が紛争につながらないようにするために，「紛争要因への配慮」が重視されるようになっている。

紛争要因への配慮とは，たとえば，次のようなものである。①案件立地の地理的なバランスへの配慮。②事業の計画・運営にあたる組織の主要ポストの構成への配慮（エスニックな背景，世代間・ジェンダー間のバランス等）。③事業対象地域の土地所有構造や地元の利害関係者の相互関係（パトロン・クライエント関係やライバル関係にある工事受注会社等）に対する考慮。④地方の政治的リーダー（あるいは村のボス・長老）の権威に対する影響への考慮（それを強化・支援すべきか改革・打破すべきかまで場合によっては

考える必要あり)。⑤中央政府・地方政府・コミュニティ間の関係のあり方への考慮（どこを中心的に支援すべきか，強化すべきか）。⑥腐敗・汚職を防止し，特定の人々の利権にならないよう事業の実施・運営に関する第三者のモニター・チェック機関をつくること。

　開発・援助当局は，ある案件が紛争を助長しないように極力配慮すること，これらの構造要因や引き金要因の解消・緩和を促進するか，あるいは少なくともマイナスの影響を与えないように配慮することが必要とされる。これらは近年，「害を与えない（Do No Harm)」の原則として詳細に議論されるようになっている[15]。

　その一方，援助や復興支援にあたる実務家や当事者にとっては，開発支援活動の前提は治安や政治の安定である。治安維持や政治の安定の強化のためには，開発支援とは別個にそれらに直接的につながる支援も必要とされる。また，不安定な治安や政治状況のなかで支援活動をするための方策として，たとえばアフガニスタンやイラクでは，PRT（地方復興チーム）と呼ばれる武装した軍ないし警備要員と援助活動の要員が共同して支援活動をするような形態も考え出された[16]。また，治安の良くない地域で住民への直接的な支援活動にたずさわる NGO にとっては，いかに身の安全を確保するかは大きな関心事項である。開発と治安・政治状況は，実際の支援活動においても密接に関係しているのが現実である。

2　平和構築・復興支援と日本の対応

　さて，とりわけ冷戦終焉後の 1990 年代以降，国際社会が復興支援により熱心に取り組むようになるなかで，日本はどのような取組みを行ってきたのだろうか。大地震等の自然災害後の被災民

支援・復興支援には,日本はこれまでも熱心に取り組んできたが,内戦や紛争にかかわる復興支援や平和構築支援に関しては,それがきわめて政治的で軍事にも深くかかわる分野であるだけに,日本の積極的な関与の姿勢は比較的近年のことである。

以下では,復興支援や平和構築に関して,日本がPKOへの参加やODAを通じてどのような対応をしてきたか,またどのような考え方のもとに政策を進めてきたかについて,時系列で整理してみることにしよう。

2-1 平和構築における日本の支援手段

日本の第2次世界大戦後のODA政策のなかで,紛争への対処や復興支援は,長い間必ずしもその中核をなしてきたわけではなく,むしろ国際社会で生じた緊急的な事態に対しそのつど対応してきたものである。しかし,1990年代の末には,コソボや東ティモール問題など,相次いで紛争後の復興支援が重要な課題となったことから,その取組み方について整理する必要性が高まってきた。

そのため,1999年8月に策定された「ODA中期政策」で「紛争と開発」が重点課題として取り上げられ,日本が紛争予防・紛争後の復興のために重要な役割を果たしていく必要性が強調された[17]。また,2000年7月の「九州・沖縄サミット」では,「紛争予防のためのG8宮崎イニシアティブ」が採択され,紛争前から紛争後までのすべての段階で,紛争予防への一貫した努力がなされるような包括的アプローチの必要性が確認された[18]。

こうした動きを受けて,国際協力機構(JICA)でも,「平和構築」の概念と政策の枠組みについて整理する作業が行われ,2001年2月には「平和構築研究会」報告書が出された。それによると,平和構築とは,「紛争発生の可能性を最小限化し,発生した

紛争の拡大を防止し，紛争によるダメージを復興し，その地域の持続的開発に結びつけていくプロセスであり，平和構築の究極的な目的は，途上国にかかる能力を備えることにより，恒久的な自立発展を目指すこと」だと位置づけている[19]。

その枠組みとして，軍事的枠組み（多国籍軍，PKO等），政治的枠組み（予防外交，武器の製造・輸出入規制，調停等），開発援助の3つがあるとする。そして，開発援助においては，①紛争中・終結直後の緊急期における人道援助，②紛争終結後の復興・開発のための援助，③紛争を予防・回避するための援助，という3つのアプローチを有機的に統合した取組みが必要，と位置づけている。

一方，日本政府が平和構築のために行ってきた取組みとしては，具体的には，予防外交・和解調停といった外交努力，自衛隊によるPKOへの貢献，武器禁輸等の規制措置，地域機関や国際機関を通じた平和維持活動や緊急人道支援に対する関与と貢献，二国間ODAを通じた人道・復旧・復興支援，政治・経済・社会制度の構築支援等，多岐にわたる。これには，JICA，外務省，防衛省・自衛隊，国際平和協力本部等の関連機関の活動など，さまざまな支援活動が含まれる。

上記の平和構築のための取組みのうち，ODAによって実施される支援としては，難民・国内避難民への支援，和平プロセスの促進への支援（選挙支援等），人道・復旧支援（基礎生活基盤の復旧等），国内の安定・治安の確保のための支援（DDR，ガバナンス支援等），復興・開発支援（インフラ整備等）がある。**図6-4**は，日本の平和構築支援の政策体系と支援ツールを包括的に整理した概念図である。

外務省は，近年，「平和の定着」という概念を使っており，「平和の定着」政策の中身として，①紛争終結のための和平プロセス，

図 6-4 日本の平和構築支援の全体像（概念図）

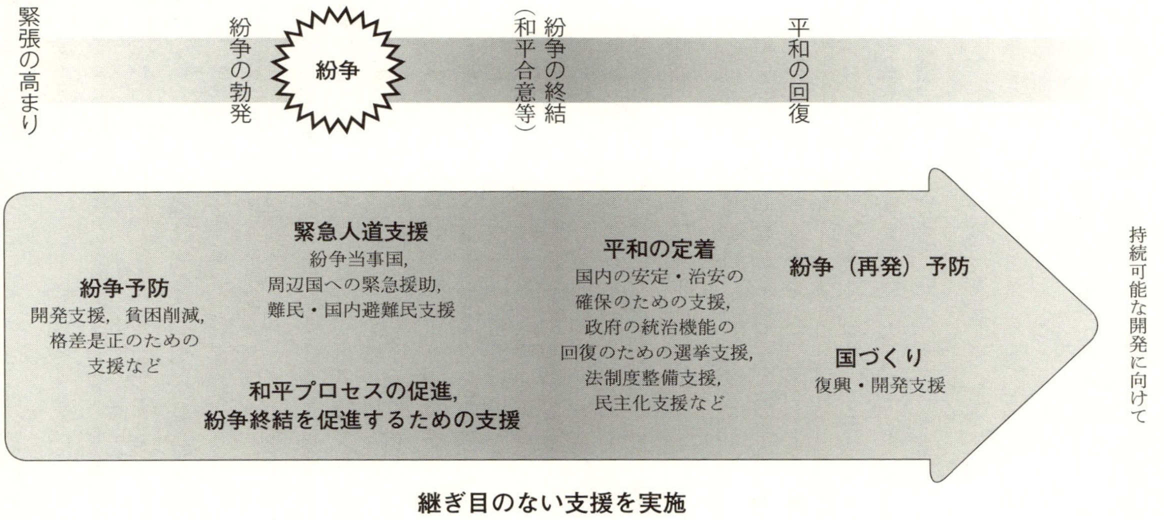

緊張の高まり → 紛争の勃発 → （和平合意等）紛争の終結 → 平和の回復 → 持続可能な開発に向けて

紛争予防
開発支援、貧困削減、格差是正のための支援など

緊急人道支援
紛争当事国、周辺国への緊急援助、難民・国内避難民支援

和平プロセスの促進、紛争終結を促進するための支援

平和の定着
国内の安定・治安の確保のための支援、政府の統治機能の回復のための選挙支援、法制度整備支援、民主化支援など

紛争（再発）予防

国づくり
復興・開発支援

継ぎ目のない支援を実施

（出所）外務省『政府開発援助（ODA）白書・2012年版』108頁より。

②復興・開発のための阻害要因となる治安の確保、③難民・避難民の保護と帰還・再定住から生活基盤支援などを行う人道・復興支援の3つが柱になる、としている。

2-2 ODAを通じた支援——「人間の安全保障」論

「平和構築」と並んで、日本のODAのなかで平和構築に関連する中核概念となっているのは「人間の安全保障」である。以下で、具体的な政策文書でのそれらの概念・用語の使われ方を検討してみることにしよう。

近年、国際的に、紛争の未然防止に関するさまざまな議論と概念が登場しており、その概念と手段はこれまで以上に広がりを見せている。「人間の安全保障」という言葉も、こうした紛争予防の議論との関連で出てきた言葉で、1994年にUNDPが出した『人間開発報告書』ではじめて登場し、90年代後半以降、国連や日本を中心に広まってきている概念である[20]。

「人間の安全保障」とは、要約すれば、「民族紛争や難民、対人地雷、環境破壊、貧困など、国境を越えて人間生活を脅かす脅威に対し国際的に協調行動を求める考え方」である。この言葉は、基本的には1990年頃を境に冷戦が終了し、国連の役割がとくに安全保障領域にまで広がってきたなかで、開発をベースに安全保障を考えたときのキーワードとして登場したものといえよう。

この概念の特徴としては、安全保障を軍事的な観点からのみとらえるのではなく、貧困、飢餓、失業、病気、社会崩壊、抑圧、人権侵害、環境破壊等の社会的問題をも視野に入れたこと、また、国家を中心とした安全保障に代わって、内政への国際的介入やNGO（非政府組織）を含めた国境を越えた協力を重視したことであり、そこに、この言葉の新味がある。この概念では、貧困や社会システムの破綻、内戦の激化やそれにともなう難民の流出等の

問題に対処するには、個々人の生活を向上させ社会を有効に機能させることが必要だと主張している。

日本政府は、1998年12月の国連の「人間の安全保障基金」への拠出の表明（ハノイで1億ドルの拠出を表明）以来、公式に頻繁に言及するようになった。以来、外務省では、いろいろな国際会議の場で「人間の安全保障」という言葉を使用している。

2015年に策定された「開発協力大綱」においても、3つの基本方針の1つとして「人間の安全保障の推進」が取り上げられ、「個人の保護と能力強化により、恐怖と欠乏からの自由、そして、一人ひとりが幸福と尊厳を持って生存する権利を追求する人間の安全保障の考え方は、我が国の開発協力の根本にある指導理念である」としている。

「人間の安全保障基金」は、人間の安全保障の概念に基づいて、人間の生命、尊厳に対する脅威に対処するために国連関係機関が実施するプロジェクトを支援するもので、主な支援対象分野として、コミュニティ復興、職業訓練、食料増産、児童保護などの貧困対策、母子保健、HIV/エイズ等感染症対策、難民・国内避難民支援分野、旧民兵に対する職業訓練を通じた社会復帰などがある[21]。また、2005年の「国連人間の安全保障基金のためのガイドライン」で、「企画・実施に一つ以上の（国連）機関の含む統合アプローチを促進すること」「人間の安全保障の、例えば紛争と貧困、避難と健康、教育と紛争予防といったマルチ・セクトラルな需要を考慮に入れた、相互に関連した問題を広くとらえること」とされた[22]。

2-3 PKOへの参加
◆PKOの量的増大と質的変化
冷戦終了後、地域紛争が頻発するなかで、国連によるPKOの

果たす役割が拡大したことは疑いない。国連PKOは,米ソが対立する冷戦状況のなかでは,それぞれの利害が絡む地域や紛争に関してPKOを派遣することに対しては,互いに拒否権を行使しあい,その役割は限定されていた。

しかし,冷戦状況が終わるとともに,ソ連(ロシア)が拒否権を行使することはなくなり,また中国も,他の常任理事国がすべて賛成するなかで,棄権することはあっても拒否権を行使することは難しく,冷戦状況が終焉する1990年前後からにわかにPKO派遣の頻度と役割は拡大していった[23]。

1990年代以降のPKOの量的な増大ばかりでなく,PKOの質的な変化も見逃せない。伝統的なPKOは,紛争の際,停戦合意が成立した後,その履行を監視することが目的であったが,冷戦終結後のPKOでは,はるかに広範で多様な目的を持つ「領域統治型」のPKOが生まれた。たとえば,代表的な例として,カンボジアのUNTAC(国連カンボジア暫定統治機構),コソボでのUNMIK(国連コソボ・ミッション),東ティモールでのUNTAET(国連東ティモール暫定統治機構)のように,行政組織の再建,難民帰還支援,治安維持,選挙の実施等,きわめて広範な役割を担っている。

また,ソマリアにおけるUNSOM II(第2次国連ソマリア活動)や,旧ユーゴスラビアにおけるUNPROFOR(国連保護軍)では,国連PKOの役割は停戦監視に限定されず,必要な場合には武力行使も容認された,いわゆる「平和強制」型のPKOであった。こうした事例では,国連は内戦が継続した状態で活動せざるをえず,したがって停戦ラインもなければ,合意に対する違反も頻発し,また国連部隊自体が戦闘に巻き込まれる,あるいはターゲットになることも頻発し,紛争への介入が,なしくずし的に活動や武力行使のエスカレートにつながっていった面もある。今

日，これらは失敗の事例とされているが，PKO活動における武力行使の歯止めがはずされ，より強力なPKOが求められるようになった点で，大きな意義を有したといえよう。

◆ PKOへの日本の関与

さて，こうした国際的潮流のなかで，日本はどう考え，どう対応してきたのだろうか。

1991年9月，「国際連合平和維持活動等に対する協力に関する法律案」（いわゆるPKO協力法案）が提出され，多くの議論の末，92年6月に国会を通過し成立した。この法律では，国際平和協力業務を，PKOのために実施されるものと，人道的な国際救援活動のために実施されるものとの2つに大別している。そして，PKOの軍事部門における活動を，個々の軍事要員が行う軍事監視などの業務と，部隊が行う平和維持隊の後方業務に限定している。さらに，日本の自衛隊が平和維持隊に参加する場合に，従うべき原則として，①紛争当事者間の停戦の合意，②PKOの実施と日本の参加に対する，紛争当事者と受入れ国の同意，③PKOの中立的な立場の厳守，④上記の①から③までの原則が満たされない状況が生じた場合の業務の中断，撤収，⑤要員の生命等の防護のための必要最小限度の武器の使用，といういわゆる「PKO5原則」が盛り込まれた。

1992年8月にこのPKO協力法が施行されて以来，日本は，PKOや人道的な国際救援活動に関して，いくつかの具体的なケースで関与してきた。今日的な意味で，国際的な枠組みのなかで紛争後の復興支援に本格的に踏み込んだのは，カンボジアが最初のケースである。91年10月のカンボジア和平合意のあと，日本はカンボジアでのPKOに参加し，停戦監視，文民警察，選挙監視，平和維持隊など，広範な分野で協力を行った（1992〜93年）。

PKOとしては，そのほか，モザンビーク（1993〜95年），エル

サルバドル（1994年），ゴラン高原（1996年以降），東ティモール（2002～04年，2010～12年），ネパール（2007～11年），スーダン（2008～11年），ハイチ（2010～13年），南スーダン（2011年以降）等に派遣され，人道的救援活動としては，ルワンダ難民救援活動（1994年），イラク難民・被災民支援（2003年）等がある。また，自衛隊の海外派遣としては，2009年より始まったソマリア沖での海賊対処もある。この海域は日本の船舶も多数利用しており，その保護の観点からも，また，国際協力の観点からも日本としても対応が必要と考えられ，当初は自衛隊法で規定されている「海上警備行動」として海上自衛隊の艦船が派遣されたが，まもなく海賊対処法が制定され，国連平和協力法に基づいて派遣されるようになった。

◆**集団的自衛権と安全保障関連法の成立**

「集団的自衛権」（right of collective self-defense）とは，ある国家が武力攻撃を受けた場合に直接に攻撃を受けていない第三国が協力して共同で防衛を行う国際法上の権利であり，1945年に署名・発効した国連憲章の第51条において初めて明文化された。

日本政府はこれまで，日本が集団的自衛権を保有していることを認めつつ，その行使は日本国憲法第9条により禁じられていると解釈してきたが，2014年7月1日の閣議決定によって解釈を変更し，日本の存立が脅かされる明白な危険がある事態（存立危機事態）であることなど，いくつかの要件を満たせば，集団的自衛権による武力行使を憲法上可能とした[24]。

この解釈変更を受けて，2015年に，安全保障関連法案が可決された（7月に衆院本会議で，9月に参院本会議で可決）。安全保障関連法案は，「国際平和支援法案」と，自衛隊法やPKO協力法の改正案など10の法律の改正案を1つにまとめた「平和安全法制整備法案」からなる。国際平和支援法は，国際社会の平和と安

全などの目的を掲げて戦っている他国軍を,自衛隊が後方支援できることを可能にするものである。また,PKO 協力法の改正によって,PKO で実施できる業務を,「駆けつけ警護」(離れた所で襲われた民間人や他国軍兵士を武器を持って助けに行く任務)などへ拡大し,また,自らの防衛のために認められている武器使用の基準も緩めた。これによって,自衛隊が武器を持って検問や巡回などの治安維持活動に当たることも可能になったが,その実施に関しては引続きさまざまな議論がなされている。

2-4 「内政への関与」についての日本のスタンス

日本の援助政策サークル(担当の事務官,専門家,学者等の当事者や関係者・有識者)のなかでは,総じて,政治体制や紛争といった内政にかかわる問題に深入りすることに消極的な姿勢が目立つ。その背後には,日本の外交全般について戦後形成された,他国の内政問題への介入を極力避けようとする非介入主義的な漠然としたイデオロギーがあるとも考えられる。

いろいろな場で議論されてきたように,日本の戦後の経済外交には,「非政治主義」(政経分離)と「内政不干渉」(不介入主義)ともいえる暗黙の規範があるように見受けられるが,その点では,日本の ODA 政策も例外ではなかった[25]。「内政不干渉」の規範の持続は,戦前の日本の敗戦に至る苦い経験が,依然として大きく作用してきた結果であるようにみえる。

日本の ODA は,戦後初期から 1970 年代,80 年代に至るまで,日本の経済的利害が深く考慮されており,時代とともに日本の目先の経済的利益を目的にすることは少なくなり,一方で政治的・外交的考慮が増大してきた。その一方で,援助の現場では,援助は相手国の経済開発を目的とするものであり,本来,政治的要素は極力排除すべきものだとの認識が強く持たれてきた。日本の

ODA 政策における「要請主義」の原則は，その後「政策対話」が重視されるなかで多少修正されたものの，長らく基本的原則であり続けてきた。また，国際規範のほうも，冷戦期までは，依然として「国家主権」と「内政不干渉」のウェストファリア条約以来の国際社会の枠組みが，基本的には強力に存続してきた。日本の内政干渉への慎重な姿勢は，こうした伝統的枠組みに忠実であることを反映していた。

　しかし，「非政治主義」（政経分離）は，日本が単なる経済大国としての外交から，国際政治の場でも役割を拡大するにつれて，過去30〜40年の間に少しずつ変化してきた。1980年代以降，ODA は国際政治とのかかわりを増し，日本政府も「総合安全保障」の概念のもとで，公式に，援助の目的としての政治と経済の分離路線（非政治主義）を転換した。91年4月に打ち出されたODA 4 指針は，援助の使い方に関しても，政治的要素とリンクさせることを公式に表明した点で大きな意義を有する。

　また他方で，国際社会のなかでは，人々の最低限度の生活や基本的な人権の確保といった普遍的な価値・目標のためには，国家の枠を越えて国際社会が介入することも正当化されるのだという考えが，とくに1990年代以降，急速に影響力を増してきた。その意味で，国際的規範は，近年大きく変化しつつある。近年は，相手国の「グッド・ガバナンス」が重視され，援助においても相手国の政治社会のあり方を問うべきであるという議論が国際的に流行し，国際社会はこうした面でも積極的な関与が求められるようになっているのが今日の状況である。実際，国連の PKO は量的にも急増し，質的にもその役割を拡大しており，国際社会は第三世界の紛争後の復興支援のみならず，その紛争の過程そのものへの関与をますます深め，援助国・国際機関は援助を通じて途上国のガバナンスや国づくりのあり方を大きく左右するようになっ

ている。

　そうした状況のもとでは,先のような「非政治主義」や「不介入主義」は時代遅れであり,積極的に開発途上地域の政治社会問題に関与していくべきだとの議論が日本においても強まってきている。2015年に策定された開発協力大綱でも「脆弱国家における人道的課題や地域紛争,政治的不安定に至るまで,世界各地のあらゆるリスクが,我が国を含む世界全体の平和と安定及び繁栄に直接的な悪影響を及ぼし得る状況になっている。(中略) 我が国が,国際協調主義に基づく積極的平和主義の立場から,開発途上国を含む国際社会と協力して,世界が抱える課題の解決に取り組んでいくことは我が国の国益の確保にとって不可欠」とされた。

　現場の援助担当者の間では,援助が政治的要素に振り回されることを嫌う傾向は依然としてあるが,一方で,途上国の政治社会制度が開発と密接に関連していることは,援助の現場に触れ深くかかわればかかわるほど現実の問題として否定できず,国際機関や国際的な議論の潮流と連動しながら,次第に積極的関与の姿勢を強めつつあるということができよう。

〈注〉
1) Peter Wallensteen, *Understanding Conflict Resolution: War, Peace and the Global System*, Sage Publications, 2002, pp.13-17.
2) Peter Wallensteen, and Margareta Sollenberg, *Uppsala Conflict Data Project*, 2000.
3) United Nations, *An Agenda for Peace*, 1992.
4) たとえば,国際協力機構『課題別指針・平和構築支援』2003年11月,3-4頁.
5) *Report of the Panel on United Nations Peace Operations*, UN Document A55/305-S/2000/809, (21 August 2000), Annex.
6) OECD/DAC, *Conflict, Peace and Development Co-operation on the*

Threshold of the 21st Century, 1997.
7) OECD/DAC, *Helping Prevent Violent Conflict*, 2001.
8) 「人道的介入」論については,最上敏樹『人道的介入——正義の武力行使はあるか』岩波新書,2001年,等を参照されたい。
9) 「保護する責任」論については,以下によくまとめられている。川西晶大「保護する責任とは何か」『レファレンス』2007年3月特集号(総合調査——平和構築支援の課題); Alex J. Bellamy, *Responsibility to Protect: The Global Effort to End Mass Atrocities*, Polity, 2009.
10) たとえば,土佐弘之『アナーキカル・ガヴァナンス』御茶の水書房,2006年,52-55頁,を参照。
11) この論点についてのより詳細な議論については〈読者への推薦文献〉を参照されたい。稲田十一編『開発と平和——脆弱国家支援論』有斐閣,2009年;マクギンティー,ロジャー,A.ウィリアムス(阿曽村邦昭訳)『紛争と開発』たちばな出版,2012年;世界銀行(田村勝省訳)『世界開発報告2011——紛争,安全保障と開発』一灯社,2012年,等。
12) World Bank, *Breaking the Conflict Trap: Civil War and Development Policy*, The World Bank and Oxford University Press, 2003, p.58.(田村勝省訳『戦乱下の開発政策』シュプリンガー・フェアラーク東京,2004年)
13) 同上書。
14) Frances Stewart ed., *Horizontal Inequalities and Conflict: Understanding Group Violence in Multiethnic Societies*, Palgrave Macmillan, 2008.
15) 関連する文献は多いが,たとえばアンダーソン,メアリー・B.(大平剛訳)『諸刃の援助——紛争地での援助の二面性』明石書店,2006年。
16) PRTについてはたとえば次の文献を参照。上杉勇司・青井千由紀編『国家建設における民軍関係』国際書院,2008年,第16章。
17) 「ODA中期政策」1999年8月。
18) 「九州・沖縄サミット政治宣言」2000年7月。
19) 国際協力事業団国際総合研修所編『平和構築研究会・報告書』2001年4月,第1部本編,3頁。
20) 「人間の安全保障」論については多くの文献があるが,たとえば次を参照。稲田十一「開発・復興における『人間の安全保障』論の意義と限界」『国際問題』2004年5月(第530号)。

21) 「人間の安全保障基金」の具体的内容については，外務省ホームページの「人間の安全保障基金」を参照。
22) *Guidelines for the United Nations Trust Fund for Human Security*, 3rd Revision, December 2005, pp.2-3.
23) 国連のPKOについては，たとえば次の文献を参照。上杉勇司『変わりゆく国連PKOと紛争解決――平和創造と平和構築をつなぐ』明石書店，2004年；山本慎一ほか編『国連平和活動における包括的アプローチ――日本型協力システムの形成過程』内外出版，2012年。
24) ①日本と密接な関係にある他国が武力攻撃され，日本の存立が脅かされる明白な危険がある事態（存立危機事態），②わが国の存立を全うし，国民を守るために他に適当な手段がない，③必要最小限度の実力行使，という3要件。
25) この点については，次の論文でより詳細に議論した。稲田十一「ODA政策にみる戦後日本外交の規範――『アジア』と『内政不介入』」長谷川雄一編『日本外交のアイデンティティ』南窓社，2004年，第3章。

〈読者への推薦文献〉

アンダーソン，メアリー・B．（大平剛訳）『諸刃の援助――紛争地での援助の二面性』明石書店，2006年

稲田十一『紛争後の復興開発を考える――アンゴラと内戦・資源・国家統合・中国・地雷』創成社，2014年

稲田十一編『開発と平和――脆弱国家支援論』有斐閣，2009年

内海成治・中村安秀・勝間靖編『国際緊急人道支援』ナカニシヤ出版，2008年

篠田英朗『平和構築入門――その思想と方法を問いなおす』ちくま新書，2013年

世界銀行（田村勝省訳）『世界開発報告2011――紛争，安全保障と開発』一灯社，2012年　(World Bank, *World Development Report 2011: Conflict, Security, and Development*, 2011.)

マクギンティー，ロジャー，A．ウィリアムス（阿曽村邦昭訳）『紛争と開発』たちばな出版，2012年　(Roger Mac Ginty and, Andrew Williams, *Conflict and Development*, Routledge, 2009.)

最上敏樹『人道的介入――正義の武力行使はあるか』岩波新書，2001年

第7章　持続可能な開発への取組み

1　環境国際協力の重要性

　「人間の安全保障」の概念（第4章参照）が示唆するように，地球社会はさまざまなタイプの脅威に直面しているが，本章のテーマである「地球環境問題」は，貧困問題と並んでとくに深刻な脅威の1つと認識されている。その重要性が認識されるにともなって，地球環境問題に関する論議が広がったが，発展途上国が地球環境問題に重要な位置を占めている事実について必ずしも十分に認識されているとはいえない。世界人口（約73億人）のうち，圧倒的多数（21世紀初めに8割を超えた[1]）が発展途上地域の住民である。自然環境破壊で最も深刻なのは森林面積の減少であるが，世界の森林面積（約40億ヘクタール）の半分以上は途上地域にある[2]。われわれが高い関心を持つ地球温暖化の関連では，エネルギー起源の二酸化炭素排出量（約320億トン）の約60％が途上国で排出されている[3]（ただ1人当たり排出量を見ると，先進地域は後発地域の30倍近い二酸化炭素を排出しており，問題の所在が先進地域に偏っていることがわかる[4]）。

　いいかえれば地球環境問題の当事者の大半は途上国の人々であ

り，熱帯雨林やマングローブ林の減少，生物多様性の喪失，大気汚染，水質汚濁や土壌汚染，砂漠化など，数多くの地球環境問題が途上国を舞台として発生している。途上国と先進工業国は，環境保全に関する基本的な問題意識を共有しているが，途上国の環境問題は先進工業国のそれと異なる，後述のような独自の特徴を持っている。"地球全体の"環境問題を考えるのであれば，地球全体に視野を広げて，途上国特有の環境問題の特徴に十分な注意を払うことが不可欠である。このような視点から，本章では，途上国とのかかわりを中心に，持続可能な開発への取組みを考えていきたい。

地球社会のすべての国々，すべての人々が結束して地球環境問題に取り組まねばならないグローバル・イシューであるとの認識のもとに，さまざまなテーマについて，さまざまな形で国際的な共同行動が実施されてきた。国連に環境問題の専門組織である国連環境計画（United Nations Environment Programme: UNEP）が設立され（1972年），UNEPが国連開発計画（United Nations Development Programme: UNDP），世界銀行と共同で運営する「地球環境ファシリティ」（Global Environment Facility: GEF）が，途上国の環境保全努力を支援する目的で設立された（1991年）。また，環境汚染，環境破壊に対処するために，国際社会では多くの条約・協定が結ばれてきた。その効果やインパクトは一様でないが，「モントリオール議定書」（Montreal Protocol）は，フロン（CFC，クロロ・フルオロ・カーボン）の規制を通じてオゾン層の保護という困難な問題に，一定の見るべき成果をあげたといえるだろう。UNEPと世界気象機関（WMO）によって，気候変動に関する科学的なレビューのために設立（1988年）された「気候変動に関する政府間パネル」（Intergovernmental Panel on Climate Change: IPCC）は，専門家の議論に基づいて，しばしば地球温暖化に関

する問題提起を行い,地球温暖化の深刻さに関する国際社会の関心を喚起している。

　地球温暖化の問題については,1992年にブラジルのリオデジャネイロで開催された「環境と開発に関する国連会議」(地球サミット)で「国連気候変動枠組条約」(the United Nations Framework Convention on Climate Change)が制定されたが,その第3回締約国会議で「京都議定書」(Kyoto Protocol to the United Nations Framework Convention on Climate Change)が合意され(1997年12月),温室効果ガスの削減に関する数値目標の導入という画期的な成果が得られた。しかし京都議定書は,アメリカの議定書からの離脱や,中国やインドのような途上国の有力な温室効果ガス排出国が数値目標から外れているなどの構造的な限界を抱えている。

　2013年以降の枠組み(いわゆる「ポスト京都議定書」)については,国連気候変動枠組条約第19回締約国会議(COP19)で,2020年以降の枠組みについては,途上国を含むすべての国々が削減目標を掲げて自主的に取り組む方向となった。ただ,国連気候変動枠組条約事務局の最近の発表では,各国の削減目標を集計しても気温上昇を2度未満に抑える目標の達成は困難とされている[5]。

　国際協調が進められている一方で,先進国と途上国との間に,地球環境問題に関する基本的な立場の違いがあり,南北間の足並みが乱れがちだという事実も無視できない。地球環境問題には他のグローバル・イシューには見られない独特の性格がある。産業革命以来,先進国は環境破壊を繰り返しながら発展してきたが,現在では環境劣化の危険性を強く認識するようになっており,途上国との「グローバル・パートナーシップ」のもとに環境保全に取り組む姿勢を強調している。他方,貧困に苦しみながら生活条

件改善のためのキャッチアップを目指している多くの途上国は，これまでに発生した環境汚染が基本的に先進国の責任であると主張し，また貧困こそが途上国における環境破壊の主要な原因であると主張してきた。1992 年の地球サミット（リオデジャネイロ）で，「環境と開発に関するリオデジャネイロ宣言」（「リオ宣言」）に途上国の「発展の権利」が明記されたのは，このような背景によるものである。「発展の権利」は，1948 年に採択された「世界人権宣言」を源流とし，72 年にセネガルの最高裁判所長官ケバ・ムバヤによって「人権としての発展の権利」として主張された概念であり，「人間の生存と尊厳に不可欠なベーシック・ヒューマン・ニーズを満たす基本的社会権」を中核としている。86 年の国連総会で「発展の権利に関する宣言」として採択された[6]。

先進国と途上国が，上記のような基本的な立場の差を克服しながら，地球環境問題への取組みを共同で推進するうえでの基本は，リオ宣言の「共通だが差異のある責任」の原則であろう。リオ宣言は両者の負担すべき責任の度合いが違うことを再確認したが，先進国と途上国の間の責任の違いと途上国の負担能力の不足に留意すると，先進国による資金面・技術面の支援が重要な役割を持たざるをえない。同時に途上国の環境問題には，第 2 節で述べるような，先進国の場合と異なる基本的な特徴があることにも留意する必要がある。

2　ジレンマ——途上国の環境問題の本質

途上国の人々は，それぞれの置かれた状態を少しでも"より良い状態"に変えたいと努めている。彼ら 1 人ひとりの能動的な現状改善の努力は貴重であるが，それが結果として環境への負荷を高めてしまうケースは少なくない。こうして貧困緩和と環境保

全[7]の間には、しばしば両立しにくい状況、つまりジレンマが生まれるが、こうしたジレンマこそ途上国の環境問題の本質だといえよう。ジレンマの具体的な姿を描くために、東南アジアのある途上国の典型的な農村に住む零細農民の家族を想定し、彼らが直面する問題を克服するためにとる行動が、結果として環境劣化の可能性をもたらす状況を見てみよう。

零細農民のモデルであるAさん一家の村は、東南アジアのある国の辺境部に広がる平野に位置している。Aさん一家は小さな田んぼでほそぼそとコメを作っているが、2男3女の5人の子供を抱えて、家族が生きていくのがやっとである。そこで一家は相談して、いろいろな形で現状改善の道を探ることにした。

長男は遠い首都に出稼ぎに出ることにした。狭い田んぼで何人もの人間が働いても収穫は少ないが、都会なら雇用機会が豊富で大幅な収入増も見込めるからである。次男は新しい耕地を求めて、仲間たちと一緒に平野を取り巻く山岳地帯に入植した。山の中腹のできるだけ傾斜の緩い地点を選び、テラス状の畑を切り開いて作物を栽培する計画である。Aさんは農業協同組合のメンバーと一緒に、以前から地元出身の政治家に灌漑施設の建設を陳情してきた。乾期にコメが耕作できるようになれば、収穫も所得も倍増して生活がずっと楽になるからであるが、村長から陳情の効果が出たことを知らされた。平野を取り巻く山岳地帯に日本からの援助で多目的ダムが建設され、灌漑が可能になるという。Aさんと長男と次男の、それぞれの計画が実現すれば、Aさん一家の生活条件はかなり改善するだろう。

首都に出た長男は、金属加工の工場に仕事を見つけることができた。月収は日本円で7000円程度であるが、生活費を切り詰めれば故郷の家族に何とか仕送りができる。問題は住居で、低所得層向けの公共住宅が非常に不足しているため、同僚3人とアパ

ートを借りた。6畳ぐらいの1室に4人で住んでいる。2人ずつ交代で夜勤をして,部屋にいる人数を少なくする工夫をしている。炊事場やトイレはあるが,排水施設が整備されていないので,周囲の下水溝は生活排水で溢れている。ゴミの収集システムも未整備である。しかし,同じ村から出てきた友人の状況ははるかに深刻である。友人は小学校を終えることができなかったので工場で採用されず,行商,靴磨き,使い走り,荷物担ぎなどインフォーマル・セクター(公式経済統計に含まれない経済活動)と呼ばれるその日暮らしの仕事をしている。定職もなく収入が不十分でアパートに入れないので,悪臭と不衛生の支配するスラムに住んでいる。このように,雇用と所得を求めて農村から大量の人口が流入する首都では,生活インフラが決定的に不足していて,都市型の環境問題が深刻になる一方である。

山の中腹に作られた次男の入植地では,樹木が伐採されてしまったために土壌の浸食が進み,多くの個所でがけ崩れが発生している。がけ崩れにともなって傾斜地の土砂が大量に河川に流れ込み,生物を死滅させ生態系を破壊している。また植生が失われて保水力が低下したため,雨季には洪水が頻発して大きな被害を出している。この入植地では灌漑施設がなく,作物の栽培が雨期だけで,裏作も行われていないため,新しく開墾された畑の表土が乾期の間に失われやすく,土地の生産性が年々,急速に低下している。農地が荒廃して作物が十分に収穫できなくなると,農民たちはその土地での耕作を放棄して,新しい入植地を求めて移動してしまう。平野を取り巻く傾斜地の各所で,こうした形で生態系の悪化が加速している。

Aさんの村では,灌漑計画がやっと動き出したという知らせを受けて,農民たちが明るい将来を語り合っている。灌漑事業と並行して農業試験場が作られるので,水稲の二期作が可能になるだ

けでなく，高収量品種の導入や農業技術の移転が軌道に乗り，単位面積当たりの収量も大幅に増加すると期待される。

しかし，平野から眺められる山岳地帯では大きな問題が発生している。河の上流をせき止めて灌漑・洪水制御・水力発電などの多目的のダムを建設するために，広い面積の森林が水没し，野生生物や植生を含めた生態系に大きな影響を与え，また，生態系の恵みを生かすことで成り立ってきた少数民族の生活を脅かす。少数民族が新しい状況に対応して伝統的な生活パターンを変えることは難しい。生態系や少数民族に対するダム建設の影響をめぐって，NGOやジャーナリストが批判の声を上げ，建設反対運動が激しくなっている。

またダムの建設は，まったく別の形で環境問題の改善と悪化のそれぞれの可能性につながっている。多目的ダムには大型の水力発電所も建設される。都市部で停電が続き，農村部の電化計画が遅れているこの国では，発電所の新設が電力不足の緩和に貢献するだけでなく，同じ発電規模の火力発電所を建設した場合と比較すると，温室効果ガスの発生が抑えられ，地球温暖化抑止に貢献しうる。その一方で，村の人々の健康にとって不利な面も現れる。灌漑網の普及が多くの個所に"水たまり"を作り出し，マラリア原虫を媒介するハマダラカの幼虫（ボウフラ）の生育にとって好条件となるため，マラリアがこれまで以上に蔓延することが懸念されている。

零細農民のAさん一家の，生活条件を少しでも"より良い状態"に変えたいとする貧困克服の努力が，結果として環境への負荷を高め，さまざまな環境問題を引き起こすことがわかった。途上国の世界では，数十億人の人々がAさんと似たような立場で現状改善を試みているから，彼らの努力を総計した環境変化への圧力は，非常に大きなものとなるだろう。この状況は，貧困削減と

図 7-1　貧困・開発・環境悪化の相互関連

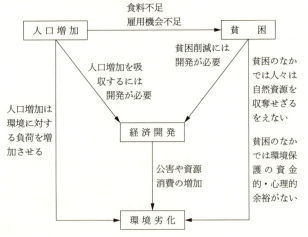

環境保全という2つの重要な政策目標の間に存在する深刻なジレンマを示唆するが，先進国の環境問題とは異なる「貧困と環境のジレンマ」が，途上国の環境問題の本質といえる。また，途上国の貧困の背景に人口増加の問題があることも忘れてはならない。**図7-1**は，途上国の世界で人口，貧困，開発，環境などの要因が相互に関連する状況を描いている。

国際社会は途上国の環境保全努力への支援を求められているが，同時に，できるだけ環境に負荷をかけない形の貧困削減の方策を探ることが，このようなジレンマのもとでの国際協力の中心課題となる。以下では，国際社会によるさまざまな支援のなかで，環境保全のための援助（日本では「環境ODA」と呼ばれる）と，貧困と環境の双方にプラスとなる「Win-Winアプローチ」による，さまざまなアクターの支援という2つのテーマに焦点を当てたい。

3 環境ODA

3-1 これまでの取組み

「環境」は国際援助社会の中心テーマの1つであり,多くの援助国あるいは援助機関が,その援助政策あるいは援助方針を示した文書で環境重視の姿勢を明記してきた。

ただ,環境保全に関する具体的な援助活動の領域を規定し,活動の内容と規模を把握できるように統計を整備している国・機関は,日本,アジア開発銀行,スウェーデン,デンマークなど比較的少数に限られている。そのなかで日本は,環境保全に寄与することを目的とした援助事業を「環境ODA」(政府開発援助)と呼び,1980年代後半から精力的に推進するとともに,環境ODAに関する体系的な統計を整備してきた。日本が環境ODA重視の姿勢を強く打ち出したのは89年のアルシュ・サミットで,当時の宇野宗佑首相が「1989年から91年までの3年間に,3000億円を目途とする環境分野のODAを供与する」方針を表明した。92年の地球サミットでは,宮澤喜一首相(当時)が「1992年から5年間に,9000億円から1兆円を目途として,環境分野のODAを供与する」ことを宣言した。その後も環境分野での積極的な対外発信が続けられ,2002年のヨハネスブルグ・サミットで,ODAを中心とする環境協力の行動計画としての「持続可能な開発のための環境保全イニシアティブ」(Environmental Conservation Initiative for Sustainable Development: EcoISD)を発表した。

日本は環境ODAの先駆的存在であり,2000年代初めには世界最大の環境ODA供与国だった。05年にはDAC全体の25%近くを占めていたが[8],2008年からフランスに次いで第2位となった[9]。ただ2000年代に入ってから,世界も日本も環境ODA実績

表 7-1 二国間環境 ODA の実績

(単位:百万ドル)

	無償資金協力	技術協力	政府貸付	合計
2008	92	56	363	511
2009	20	50	381	451
2010	231	57	485	773
2011	83	76	327	486
2012	38	72	433	543
2013	4	51	188	243

(注) 「環境保護一般」向け二国間 ODA 実績。
(出所) 外務省『政府開発援助 (ODA) 白書』各年版。

がいったん減少傾向に転じ[10]、日本の場合には、環境 ODA のなかで中心となっていた中国向けの環境 ODA が、07 年に対中国円借款の新規供与終了にともなって終了したため、環境 ODA の停滞が懸念されたが、**表 7-1** に見るように、その後の環境 ODA は高水準に推移した。ただ 13 年には急減ししており、寄与度の高い政府貸付 (円借款) の今後の動向を注視したい。

3-2 日本の環境 ODA の枠組み

日本政府は、環境 ODA の具体的な対象分野として、居住環境 (上下水道整備、廃棄物処理施設整備など)、森林保全、公害対策 (大気汚染対策、水質汚濁対策など)、防災、自然環境保全、地球温暖化対策などを示している[11]。2005〜09 年度の環境 ODA 実績 (約束ベース) は年平均 4 億ドルで、その対象を見ると環境政策及び管理運営が 61％を占めて圧倒的に多い。洪水防止 (24％) と生物圏の保護 (13％) が続いている。環境 ODA の円借款については、08 年 10 月から通常の貸付条件よりも優遇された「優先条件」が適用されてきた。後発開発途上国 (LDC) 向けの一般条件が金利 0.7％、返済期間 30 年 (うち返済が猶予される据置期間 10 年) なのに対して、優先条件は金利 0.01％、返済期間 40 年、

据置期間10年となっている[12]。優先条件の適用対象は，環境のほか防災，人材育成，保健・医療などがある[13]。優遇金利導入時に環境分野のリストが示されたが，**表7-2**は，環境ODAの内容をより具体的に示している。

日本がヨハネスブルグ・サミットに提示したEcoISDでは，①地球温暖化対策，②環境汚染対策，③「水」問題への取組み，④自然環境保全の4つのテーマが重点分野とされていた。「環境ODAの具体的な対象分野」のリストをテーマ別に分類し整理したものといえる。

①地球温暖化対策

京都議定書の合意内容に沿って，温室効果ガスの排出抑制に貢献する事業（省エネルギー，エネルギー効率向上，新・再生可能エネルギー開発，森林保全・植林など）を実施するとともに，気候変動問題に対する途上国の対応能力の強化（キャパシティ・ビルディング）に努めている。エジプトに対する円借款事業である「ザファラーナ風力発電」（2003年度，135億円）が京都議定書で認められた「京都メカニズム」[14]の1つである「クリーン開発メカニズム」（Clean Development Mechanism: CDM）として国連から認定されたが，これはODAによるCDM事業の先駆的な事例である。

②環境汚染対策

"ブラウン・イシュー"と呼ばれる公害防除の領域が対象である。日本が深刻な公害を克服した経験を生かし，急速な経済成長を遂げつつあるアジア諸国を中心に，大気汚染，水質汚濁，廃棄物処理などに関する公害対策，生活環境改善を支援する。途上国側の対応能力の強化を目的とした事業としては，中国，インドネシア，タイ，チリ，エジプトなどで，環境汚染度の測定や公害防除などの技術移転を目的とする「環境センター」の設置や，「東アジア酸性雨モニタリング・ネットワーク」の支援などがある。

表 7-2　優遇条件が適用される環境分野

1　森林保全・造成
　　a　森林保全・管理
　　b　造林・植林
　　c　森林資源調査
　　d　モニタリングなど
2　公害防止
　　a　大気汚染防止
　　b　水質汚濁防止
　　c　廃棄物処理
3　省エネ・省資源
4　自然環境保全
　　a　野生生物保護
　　b　水産資源調査
　　c　遺伝資源調査
　　d　土壌保全
　　e　モニタリングなど
5　代替エネルギー(新・再生可能エネルギー)
6　オゾン層保護
7　海洋汚染
8　砂漠化防止
9　上水道*

(注)　*感染症対策・貧困削減に資するもの。
(出所)　国際協力銀行「年次報告書 2008」。

③「水」問題への取組み

　途上国では安全な水へのアクセスが乏しく、汚染された水を利用せざるをえないことによる健康被害が深刻な問題となっている。水の汚染を引き起こす主要な原因は生活排水や産業排水であるが、これらによる汚染への対策として浄水場、排水処理場などの整備を行う。また、水質保全の規制、水質モニタリングなどのソフト面の技術移転に努めている。

④自然環境保全

　途上国が持つ豊かな自然資源の環境資源としての重要性は十分に認識されているが、途上国が深刻な資金・技術面の制約に直面

しているため，自然環境の保全と管理は容易でない。熱帯雨林，マングローブ，サンゴ礁などの喪失，その結果でもある生物多様性へのダメージ，水の枯渇，土壌の流失などを含む多くの問題が指摘されている。途上国が自然環境保全のための制約を克服する努力を支援するために，森林保全，砂漠化防止，生物多様性の維持などが続けられている。

以下に，日本の環境 ODA が幅広い多様な領域で展開されていることを示す，いくつかの具体例を紹介したい。

3-3　日本の環境 ODA の事例
◆事例 1：対中環境円借款

日本の環境 ODA のなかで非常に突出した規模を持つのが，中国に対する円借款（貸付ベースの資金協力）の環境保全事業である。対中国援助は，大平正芳首相（当時）が 1979 年の訪中時に行った意図表明を契機として開始され，2013 年度までの累計供与額は 3 兆 6,553 億円に達した。このうち 90.7 ％に当たる 3 兆 3,164 億円が円借款である[15]。対中円借款の内容は，第 4 次円借款（1996～2000 年度）から環境分野に大きくシフトした。第 3 次円借款までは全体の 5 ％に達していなかった環境円借款の対中円借款全体に占める比重は，2001～04 年度に全体の 60.5 ％に，05 年度には 94.1 ％（808 億円），06 年度には 89.3 ％（1222 億円），そして 07 年度に至って 100 ％（463 億円）に達した[16]。

ただ日中両政府は，2007 年度をもって円借款の新規供与を終了することで合意し，中国の環境の保全，環境問題の克服に寄与する形で続けられてきた，財，技術，資金の大規模な流れが終息した。これは北東アジア地域の環境問題を考えるうえで重要な転機であり，従来，対中円借款が担ってきた役割を代替する新たな仕組みが導入されないと，この地域での環境問題への取組みに大

きな空白が生じる結果となろう。この穴を最小限にとどめる努力が必要である。

中国に対する環境円借款は、きわめて幅広い領域を対象として実施されてきた。2001年度以降の事業を見ても、以下のように多彩である。

①地球温暖化対策：天然ガス供給、地域熱供給、コンバインド・サイクル発電、揚水発電、電炉改善、鉄道整備など（例：「安徽省大気環境改善事業」による天然ガス供給施設の拡充、「新疆自治区伊寧市環境総合整備事業」による集中型熱供給施設の整備）

②環境汚染対策・「水」問題への取組み：上水道・浄水場、下水道・排水処理場、廃棄物処理システム改善など（例：「フフホト市水環境整備事業」による下水道整備、「陝西省水環境整備事業」による上水場・下水処理場建設など）

③自然環境保全：植林・植草、生態環境整備など（例：「江西省植林事業」、「内蒙古自治区植林・植草事業」など）

中国に対する環境円借款は、環境問題への取組みとしての役割にとどまらず、より大きな意味を持っている。中国と日本の間には、歴史的な負の遺産、資源をめぐる競争関係、地政学的な問題などに基づく、根深い相互信頼の不足が見られる。このような状況のもとで改善を目指すためには、「共通の利益の追求」を通じた信頼醸成の試みが有効である。環境問題は日中両国にとっての「コモン・アジェンダ」であり、この課題に関する相互協力は信頼醸成のための重要な要素である。この要素が失われることは大きな損失といえよう。

◆**事例2：サヘル地方での砂漠化防止**[17]

世界最大の砂漠であるサハラ砂漠の南に隣接する半乾燥地域は「サヘル」(Sahel)と呼ばれ、砂漠化が最も深刻な地域である。「砂漠化」については、1992年の地球サミットで採用された定義

が広く使われており,「乾燥地域,半乾燥地域などにおける,気候変動および人間活動を含む種々の要因による土地の劣化」とされている。UNEPは,「砂漠化防止」とは,砂漠化の危機に瀕している地域で,資源収奪的でない持続的な農業によって,人々の暮らしと植生を維持することであるとしている。

この地域で日本は,1985年から現在までの長い期間にわたって,砂漠化防止の地道な努力を続けてきた。この地域では,木や草が放牧されている家畜によって食べられたり,燃料に使われたりして減少するうえに,気候変動による干ばつの被害で植生が一挙に失われることも多い。日本政府の砂漠化防止事業の第1段階(1985〜95年)では,ニジェールに圃場を設置して「砂漠化防止にどのような技術が有効か」を調査し,96年から2000年までの第2段階では,ニジェール,ブルキナファソ,マリの3カ国の農村地帯で,開発された技術の適用を試みた。ここで「技術」と呼ぶのは持続的な農業のための農業技術であるが,それを持続的なものとするための住民組織づくりに対する支援も,事業の重要な構成要素となっている。現地で担当したのは旧緑資源機構[18]の人々である。

一貫してこの事業に従事した緑資源機構の農村開発専門家は,彼らの経験を総括して,「導入を試みたさまざまな新技術の定着が困難であったが,地域の住民の伝統的な技術や知識を生かして,新技術と組み合わせるアプローチを見出したことによって,一定の成果につなげることができた」と述べている。「地域外からの新技術導入よりも,在来伝統技術の改良の方が受け入れられ易くかつ有効である」という結論は,興味深くまた説得力を持つ[19]。有効性が確認された技術の代表例の1つが,ミレット(サヘル地域で主食となっているヒエ)を植える場所に,地表より低く穴を掘り,余った土を谷側に盛り上げて水を溜める「ザイ」である。等

第7章 持続可能な開発への取組み

高線に沿って石を埋め並べ，表土の流出を食い止め，水分を保持し，長期的には土壌の改善を見込む「石積み工法」（ストーンライン）も，同じ目的の技術である。また，「ワジ」（wadi, 雨季のみ水が流れる「涸れ川」）の地下水源を利用したコルゲート管井戸は，効果が確認され，多くの村々に広がっている。

　このような地道できめ細かい工夫の結果が取りまとめられ，他の農村に適用された。その段階であらためて確認されたのは，成果が住民の当事者意識の度合いと強い相関関係を持つ点だった。15年にわたる砂漠化防止の試みに基づいて，国際協力機構は2000年から，マリでの砂漠化防止のパイロット事業を開始した。

　サヘルでの砂漠化は絶え間なく進んでおり，砂漠化が進んでしまった地域から，多くの人々が草や水を求めて，多数の家畜を連れて南下している。砂漠の周辺部での人口増加と家畜の増加が生じており，それにともなって砂漠化防止の難しさも高まっている。一連の事業は困難な状況のもとで地道な課題に取り組む，環境ODAの1つの最前線である。

◆事例3：電力消費抑制のためのタイ政府，民間企業，援助機関の連携

　途上国のなかで発展パフォーマンスの二極化が進んでいることは，しばしば指摘されるが，高成長を持続してきたエマージング・マーケット（新興経済国：東欧・ロシア，東アジア，インド，中南米，中東など）では，エネルギー消費やCO_2排出量の増加が目立っている。エマージング・マーケットの1つであるタイでは，1992年に制定された「エネルギー保全促進法」に基づいて，省エネルギー型の電気機器の全国的な普及，急増する電力消費の抑制，地球温暖化防止への寄与を目的とする計画が作成され，電力公社（EGAT）がその推進を担当した。この計画が「地球環境ファシリティ」（GEF, 世銀のイニシアティブにより，「新規かつ追

加的な」資金によって途上国の環境保全への支援を行う目的で，1990年に設立された）によって取り上げられ，世銀，日本政府（円借款），およびオーストラリア政府の資金支援の対象となった。日本の環境 ODA としての事業名は「電力消費効率促進事業」となっている。

この計画は広範な領域での多種類の活動から構成されていたが，中心は省エネルギー型の電気機器（空調機器，冷蔵庫，照明器具）の導入促進と，普及のための広報活動である。EGAT と電器メーカーの全面的な連携・協力体制のもとに進められた，この事業による電気機器の省エネ化の具体例を見てみよう。冷蔵庫の 1997 年モデルと 2006 年のモデルを比較すると，電力消費量が 1 年当たり 804kWh から 708kWh へと 12％減少した。照明器具については，白熱灯から蛍光灯への転換とあわせて，蛍光灯のエネルギー消費量の 10％引下げが行われた。省エネ製品の普及のために，テレビ・ラジオ，車両広告，各種セミナーなどを通じた広報活動が展開され，環境ラベルが導入された。また EGAT は省エネ製品を一括購入して廉価で販売した。

省エネルギー型の空調機器，冷蔵庫，照明器具の導入によって電力消費量が低下し，発電に使用される化石燃料の量が抑制されることによって，火力発電所から排出される CO_2，煤塵，硫黄酸化物（SO_x），窒素酸化物（NO_x）などの大気汚染物質が削減された。この事業が実施された 1993 年から 2004 年までの期間に，タイ全体で 1905〜3205 トンの CO_2，5600〜7800 トンの SO_x が削減されたと推定されている。これに加えて，冷蔵庫の冷媒がいわゆるフロン（クロロフルオロカーボン：CFC）から，いわゆる代替フロン（ハイドロフルオロカーボン：HFC）への転換が進められたため，冷蔵庫 1 台当たり 1.28 トン相当の CO_2 が削減された。

タイでのこの試みは，地球温暖化に取り組む途上国政府の意思，

民間企業の協力，援助機関の支援が三位一体となって相互補完した例であるが，最も大きく貢献したのは，省エネの呼びかけに積極的に反応して，電気器具を省エネ型に切り替えたタイの人々だったといえよう。

3-4 ジレンマから Win-Win アプローチへ

すでに第2節で述べたように，貧困削減と環境保全という2つの重要な政策目標の間に存在する深刻なジレンマ，すなわち先進国の環境問題とは異なる「貧困と環境のジレンマ」が，途上国の環境問題の本質といえる。したがって，できるだけ環境に負荷をかけない形で貧困削減を進める「環境保全と両立する貧困削減モデル」が求められる。この関連でしばしば語られるのが，貧困と環境の双方にプラスとなる「Win-Win アプローチ」である。ジレンマを Win-Win の状態に転化する試みは重要である。同時に，貧困と環境のジレンマに直面していて，Win-Win アプローチが困難な状況が多い現実にも留意すべきであろう。また，Win-Win アプローチの"光の部分"だけが語られすぎる傾向も見逃せない。これらの点を考慮しながら，さまざまなアクターによって試みられている，貧困と環境のジレンマを Win-Win の状態に転化する試みについて検討したい。

◆事例1：森林保全と地域住民——インド西部ラジャスタン州

森林は，自然資源のなかでも生態系維持にとってとくに重要な機能を持つことで知られているが，途上国では森林面積が着実に減少しており，森林の喪失を食い止めることが急務となっている。

多くの途上国政府が森林保護に努めているが，しばしば，森林の保護を目的として周辺地域の住民の立入りを禁止する措置が取られる。たとえばインド西部のラジャスタン州では，かつて州の森林局が，フェンスを作って外部者の森への立入りを全面的に禁

止した。違法な伐採によって樹木の数が急速に減少したからである。しかし，これによって周辺の村々の人々の生活に大きな支障が発生した。遠い昔から人々は，燃料にする木の枝，家畜の飼料としての下草，椅子などの加工原材料としての籐(とう)，食用の木の実・草の実など，さまざまな森の恵みに依存した生活を送ってきたからである。小枝の束をいっぱい頭に乗せて，夕陽のなか，家路を急ぐ少女たちの姿は，ラジャスタンの村々の風物詩だった。突然の禁止に憤激した住民は，立入りを防ごうとする森林局の警備員との間でしばしば衝突し，両者に負傷者が出る場合も少なくなかった。

　森林保護をめぐるこのような状況は森林保護と住民の生活（貧困削減）の間のジレンマの典型的なケースであり，多くの途上国の多くの地域で見られるが，かつてのラジャスタン州のように，保護地域を設定する「フェンスと罰金」のアプローチには成功例が少ない。そこで，地域住民のニーズと共存した森林保全のアプローチが求められることになった[20]。ラジャスタン州などインド各地で導入されたのは，「森林共同管理」(Joint Forestry Management: JFM) と呼ばれるシステムだった。地域住民と森林局が共同で森林を管理し，住民が一定の範囲で森林の恩恵を享受しながら森林を保全する仕組みである。森林を守るだけでなく，大規模な植林も実施されたが，苗木を植えつけ育てる作業のかなりの部分を地域の女性が担った。これによって現金収入を得る機会の乏しい辺境部の女性に所得が生まれた。

　これはジレンマの状況を Win-Win の状態に転換しようとする代表的な試みであり，インドだけではなく，フィリピンなど多くの途上国で導入されている。政府と住民と NGO の三者による共同管理のアプローチが採用されることが多い。

◆**事例2：海洋生態系の保全と零細漁民——フィリピンのパラワン諸島**

　フィリピンの南西にあるパラワン諸島は，豊富なサンゴ礁で知られている。サンゴ礁はプランクトンや小魚の生育にとって好条件なので，ジュゴンを含む多彩な海洋生物が生息している。全島が見事な熱帯雨林に覆われている。

　美しい自然に恵まれた島ではあるが，住民の雇用機会は非常に乏しかったため，多くの住民が，職と収入を求めてマニラやセブのような大都市に出稼ぎに出て，不安定なインフォーマル・セクターの仕事に従事し，スラムに住むことを余儀なくされていた。残った住民の多くは零細な漁民として生活していたが，エンジン付きの船や燃料を買う資金が不足しているため，ダイナマイトやシアン化合物を使用する違法な漁をする者もいた。森林の違法な伐採も行われ，土壌が流出しやすくなっており，流出した泥土は海洋生物に大きな被害を与えていた。

　パラワン諸島の状況は多くの途上国の多くの地域で見られる状況であり，典型的な環境と貧困削減のジレンマを示している。このようなジレンマから脱却する方法として，豊富な環境資源が同時に観光資源でもある点に着目し，エコ・ツーリズムが試みられる例が多い。自然環境に恵まれた地域の生態系や文化を楽しんでもらう（滞在型の）観光を振興することによって，貧困な住民のために雇用や所得を確保し，結果的に環境資源の収奪を防止することが目的である。自然環境が貴重な生計手段であるため，環境保全の動機づけが可能になると期待される。注意しなければならないのは，商業的動機が優越して「ツーリズム」の要素が「エコ」の要素を覆ってしまい，結果として環境劣化につながることである。したがって，真の意味でのエコ・ツーリズムを実現する計画づくりがカギとなる。

パラワン諸島の場合には，環境問題を専門とする有力な国際NGOのコンサベーション・インターナショナル（Conservation International）が，計画段階で重要な役割を果たした。適切な形で環境資源が利用され，しかも保全されるためのキーワードは「環境地図」（Environmentally Critical Areas Network Zoning）である。衛星写真，航空写真などの情報に基づいて環境地図が作成され，住民との協議を繰り返しながら，①開発が全面的に禁止される中核ゾーン，②一定の限界内で開発が認められる緩衝ゾーン，③基本的に開発が許可される多目的ゾーンの区分が提案され，現地政府によって承認された。観光開発に必要な道路整備などの建設事業については，海洋生態系を傷つけないように，詳細なガイドラインが作成された。コンサベーション・インターナショナルの専門家たちによる計画づくりは，日本政府の資金援助のもとに進められた。

パラワン諸島のエコ・ツーリズムの事例は，途上国側の適切な問題意識に基づいて，NGOの専門性と援助機関の資金とが有効に組み合わされた代表的な例といえる。多くの途上国で，環境資源を観光資源として活用しながら，環境資源の保全につなげようとするWin-Winアプローチが試みられているが，商業的要素が支配的にならないために，専門的な（国際）NGOの役割は大きい。

〈注〉
1) World Bank, *World Development Indicators*, 各年版。
2) 林野庁『森林・林業白書』平成22年度版。
3) 環境省「気候変動枠組条約・京都議定書」ホームページ（2015年11月3日アクセス）。
4) UN, *Human Development Report 2014*.

5) 『朝日新聞』2015年10月31日。
6) 多谷千香子『ODAと環境・人権』有斐閣,1994年,11頁,106-114頁。
7) ここでは井上真の定義に沿って,「保全」を「利用しながら保護すること」と考える。井上真「自然環境保全のための『協治』」井村秀文・松岡俊二・下村恭民編『環境と開発』日本評論社,2004年,78頁。
8) 村上一真「日本の国際環境協力の現状と展望—— Capacity Development を中心として」『国際金融』1191号,2008年,58-64頁。
9) 外務省ホームページ。
10) 森晶寿『環境援助論——持続可能な発展目標実現の論理・戦略・評価』有斐閣,2009年,18-19頁。
11) 外務省ホームページ。
12) JICAホームページ。
13) JICA年次報告書・別冊。
14) 海外で実施した事業による温室効果ガスの排出削減量を,自国内の排出削減と同様に,自国の排出削減約束の達成量に換算できる柔軟性措置。共同実施(joint implementation),クリーン開発メカニズム,排出量取引(emission trading)の3種類のメカニズムからなる。
15) 外務省ホームページ。
16) 旧国際協力銀行の各種資料から筆者が作成。
17) 齋藤晴美監修『アフリカ農業と地球環境——持続的な農業・農村開発はいかに可能か』家の光協会,2008年,第1〜3章。
18) 事業の開始当時の名称は農用地開発公団であった。現在は国際農林水産業研究センターに統合されている。
19) 齋藤監修・前掲書,47-48頁。
20) 佐藤仁『希少資源のポリティクス——タイ農村に見る開発と環境のはざま』東京大学出版会,2002年と,井上・前掲論文は,森林保全と貧困削減の接点に関する貴重な視点を提供している。「フェンスと罰金」は佐藤・前掲書の143頁の記述に基づいている。

〈読者への推薦文献〉

Ascher, William, *Why Governments Waste Natural Resources: Policy Failures in Developing Countries*, Johns Hopkins University Press, 1999(佐藤仁訳『発展途上国の資源政治学』東京大学出版会,2006年)

Dasgupta, Partha, *Human Well-Being and the Natural Environment*, Oxford University Press(植田和弘監訳『サステイナビリティの経済学』岩波

書店,2007年)

de Steiguer, J. E., *The Age of Environmentalism*, McGraw-Hill, 1997(新田功ほか訳『環境保護主義の時代——アメリカにおける環境思想の系譜』多賀出版,2001年)

石弘之編『環境学の技法』東京大学出版会,2002年

井村秀文・松岡俊二・下村恭民編『環境と開発』日本評論社,2004年

齋藤晴美監修『アフリカ農業と地球環境——持続的な農業・農村開発はいかに可能か』家の光協会,2008年

佐藤仁『希少資源のポリティクス——タイ農村に見る開発と環境のはざま』東京大学出版会,2002年

森晶寿『環境援助論——持続可能な発展目標実現の論理・戦略・評価』有斐閣,2009年

第8章 途上国のオーナーシップとガバナンス重視の潮流

1 途上国のオーナーシップ

1-1 途上国政府に対する軽視

　国際協力のあり方を考えるとき，先進国政府にせよ国際機関にせよNGOにせよ，資金や人材や技術の出し手の姿や行為ばかりが，良きにつけ悪しきにつけ注目されてしまう傾向にある。その過程で，途上国側とりわけその政府は「問題」と決めつけられてしまうことが多い。たとえば，途上国が自然災害に見舞われたとき，先進国や国連機関や国際NGOによる救援活動は盛んに報道されるが，当該国政府自身による活動はあまり注目されないか，されたとしてもその遅れを批判されるときだけである。実際には，当該国が多大な努力をしている。平時においても，途上国政府は皆能力が低く，汚職にまみれており，援助に頼り切っている受動的な存在であるかのような扱いである。国により情況により違いがあるが，現実には援助よりもその国の政府による資金負担や活動のほうがはるかに大きいにもかかわらず，である。また，第6章で論じたように，平和構築と復興支援の関係では，「脆弱国家」という用語まである。

このような見方が蔓延しているのは，国際協力や援助が慈善行為という名目から出発したからかもしれない。植民地時代からの悪しき遺産，グローバル化の功罪，地球温暖化など，途上国側にとっては避けることのできない制約条件となっている事情や先進国側の重大な責任には目をつむって，途上国に原因を求めたほうが慈善行為を正当化しやすいからであろうか。途上国の真の事情を理解する能力がないので，「相手の能力が低い，技術が遅れている，すぐカネがないことを理由にするのはけしからん，まず汚職をなくすべきだ，途上国のリーダーが悪い」などといっては，先進国自らの「思考停止」をごまかしているようでもある。これは先進国国民一般だけでなく，援助機関職員にもしばしば見受けられる現象といえる。ドナー（援助国・機関）側の理解や能力の不足からくる問題は，実は多いのである。

出し手が受け手よりも，対外情報発信に有利な側面もある。ローカル・メディアよりもはるかに資金力や発信力のある国際メディアが数多く存在する。平時の経済開発にせよ非常時の対策にせよ，途上国政府は目前の対応に精一杯で対外的に発信・説明している余裕がない。そのために人を割けないし，資金も不十分なことが多い。これだけ情報通信手段が発達した時代であるにもかかわらず，いや発達した時代だからこそ，途上国側の声は往々にして聞こえにくいのである。

ドナーが途上国内の市民社会や民間企業と直接接触できるようになり，市民社会等の自国政府への不平・不満を代弁してしまう結果，ますます途上国政府の立場がないがしろにされてしまう傾向もある。市民社会などが政府に圧力をかける手段としてドナーを利用しているだけなのに，ドナー側は本当に途上国政府に能力や知見がないと信じ込んでしまう。先進国は「遅れた」途上国を見下げてしまう。このような事態は，モラルとして改められるべ

きであるだけでなく，事実認識として完全に誤っている。その国のことは，政府を含めたその国の人々が一番良く知っているのだし，当該国の社会固有の知恵もたくさんある。先進国の人間にはそれがなかなか把握できないか，途上国社会に学ぼうとする姿勢がないだけである。

グローバル化がこのような情況に拍車を掛けている。ヒト・モノ・カネ・情報の国境を越えた流れによって，途上国側，先進国側といった二分法的区分が困難になってきた。グローバル化の機会を生かして台頭した中国のような大国も，西アフリカの内陸国マリもともに途上国である。グローバル化の副産物としていっそう鮮明になってきた，1つの途上国内でのローカルな格差や対立が，議論をさらに複雑にする。また，気候変動や新型感染症に代表される地球規模問題（グローバル・イシュー）についての議論は，ともすれば資金や技術や情報に恵まれた先進国主導となりがちで，本来の途上国開発や貧困問題における位置づけを，相対的に低くしてしまう怖れがある。

国際協力とそれにかかわる出し手の組織や人々が多様化するにつれて，途上国の真の姿や意向，歴史や文化に根ざす本質的課題，主体的取組み（オーナーシップ）は見落とされがちである。それどころか，「オーナーシップ」という言葉は，さまざまな困難や制約のもとにある途上国（政府）を批判するための常套句として用いられることが多い。

1-2 真の主人公は誰か

しかし，国際協力の主人公は受け手とされる途上国側である。出し手は受け手の開発努力を単にお手伝いしているにすぎない。補完的役割や触媒としての機能を果たしているだけなのである。理念としてそうあるべきだというだけではなく，予算規模からし

ても活用される人的資源からしても事実としてそうなのである。ドナーが政策や事業の一定のモデルを示すことはできても，途上国政府を代替することは不可能だろう。この重要な点を忘れると，国際協力は傲慢な押付け，おせっかい，自己満足に堕してしまう。

　国際協力のフロンティアは，貧困にせよ紛争にせよ環境にせよ，途上国にのみその原因が求められるわけではない。その影響も地球全体に及んでいる。フロンティアに取り組むアクターには，途上国・先進国双方の種々の関係者が巻き込まれている。そこに，21世紀の国際協力の新しい潮流がある。ただ，国際協力の対象たる課題や国際協力という行為の大半は，途上国と呼ばれる地域に存在している。これを軽視してはならない。国際協力の場が途上国である限り，常に念頭に置くべきは主権国家としての途上国とそれを代表する政府の立場なのである。その立場に立って，課題の解決策を考える必要がある。たとえ，途上国やその政府が，「近代化」ないし「西欧化」という1つの価値観から見て，いかに不完全な姿であったとしても，この点を忘れてはならない。

　災害時や紛争からの復興時の支援においては，途上国政府がバイパスされやすい。これにはやむをえない面もあるが，ドナーや国際NGOがいつまでもこれを続けると政府の力を弱め，長い目で見てその国の人々の利益を損なう結果になる。

　現在の途上国は先進国に比べて，政治的・経済的・社会的分裂をはらんだ未成熟な「国民国家」を持っている。途上国のさらされている政治的・経済的・社会的変化は，現在の先進国のかつての経験のように長期間をかけた緩やかなものではなく急速で，さまざまな変化が同時並行的に進行している[1]。グローバル化やローカル化にともなう変化や混乱に適切かつ柔軟に対応するため，不断の改革を迫られている。

　現在の途上国は，現在の先進国の過去の時代のように，外国か

らの影響を排除して独自の道を歩むことをもはや許されない。外国を植民地化して収奪し，資本蓄積するという選択肢もない。国内外の変動や荒波のなかで，国民国家としての統合による政治的・経済的・社会的安定の確保，効率と平等あるいは成長と分配の両立という困難な政策目標の達成，国際社会の一員としての名誉ある生存などを，きわめて限られた資源で図らねばならないのである。先進国の過去に比較してのこの不利や難しさを十分考慮に入れたうえで，途上国，とくにこれを代表する政府のオーナーシップとそれへの敬意を，国際協力にかかわる議論の中心に据えたいものである。ドナーや国際NGOが，途上国の「オーナーシップ」と言うとき，それがうわべだけのものでないかどうか，十分注意を払う必要があるだろう。

2　政策・制度改善の重要性

　国際協力の場たる途上国は，いかにして貧困を減らし，国民の生活の質を改善するかという挑戦に直面している。このためには，持続的な経済成長，成長の果実の公平な分配，持続可能な環境の保全が不可欠である。たとえ，生産性を高めて成長を持続させることが決して容易ではないとしても，公平・平等の内容が不明確であるとしても，また，成長と分配と環境保全を対立させるのではなく，相互に強化しあうものにすることが至難であるとしても，途上国とりわけその政府の使命は単純明快である。すなわち，成長と分配と環境保全とを同時に達成する，最も適切な資源配分を可能にするような政策・制度を立案し実行することである。援助を含む国際協力はこの努力を側面的に支援する。

　政策を立案し制度を構築する主体としての途上国政府，これを補完するドナーにとって，取り組むべき分野はある程度明らかで

ある。財政・金融・貿易などのマクロ経済の安定的伸張,物理的・制度的インフラ(社会基盤)の整備,民間の市場経済活動の促進,教育・保健医療・栄養・衛生などを含む人的資本への投資,社会的弱者保護をはじめとする福祉制度の維持,大気・水・自然・生物などの環境の保全などであろう。これらの分野への政策・制度介入を,グローバル化の進みつつある競争的国際環境のなか,厳しい資源制約のもとで,最も望ましい組合せとタイミングで行わなければならない。このような政策・制度を改善する必要性・重要性について,国際協力の「補完性」という制約の観点から掘り下げてみよう。

2-1 国際協力の補完性

外国援助は特定事業への支援を永遠に続けるわけにはいかない。いつかの時点で,当該事業への関与を断ち切らざるをえない。これは政府開発援助(ODA)も NGO による支援もまったく同じである。事業の完成および所期の効果の発現,たとえば道路の開通,発電所の運転と送電の開始,農業用水が農民に届き作物が実る,カウンターパートに対する技術移転が終了するといった時点で,援助機関の役割は低減し,その後の事業の運用・効果発現状況のモニタリング程度に転化する。これは途上国側のオーナーシップから見て当然であり,望ましいことでもある。

完成した事業を適切に管理・運営し,技術的に可能な限り長期にわたって,最大限の効果発現を確保するのは,事業のオーナーたる途上国の責任である。すなわち,事業の「持続性」(サステナビリティ)に関して国際協力は「補完的」なのである。この制約を克服するために,援助機関が手を引いた後も事業の持続性をできるだけ長く確保できるような仕組みを,あらかじめ対象事業に絡めてビルトインしておこう,関連の政策・制度に関与しよう

という考え方が出てくる。

　また，当該事業に対する外国援助による支援がいかに効果的なものであっても，それは所詮大海の一滴にすぎない。援助によって整備される小学校も上下水道設備も道路も，当該分野の開発ニーズのごく一部を満たすにすぎず，援助機関は相手国の特定分野全体を丸抱えで支援することはできないし，途上国側のオーナーシップに鑑みてそうすべきでもない。

　援助対象以外の小学校や上下水道設備や道路を全国で整備して国民全体の要望に応えるのも，開発のオーナーたる途上国の責任である。途上国政府は，援助事業実施によって得た実績や教訓を生かしつつ，同様の成功をより広い範囲で達成していかねばならない。すなわち，事業の「反復可能性」に関して国際協力は「補完的」なのである。したがって，この制約を克服するための仕組みも，あらかじめ援助対象事業にビルトインしておくという考え方が出てこよう。

　以上2種類の援助の「補完性」に加えて，援助資金の「転用可能性」（ファンジビリティ）の議論にも触れておきたい。一定金額の援助が，ある国の中等教育の充実のために供与されたとする。その援助資金と同額だけ同国政府の中等教育向け予算配分が増えた場合，ファンジビリティはゼロ，援助資金の追加性は100％とされる。逆に，予算配分額に変化がなかった場合，ファンジビリティは100％で追加性はゼロとなる。後者のケースでは，せっかくこの分野に援助したにもかかわらず，政府の中等教育投資全体には量的変化がなく，援助金額と同額が他の支出にまわったことになる。一見前者が望ましいように思われようが，これでは中等教育の援助依存が継続してしまうし，財政管理上も健全な姿とはいえない。

　多くの途上国の実態は，上記の両極端の中間あたりにあるよう

である。特定の援助があってはじめて対象事業が資金的に実現し，当該分野への公共投資は確実に増加する。援助には，予算配分のより望ましい方向への誘導（カウベル）効果がある。ただ，これは必ずしも100％ではない。したがって，援助機関は当該中等教育事業を成功させるよう期していただけでは不十分であって，政府予算に占める中等教育向け資金の水準や内容，背景となる政策・制度，他分野とのバランス等に注意を払うべきである。

2-2 補完性を克服する政策関与

さて，事業の持続性にかかる補完性を克服する政策関与の例を挙げてみよう。灌漑農業事業においては，①中央政府・地方政府・農民組合・個々の農民などのうち，どの主体がどのレベルの施設の建設や維持管理に責任を持つのか，それにかかる所要資金を最終的に負担するのは誰か，②水利費（灌漑水の代金）をどういう水準・体系にし，誰がどれだけ負担し，どのように徴収するのか，③責任分担や利害調整に行政がどうかかわり，農民自身が組織化などを通じて水配分などにどう関与するのか，④施設完成後の農業生産性向上をどう実現するのか，⑤農民組合や農民向けの訓練，営農・生活資金供与は誰の負担でどう実施するのかなどについて，各主体にとってのインセンティブを十分考慮した法制度の整備や政策実行が，事業の持続性確保には欠かせない。

一般道路の場合，受益者を特定して料金を徴収することは不可能である。しかし，道路は常に維持補修しない限り損傷が生じ，その快適さや安全性が低下するため，維持補修を継続的に行うための制度整備が不可欠である。①資金源は一般会計か特別会計か，財源としての税は何か，予算配分の仕組みはどうするのか，②補修の必要な時期と規模を誰がどう判断するのか，③政府機関が自ら補修するとすれば，必要な機器の調達・管理や作業を行う人員

の確保・訓練をどう実現させるのか，④補修を民間業者に請け負わせるとすれば，契約の規模や業者選定手続き，政府によるモニタリングをどうするのかなどについての解答が，個別事業実施と同時に検討されなければならない。

次に，事業の反復可能性にかかる補完性を克服するには，どのような政策関与が必要だろうか。援助資金は，通常特定の発電所や送変配電設備を建設・運用するために使用されるが，一国に相当するような広い範囲をカバーするネットワークが構築され，その一部として事業が機能し，電力融通が円滑になされてはじめて効率的な電気事業運営が達成される。したがって，援助対象以外の電力設備についても順次同様の整備・運用が行われ，それらが互いに効率的に結びつけられる必要がある。このためには，当該事業から利益を生み出して電気事業体の財務状況を強化したり，そこで得た技術やノウハウを他事業に活用したりすることに加え，①電気料金水準・体系の適正化，②電気事業体制や規制のあり方の改革，③ロス低減，コスト削減，料金徴収強化など電気事業体の財務・経営改善のための計画策定と実行，これらにともなう法制度の改正などが求められる。

同様に，特定地域の貧困削減や環境改善を目指す事業は，その成功を期するだけでも容易ではないが，当該地域以外の状況が悲惨なものであり続ければ，国民の間に不公平感を招いてしまうだけである。援助対象事業が「箱庭」や「盆栽」であってはならず，これが反復可能な「モデル」となって他地域へ大規模に拡大（スケール・アップ）・移転されなければ，貧困削減や環境改善という目的を達したとはいえない。そのためには，当該事業での経験や教訓を広い範囲で生かすというだけでは不十分であって，①当該分野にかかわる法制度や組織体制・予算の充実，財源の確保，②住民の参加や組織化，人材の育成，NGOの活用などのその国の

制度としての定着，③不法行為の全国にわたる取締りの強化，④新たな技術やノウハウの伝播・導入を可能にするようなインセンティブの付与などが不可欠となる。

国際協力がかかわろうとする途上国の経済・社会開発の行為において，主体は途上国，とくにその政府であり，援助は対象事業の持続性についても反復可能性についても補完的な役割しか果たせないという制約があるため，これを克服する政策・制度面の改善への関与・議論が求められる。ただ，この政策・制度もあくまでも相手国のものであって，決してドナーのものではない。ある国の政策や制度は，当該国の歴史的事情や現在の政治・経済・社会情況と強く結びついており，外部者が理屈のうえだけで策定・実行できるようなものではないのである。援助事業の時間的・空間的インパクトを高めるとともに，これを活用して，途上国において効率と平等，成長と分配を両立させることを目指す政策や制度の確立には，その国の「ガバナンス」（統治）のあり方，政治・行政・市場（民間企業）・市民社会などの態様とそれらの相互関係が深くかかわっている。途上国の貧困削減と国際協力のあるべき姿を考えるには，ガバナンスをめぐる議論を避けて通るわけにはいかないと考えられる。

3　従来のガバナンス論

3-1　標準的なガバナンス論

「ガバナンス」という言葉は，1989年に世銀がアフリカ開発に関する報告書で使ったのが最初で，稲田十一によれば，「社会や組織が意思決定する過程」，さらには「この過程がよって立つところのシステムや枠組み，たとえば，合意形成，権力や資源の分配，意思決定の仕方，説明責任のとり方などを決める，公式・非

公式の制度やルール」を指すとされる。途上国開発や国際協力の議論で「グッド・ガバナンス」(良い統治) などとして使用されるだけでなく,「企業ガバナンス」とか「グローバル・ガバナンス」という文脈でも使われる用語である[2]。

下村恭民の整理に従えば, 国際援助社会における最大公約数的なグッド・ガバナンスの構成要素は, ①民主化, 人権, ②政府の権力使用のあり方：説明責任, 透明性, 公開性など, ③法の支配, 独立した信頼できる司法部門の存在, ④有効に機能する公的部門, ⑤汚職・腐敗の抑制, ⑥過度の軍事支出の抑制, であるとされる[3]。これが従来の標準的なガバナンス論である。その場合も, 政府行政の効率性など比較的狭い範囲に焦点を当てる場合, 民主主義や人権など一定の価値判断をともなって, 行政以外の分野も含む国家権力のありように焦点を当てる場合, さらには, 市民社会の運動や民間企業による市場経済活動までも含む国の姿に焦点を当てる場合があると考えられる。

さて, 国際開発・協力に関連する研究の分野では, 途上国のグッド・ガバナンスの状況を数値化し, それらと各国の経済パフォーマンス (成長, 貧困削減, 格差是正など) との関係を明らかにしようとする多くの試みがなされてきた。その結果, 標準的な指標に基づくグッド・ガバナンスが良好な経済パフォーマンスを招くという, 普遍的な結論が出たわけでは決してないにもかかわらず, 欧米ドナーや彼らが大きな発言力を持つ国際機関を中心に, この因果関係を支持する声が強い。グッド・ガバナンスの構成要素およびその基礎となる価値観が, 古代ギリシャ以来の西欧政治の歴史や近年の経験 (第 2 次世界大戦におけるファシズムとの戦い, 冷戦時代の共産主義との戦い, 現在のいわゆる「イスラム原理主義やテロ」との戦い) と濃厚に結びついており, 自らの価値を普遍的なものと信じ込んでいるという背景もあるのだろう。

その結果，①ドナーからの援助をより効果的・効率的なものにするためには，相手国のガバナンス状況を改善せねばならない，②ドナーからの援助のあるなしにかかわらず，途上国はまずガバナンスを改善すべきだ，③ガバナンス改善を目指す援助事業を実施すべきだ，④ガバナンスの状況に応じて，数値の良い国には「ご褒美」として援助を供与し，悪い国には「懲罰」として援助を削るべきだというような荒っぽい議論が先進国側で行われ，実行に移されることが多い。

3-2 標準的なガバナンス論の限界

一見穏当な定量化の例として，世銀のCPIA（国別政策・制度評価）がある。当該国への世銀の政策や支援額配分を決める際の判断基準（クライテリア）として，①マクロ管理（経済，財政，債務），②構造政策（貿易，金融，投資環境），③社会的公正政策（ジェンダー，公共財使用の平等，人的資源，社会保護・労働，環境），④公共部門管理・ガバナンス（所有権・ルール，財政・金融管理，資源動員の効率性，行政の質，透明性・説明責任・汚職）が挙げられており，とくに④がガバナンスに相当するが，評価の恣意性や政治性を免れないことに加え，構造調整の時代と変わらぬ途上国への急進的な改革の迫り方，それぞれの国・社会の事情を無視した一律適用にも批判がある。

そもそも，経済・社会開発にせよ貧困削減にせよ，どのような状態をもって理想とするのか，代表的な指標として何を使うべきか，コンセンサスがあるわけではない。成長や効率を重視すべきか，分配や平等を尊重すべきか，平均所得は高くとも勝者と敗者の間に大きな経済・社会格差のあるアメリカのような国を目指すべきなのか，決して豊かでなくとも国民全体が教育・医療の恩恵にあずかれるキューバのような国が望ましいのか，議論の分かれ

るところであろう。人類すべてに人間らしい人生を享受する権利があり，その実現に一歩でも近づくべきであることに異論はなかろうが，開発にはさまざまな側面があり，その数値化は容易ではない。どの期間の数値を採用するのかという問題もある。ある時期には望ましい開発の態様も，同じ国の別の時代には国民に受け入れられないことがあろう。

　他方で，グッド・ガバナンスについては，前述のような最大公約数的な構成要素を採用するにしても，それぞれの国の評価は恣意的なものになりやすく，数値化には経済・社会指標以上の大きな危険がある。ましてや最大公約数的な要素が，「普遍主義」的でドナー主導の価値観に制約されているため，そこに一定の有用性が認められるとしても，途上国のガバナンスのより多様な側面を見逃してしまっている怖れが強い。国家や政府や行政機関を同質的な1単位であると単純に扱ってしまう誤りも指摘できる。

　このように不完全なガバナンス指標と経済・社会開発指標との相関関係を分析しようというのであるから，何を独立変数（説明変数），従属変数（被説明変数），初期条件・環境とするにせよ，もともと無理のある話ではないか。もちろん因果関係を説明することにはまったくならない。グッド・ガバナンスから経済・社会開発への経路が明らかでないからである。世界最大の民主主義国家インドの長く続いた経済不振や現在の巨大な貧困人口の存在を説明できないし，中国や韓国，マレーシアなどの経済的成功も説明できない。

　ほとんど根拠のない因果関係を前提にして，ガバナンスと援助が結びつけられている。ガバナンス指標が援助の配分に大きな影響を与え，さらには，援助を梃子にガバナンスに変更を迫ろうというドナーの行動が見られることもしばしばである。ガバナンス指標の悪い国の貧困層には援助が届かない怖れも強い。国際協力

の対象を含め，途上国の経済・社会開発事業を効率的に実施し，その効果を高め，持続性を保ち，国全体へのインパクトを極大化するために，政策や制度面の改善を目指す議論が必要で，望ましい改革を実行すべきことは前述の通りである。しかし，これをドナー側が，途上国のガバナンスにかかわる一方的な価値判断に安易に結びつけることは危険であろう。

このような状況では，先進国側がガバナンス改善という名目のもとで，実際には一定のアジェンダ（自己を利するような論点）を追求し自国の国益を図っていると，途上国側にみなされてもやむをえまい。民主主義の概念がさまざまな意味合いでそのときどきの便宜に使われて，戦争を含む国家権力行使の道具となり，それに国際援助が巻き込まれてしまう事例も多い。援助の供与側・受取り側という関係を利用して主権国家に圧力をかけることは，ガバナンスのような社会的に微妙な分野にかかわるケースであればあるほど，いっそう相手国国民の誇りを傷つけ感情的反発を招き，もともと目指した目的とは逆の結果を招いてしまうことになる。

それでは，途上国の貧困削減への取組みを助け，国際協力を意味あるものにし，グローバル化のもとで効率と平等とのバランスを実現するには，従来の標準的なガバナンス論とその適用に代わって，いかなるガバナンス論とその活用が必要なのであろうか。途上国の真のオーナーシップに立脚した，途上国社会に根ざした新しいガバナンス論とはどのようなものであろうか。

4 途上国社会に根ざした新しいガバナンス論

4-1 効率と平等の両立のためのガバナンス

民主主義や人権の尊重に代表される従来の標準的なガバナンスの構成要素に，一定の価値があることは認めねばなるまい。しか

図 8-1 ガバナンスと効率や平等との関係

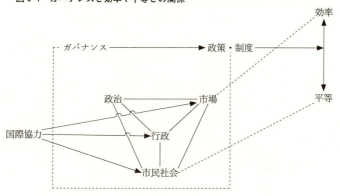

し、国際協力が一義的に目標とするのは途上国の貧困削減であるので、この目標の達成に貢献するようなガバナンスのあり方を見出すことに議論の焦点を当てたい。いかに価値があろうとも、貢献するかどうか不明確な構成要素について国際協力と関係づけるのは、貧困削減への努力とは別の次元の事柄だからである。

途上国の貧困削減を達成するには、第5章で論じたように効率（成長）と平等（分配）との両立を図ることが求められるから、そのためのガバナンスについて考えてみよう。図8-1に示される通り、「意思決定過程の基礎としての政治・経済・社会の公式・非公式な枠組み」とされるガバナンスが、その国の政策や制度を決定づけ、この政策・制度が効率と平等とのバランスに影響を与える。ガバナンスの担い手（アクター）は、政治、行政、市場（民間企業）、市民社会等であり、これらの相互関係や互いへの働きかけが意思決定過程を形づくる。市場は効率を追求し、市民社会は主として平等に関心を持つ。外国援助など国際協力は行政を通じて行われることが多いが、市民社会や民間企業を直接の対象とすることもある。したがって、効率と平等との両立を目指すに

は，それを裏づける政策・制度の構築・実行を可能にするようなガバナンス，すなわち「政治・行政・市場・市民社会の相互関係の枠組み」に注目せねばならない。国際協力もこの相互関係の現状や今後の方向性にうまくマッチすることが重要である。

効率性を確保して持続可能な成長を達成するには，①資源動員とそれによる製造・人的・自然資本への投入の増加，各資本間の配分の効率性維持，②人口増の抑制，③生産効率性の不断の向上が不可欠である。具体的な政策の事例は第5章第5節で述べた通りであるが，ここでガバナンスに求められるのは，①については，行政が市場や市民社会から税金を取り立てる能力，税徴収に正当性を与える政治への国民の支持（選挙を通じたものであるか否かを問わない），合理的な歳出配分を可能にする行政能力とそれを認める政治との関係，②については，長期的な人口政策・動態，③については，競争原理と市場経済活動の尊重，国家および国民経済統合への強い政治的意思（規模の利益の追求），市場および市民社会との意思疎通（コミュニケーション）による政治・行政へのフィードバック（情報の非対称性の軽減），ガバナンスの担い手同士の取引費用の最少化，行政と民間企業による研究・開発投資の重視などであると考えられる。

第3節で述べた最大公約数的なグッド・ガバナンスの構成要素のうち，法の支配や独立した司法と，有効に機能する公的部門とは上記の点にほぼ符合するが，民主化や人権，説明責任や透明性，汚職・腐敗の抑制，軍事支出の抑制などは，これらに資する面もあれば必ずしもそうでない面もあり，上記の点を確保するための代替の要素も考えられる。また，標準的な構成要素の運用次第では，効率や成長を損なうことも容易に想像できる。

効率向上にともなう格差を許容範囲に抑え，社会正義に適ったある程度平等な分配を達成するには，多数者と少数者，強者と弱

者の利害調整やチェック・アンド・バランス，コンセンサス形成のためのガバナンスの仕組みが必要である。これは，主に政治と市民社会（伝統的な共同体社会を含む）のあり方にかかわってくる。市場はこの課題に対応できないし，合理的行動が期待される行政がこれに過度にかかわることは恣意的な判断や政策を招く。そもそも分配の政策は「決め」の問題であるからである。

定期的な選挙に基づく民主主義は，多数の支持を得た勝者に一定の期間の正統性を与えるが，敗者・少数者の利害については無言である。法の支配や独立した司法（三権分立）が少数者の権利を保護することが期待されるものの，経済的利益の公正・公平な分配までは約束しない。説明責任や透明性，汚職・腐敗の抑制も同様である。すなわち，平等な分配を期するのに，西欧生まれの民主主義はきわめて不完全な制度なのである。むしろ，多数者の横暴や少数者のわがままを抑制し，経済的・社会的公平を実現するには，それぞれの国・社会に根ざした固有の利害調整，相互牽制，コンセンサスづくりのシステムと，それと不可分一体である政治，政治と市民社会との関係に注目せねばならない。ガバナンスそのものともいえるこの枠組みは，伝統に則りつつ，西欧近代の制度との出会いの過程で変容を受けて，多くの途上国でいまだに変化し続けている。

社会正義，公正，公平，平等などの確保の前提として，表現・結社の自由を含む基本的人権の概念が認められねばならないとの考え方が一般的であろうが，これとてもその国・社会の歴史・宗教・文化などに強く影響・制約されるであろうから，一概に平等のためのグッド・ガバナンスの必須要件とも決め難い。このように，途上国の貧困削減を効率（成長）と平等（分配）の観点から分析してみると，標準的なガバナンス論議がまことに心もとなく，さらに深いガバナンス研究が求められていることがよくわかる[4]。

4-2 新しいガバナンス論への展望

下村は,「ガバナンスと経済発展に関する途上国の現実をより有効に説明する目的で」, 2つの仮説を提案している。すなわち, ①「全般的なガバナンス水準が満足すべきものでなくとも, 少数の重要なガバナンス項目(戦略的ガバナンス項目)が高い水準にあれば, 持続的な経済発展は不可能でない」と, ②「国際援助社会の標準的なガバナンス論議が, 途上国社会のガバナンスの重要な側面を見落としており, かりに標準的な意味でのガバナンスに問題があっても, 見逃されているグッド・ガバナンス要因(内発的ガバナンス項目)がその不足面を補えば, 良好な経済発展パフォーマンスをもたらすことは不可能でない」という仮説で, それぞれに事例が挙げられている[5]。これらの仮説は, 被説明変数を成長と分配に分け, それぞれに対してプラス・マイナスに働く政策・制度を特定し, それらを生む内発的および外来のガバナンス項目を明らかにできれば, 立証されるのではないだろうか。

欧米型の民主主義体制やそれを構成する諸要素を, それ自身普遍的な価値のあるものと信じて, また途上国の経済・社会開発への必須の条件とみなして, 一方的かつ包括的に求めるやり方には限界が見えてきた。これに対して, 効率と平等とを支える, より現実的なガバナンス(意思決定過程の基礎をなす枠組み)改善とはどのようなものであろうか。いまだ完全な答えがあるわけではないが, 途上国開発の現場での経験を分析した結果によれば, ①政治・政策過程や, 政治, 行政, 市場, 市民社会などにかかわるアクターやステークホルダーの行動とその相互作用に注目すること, ②人間のさまざまな行動へのインセンティブを理解し, 社会におけるコミュニケーションを活用して互いの信認を構築すること, ③規模の経済や競争原理を奨励して効率化を図るとともに, ネットワークや信頼関係によって不平等を緩和すること, ④それ

それの途上国社会固有の社会関係資本（ソーシャル・キャピタル）や暗黙知を再発見・再構築して，情報の非対称性や取引費用の低減を図るとともに，利害調整，弱者保護，社会的モニタリングを実施すること，⑤マクロだけではなく，政治・行政・経済・社会・文化・宗教などが，1つの土俵の上で重層的に演じられるミクロの舞台に着目すること，⑥これらに基づいて，標準的なガバナンスの構成要素にそれぞれの社会固有の修正を加えること，などが挙げられる[6]。

途上国政府の行政は，政治，市場，市民社会や地域共同体のそれぞれと，一定の役割分担および連携を図らねばならない。成長という経済合理的な政策に基づく分野は行政の責任範囲とすることが可能であるが，分配という必ずしも経済合理性からは説明のできない分野は，政治過程や国民参加のプロセスに委ねざるをえない。行政は市場友好的ないし促進的でなければならないが，同時に，市場や民間企業からのシグナルと警告を受け止め，自らを不断に見直し改善し続ける仕組みが要請される。政治と行政は市民社会に対してナショナル・ミニマムのサービスを提供する責任を負っているが，併せてこれからのフィードバックを受容し，市民社会の構成員が広く市場経済活動に参加できるような環境を整備する役割を担っている。グローバル化とローカル化の同時進行という混沌のなかで，効率と平等との両立を目指すためには，マクロからミクロへの連続した場において，行政と政治，市場，市民社会との好循環を実現する，新しいガバナンスのあり方が求められているのである。

5　触媒としての国際協力の役割

本章では，国際協力のフロンティアとして，途上国のオーナー

シップ，援助の補完性と政策・制度改善の重要性，それを支える途上国社会に根ざしたガバナンスのあり方について，効率と平等の両立という目標への道筋を，政府・市場・市民社会の相互関係に重ね合わせる視点から考えてきた。それでは，これらを支援する国際協力の役割とはどのようなものであろうか。

5-1 日本の経験・教訓・知見の伝達

まず，途上国の政策や制度を改善するために，日本の官民を含めた経験・教訓・知見を伝えることが挙げられる。日本では「知的貢献」とか「政策支援」と呼ばれる。ただ，これを効果的ならしめるためには，いくつかの前提条件が満たされる必要がある。第1に，政策・制度面での提言の材料になるのは日本自身の経験であるが，経済構造や発展段階の異なる現在の途上国にとって，参考になるのは必ずしも日本における最新の経験ではない。100年前，50年前の出来事が参考になることも多い。先進国はともすれば，規制緩和や民営化など今自国で起こっていることを途上国にもそのまま当てはめがちだが，途上国社会の実相をよく観察してみればそれが的外れで，先進国の過去の経験と矛盾していることがしばしばである。もちろん，日本の過去の経験をノウハウとして整理することは，決して簡単なことではない。

第2に，過去ないし現在の経験を紹介すればそれで役に立つかといえば，そうではない。単なる紹介は昔話や自慢話にすぎない。むしろ，日本の開発プロセスにおける政策経験から当時の固有事情を削ぎ落とし，他国にとって何らかの参考になるよう体系化・一般化を試みること，成功だけでなく失敗の原因も論理的に分析し，教訓を明らかにすることが求められる。

第3に，現在の途上国が置かれている立場やその歴史的背景，国土の姿，国内の政治・経済・社会状況，国際環境，将来の見通

し，国民の希求などは千差万別である。したがって，知的貢献が可能となるには，相手国の課題や分野についての十分すぎるくらいの理解が不可欠で，現在の政策・制度に至った経緯を含め特殊事情を，謙虚な姿勢で分析する必要がある。この理解なくして安易に日本や他国の経験を一般化して相手国に適用しようとすることは，「ワシントン・コンセンサス」に基づく画一的で非現実的な政策条件の押付けと大差ない。近年，「ワシントン・コンセンサス」への代替として「東アジア型開発モデル」が唱道されることがあるが，これなども思い込みによる新たなドグマにならないように注意深い取扱いが望まれる。また，日本の技術の「完璧主義」や「潔癖性」を押しつける結果になっていないかについても，注意が必要である。

　第4に，それぞれ固有の事情を持つ途上国自身の政策当局者，専門家，研究者，社会活動家，民間企業家などの参画を仰ぎ，彼らの意見にまず耳を傾けるべきである。これが日本側のより深い理解を可能にするとともに，途上国側の政府や政府以外の主体を含めた参加による自助努力を喚起し，さらに，議論や調整の結果としての政策提言内容の実行・実現を容易にする。「日本の経験」を検討する機会がきっかけとなって，相手国の政治・行政・市場・市民社会の関係が活性化し，それに基礎を置くガバナンスの強化につながることが望ましい。

　第5に，日本だけでなく，当該途上国と同様の課題に直面している，あるいは比較的最近直面した別の途上国の経験・知見を参考にすることも有効である。先行した途上国の事例を，日本が仲介者となり日本の経験とともに議論の材料として提供する。先行途上国は，自らの経験を他国に伝授・移転することを望んでいる場合が多い。日本はそれを後押しすることになる。さらに，別の途上国ではなく，当該国の別の場所や別の機関・自治体に先行

事例が存在することもあり，これを「発見」して活用することも貴重であろう。

　第6に，政策や制度に対する知的貢献は，日本などの経験・教訓を踏まえた，調査や議論に基づく提言の形をとることが多いが，提言は明確で，ある程度思い切った内容であるべきだろう。提言は所詮提言であって，これをどう実現するかは当該途上国の自己責任である。提言内容を押しつけたり，提言の受入れを援助供与の条件にしたりしてはならない。それはオーナーシップを損ない，結果的には，改革をその社会に根づいたものとはしない。対話と相互理解によって，政策・制度改善を自主的に達成してもらおうとするのであるから，たたき台としての提言内容は方向性のはっきりしたものである必要がある。曖昧なままでは，途上国内での官民を含めた侃々諤々たる議論を巻き起こせないからである。

　第7に，政策支援は，提言が相手国に受け入れられ採用されただけでは十分でない。それが実行に移され，改革の成果が国民に感じられなければならない。改革は変化をともない，変化は必ず何らかの痛みをもたらす。その痛みを上回る便益がより多くの国民に早く及ばなければ，改革への支持基盤は失われてしまう。ある国の政策や制度を改めて，それが経済成長やより公平な分配に結びつくのはたやすいことではないが，知的貢献や政策支援は，その効果の発現までも側面的に支援してこそ意味あるものとなる。提言の内容を実現可能なものとするだけでなく，短期的施策と長期的施策に分け，短期的施策の成果を早く国民に見せて支持を得，長期的施策の実行につなげる，政策支援を単独で行うのではなく資金協力を併せ行い，途上国政府が変化の果実を国民に着実に示せるよう協力するなどの工夫が重要である。

5-2 資金や技術の移転

 国際協力の第2の役割は，当然のことながら，対象開発事業による実際の資金や技術の移転である[7]。これによって，途上国の投資・貯蓄ギャップを埋め，予算配分をより望ましい方向に誘導し，技術革新による生産性向上を図ることが可能となる。現実の開発事業の実施がなければ，いかなる経験も知見も政策も，途上国の一般国民にとっては空理空論にすぎない。改革にともなう便益を，目に見える形で提示しなければならない。また，実践がともなわなければ，政治・行政・市場・市民社会を巻き込んでガバナンスを変化・改善させる契機もつかめないであろう。

 政策・制度，技術水準，組織能力，どのような意味であれガバナンスなどが改善しない限り，資金協力をしても無駄になるので，まず改善させるべきだ，それまではカネを渡すべきでないといった議論がある。とくに，途上国政府の行政組織が，汚職や非効率を理由に槍玉に挙がることが多い。たしかに，これらを理由に大規模な資金協力に慎重になるべき場合がないわけではない。ただ，この「途上国政府悪者・無能力論」は，本当に実証的に裏づけられているのだろうか。途上国の政治と行政との関係，きわめて限られた予算，低い給与等による優秀な人材の民間や海外への流出，当該国の現実を無視した外国ドナーの要求，未成熟な市場や市民社会など，行政を取り巻く諸制約を理解し，十分考慮に入れたうえでの客観的な判断だろうか。日本を含む先進国においてつい最近まで行われていたこと，今なお行われていることを忘れて，援助を受ける立場の途上国をいたずらに非難してはいないだろうか。途上国行政の欠点を次々と見つけ出しては，「さらに能力開発が必要」といつまでも言い続けてはいないか。行政の質の向上のためと称して急速な改革や民営化を要求し，かえって国民への行政サービスを大混乱に陥らせているのではないか。

国際協力の現場で途上国政府の官僚たちと出会うとき，彼ら彼女らの祖国の発展と国民への貢献とに対する高い志に感銘を受けることがしばしばである。この点は先進国の比ではない。途上国の行政に改善すべき余地が多くあることは論を待たない。よりいっそうの市民社会や民間からの圧力やインセンティブも重要である。ただ，行政能力の強化や行政に携わる人材の育成は，開発事業の実施を通じた長年の試行錯誤によってこそ可能となる。実施をともなってこそ，現行の政策・制度上の問題点，政治・行政・市場・市民社会の間のコミュニケーション不足，各主体にとってのインセンティブの欠如，ガバナンスの課題，効率と平等の両立の難しさ，国民の不満と希望などが明らかになり，改革の重要性がいっそう認識されるのである。国際協力の対象事業が，現実に資金や技術を移転しつつ，成果を生む改革へのモデルとなることが理想だろう。

5-3 触媒機能

　提言や資金・技術の移転という形をとる国際協力の第3の，そして最も重要な役割は，政策・制度にかかわる議論の「場」を設定し，そこに一石を投じて政治・行政・市場・市民社会の相互作用や対話を促進することである。「触媒機能」といってもよい。幅広い主体の参加による改革への議論は，コンセンサスを得るのに一定の時間を要する。利害を異にする参加者の間の対立が，時間を経るに従ってエスカレートする怖れもある。時間をかけて議論しているうちに，改革へのモメンタム（勢いある方向性）が見失われてしまう怖れもある。十分議論を尽くしたつもりでも，いざ実行となれば軌道修正を迫られる可能性もある。国際協力に求められているのは，外からの知恵や支援を材料にしつつ「内なる知恵やリソース」を引き出して，参加による議論を刺激しつつ対

立ではなく融和を目指し，粘り強くしたたかに対話の「場」を設け続けることである。こうしてはじめて，国際協力の担い手の控えめだがはっきりとした「顔」も見えてくる。

筆者らはかつて，ガバナンスに関して，「途上国の欠点を指摘して改善を求めるのではなく，途上国社会の歴史・文化が育んできた長所・強みを掘り起こして活用する」ことの重要性を指摘し，①効果的な問題解決を導く「アート」に注目する，②インフォーマルな「公」を活用する，③成果を生んでいるコミュニティの秘密を探る，という3つの視点を挙げた。これはドナーの従来の論理からの脱却であり，「途上国の知的資産を体系化し発信するために，途上国と国際援助社会が共同作業する」ことでもある[8]。

援助を含む国際協力が効率的・効果的に行われるには，途上国側のアクターとしてのオーナーシップとガバナンスが不可欠である。他方，オーナーシップやガバナンスを高めるためには，国際協力が一定の触媒機能を果たす。にもかかわらず，途上国の開発の現場の複雑さを十分に把握することなく，市場経済や政治の冷徹な論理を理解しないまま，途上国政府が制約のもとでオーナーシップやガバナンスを高めようと懸命に努力しているのを軽視して，情緒的かつ性急に援助や開発を無効と決めつけてしまったり，特定国への援助を懲罰的に削減すべきとする論調や実践の何と多いことであろうか。

国際協力と途上国のオーナーシップやガバナンスとのかかわりを考えるに当たっては，過去数百年に及んだ現在の先進国の長い開発の歴史と教訓を踏まえつつ，途上国の制約条件や長所・強みを正しく評価し，グローバル化や市民社会の台頭という未曾有の変化を考慮に入れ，謙虚な態度で忍耐強く途上国とつき合っていく覚悟が必要である[9]。途上国の固有のものに時代に合った柔軟性を与え，内発的で優れたものを顕在化させる，途上国の限りな

い潜在力を解き放つ，価値中立的な触媒としての役割こそ真のパートナーにふさわしい。それが，途上国を含む国際社会において，効率と平等の両立を目指し，開発の質を高めて社会正義を実現する道であろう。国際援助社会の「グローバル・スタンダード」的なものに惑わされることなく，日本の国際協力が追求すべき方向である。

〈注〉
1) 辻一人「開発とは何か？――開発研究序説」『OECF 調査季報』海外経済協力基金，1984 年 3 月。
2) 下村恭民編『アジアのガバナンス』有斐閣，2006 年，4-5 頁。
3) 下村恭民「ガバナンス，経済発展，援助」『開発援助研究』第 5 巻第 4 号，63 頁。
4) Anatol Lievan, "'Freedom' Means More than the Right to Vote," *Financial Times*, Jan.26, 2007; Interview with World Bank Vice President Michael Klein: "Some Capacities for Taking the Next Step Are Always in Place," *Development and Cooperation*, July/August 2008.
5) 下村編・前掲書，45-56 頁。
6) 辻一人「インドにおけるガバナンス改革」下村編・同上書，127-158 頁；D. W. Brinkerhoff and B. L. Crosby, *Managing Policy Reform: Concepts and Tools for Decision-Makers in Developing and Transitioning Countries*, Kumarian Press, 2002; 国際協力機構（JICA）の「JICA におけるガバナンス支援――民主的な制度づくり，行政機能の向上，法整備支援――調査研究報告書」（2004 年 11 月）では，ガバナンスを「ある国の安定・発展の現実に向けて，その国の資源を効率的に，また国民の意思を反映できる形で，動員し，配分・管理するための政府の機構制度，政府・市民社会・民間部門の間の協働関係や意思決定のあり方など，制度全体の構築や運営の形」と，定義することを提案している。
7) JICA の「キャパシティ・アセスメント・ハンドブック」（2008 年 9 月）によれば，技術協力の目的は，途上国の課題対処能力が個人，組織，社会などの複数レベルの総体として向上していくプロセス（キャパシティ・ディベロップメント）を支援することにある。これは，第 5 章第

5節で述べた人的資本へのインプット，全要素生産性の向上，本章第4節で述べたガバナンス，第5節の知的貢献などすべてにかかわっていると考えられる。
8) 下村恭民・辻一人・城山英明「内発的発展を支えるガバナンスの改善を求めて」下村編・前掲書，228-243頁。
9) Alan Beattie, "Spend Political Capital Not Aid Dollars on Africa," *Financial Times*, June 1, 2007.

〈読者への推薦文献〉

国際協力事業団『参加型開発と良い統治』（分野別援助研究会報告書），1995年

下村恭民編『アジアのガバナンス』有斐閣，2006年

八木澤高明『ネパールに生きる――揺れる王国の人々』新泉社，2004年

ラピエール，D.（長谷泰訳）『歓喜の街カルカッタ』河出書房新社，1992年

第3部

国際協力の主要なアクター

青年海外協力隊員に縫製を習う,ラオス青年同盟ビエンチャン本部の服飾コースの生徒。技術を身につけることで就業を目指している(2014年,ラオス) 写真提供:今村健志朗／JICA

第9章　グローバル・ガバナンスと開発

1　グローバル・ガバナンスと国際開発援助体制

1990年代には，さまざまな「グローバル・イシュー」(global issues, グローバルな課題) が登場し，またその重みを増してきた。

経済のグローバル化が進行する一方で，1990年代を特徴づける国際政治上の最大の出来事は，何といっても冷戦の終焉であった。東欧にはじまる社会主義体制の崩壊にともなって，西側諸国が旧社会主義国の市場経済や自由主義体制への移行を支援することが大きな課題として登場した。他方で，米ソ冷戦の枠組みの崩壊にともなって，世界各地で地域紛争が多発し，紛争後の復興や「破綻国家」への国際的介入と支援が，国際社会全体の課題として重要視されるようになった。そして，それに対する対応として，国連平和維持活動 (Peace Keeping Operations: PKO) など国連の枠組みを使った対応とともに，経済支援の枠組みとして，世界銀行・国際通貨基金 (IMF) やG7がその中核を担うようになった。

また，1990年代に入り，途上国への援助や開発にあたってますます重視されてきたのは，地球環境への配慮である。熱帯雨林の伐採，酸性雨，大気中のCO_2増加，オゾン層の破壊等は地球

環境全体にかかわる問題であり，それは人類の社会経済生活全体を悪化させる可能性のあるものであるとの認識が高まり，国際的な規制を強める方向にある。地球環境は典型的な「国際公共財」であり，地球全体の公的な利益のためには，各国の協調行動が必要となる[1]。

これらのグローバルな課題に国際社会の主要国がより熱心になったのは，1990年代以降であるといえよう。その背景には，冷戦が終わったことによる国際的な戦略的関心および利害の変化と，グローバルな課題に共同して対処しようとする認識が強まってきたことなどが挙げられよう。90年代以降の開発の課題は，市場経済への移行，民主化，地域の安定・復興，地球環境の保全等に限られるものではないが，これらいずれの課題においても，世銀や国連に代表される国際機関を中心に，国際社会が共同して対処しようとする動きが強まってきたことは否定できない。こうした動きが，近年「グローバル・ガバナンス」への動きとして，さまざまな研究の対象にもなっている。「グローバル・ガバナンス」とは何かについては，すでに，さまざまな概念整理や，個別のイシューを取り上げた事例研究がなされているので，詳細はそれらの業績にゆずることにし[2]，以下では国際開発援助に関する国際機関を中核とする国際協調（パートナーシップ）体制の進展強化に関して整理しておくことにしよう。

1-1 「国際開発援助レジーム」——その概念と範囲

まず以下で，国際開発援助体制について論じる前に，「体制」（あるいは制度）「レジーム」「グローバル・ガバナンス」および「グローバル化」（あるいはグローバリゼーション）の定義について説明しておくことが必要であろう。

本章では，「国際開発援助体制」を，「ある問題領域における秩

序および規範やルールの体系」という意味で,「レジーム」ととらえる[3]。一方,「グローバル・ガバナンス」は,1つの問題領域にとどまらず,「いくつかの問題領域を横断して存在する地球規模の秩序および規範とルールの体系」と理解することができる。国際開発援助体制は,開発援助が地球規模の課題の1つとして焦点を当てられるようになり,また各国が共通の方針で共同して対処する「パートナーシップ」を形成する側面が増大しているという意味で,グローバル・ガバナンスの方向への動きの一部を構成している。

周知のように,開発援助は,贈与(grant)による無償の援助と,政府開発援助(ODA)のカテゴリーに含まれる譲許的な融資(金利が低く返済期間が長く援助的色彩の強いもの)に分けられる。本章で,「国際開発援助レジーム」と称するのは,この両者を含んでいる。また,援助・融資機関としては,世銀や国連関係組織のような国際機関によるもの(マルチ)と,二国間のドナー(援助国・機関)によるもの(バイ)に分けられ,このいずれをも含む。

本章のなかで「国際開発援助体制」として取り上げるのは,「主要なドナーを中心とする,ある特定の開発思想とアプローチが,他のドナーにも影響を与え,そこに共通の規範とルールに基づく枠組みが形成されて,他のドナーもその規範とルールに則って援助・融資を行うような制度」である。

最大の問題の1つは,そうした「国際レジーム」,すなわち,多くの国際機関や二国間ドナーを全体として拘束する「規範とルール」が,援助や開発支援の分野で本当に成立しているのか,その拘束が及ぶのはどの範囲なのか,たとえば二国間ドナーもそれに従うのか,多くの主体のなかには違う規範とルールに基づいて援助・融資を行う機関があるのではないか,といった点である。

後述するように，とくに第2次世界大戦後初期は，アメリカが単独で独自の外交的・戦略的観点から多額の援助を行っており，世銀や国連開発機関は，多く存在するマルチ・バイのドナーの1つにすぎなかった。その後，他の先進国が二国間ドナーとしてその援助を拡大していくが，その時期にも，世銀や国連は世界の中核的な開発機関ではあったが，それでも多くのドナーの1つにすぎなかったといえよう。逆にいえば，日本をはじめ各国は，国連や経済開発協力機構（OECD）の開発援助委員会（DAC）等を舞台に途上国援助に関する協調を深めていったが，基本的にはそれぞれ独自の「国益」観に基づいて途上国への援助を行っていた。

　国際社会で，たとえば世銀・IMF を中心とする「構造調整融資」の枠組みのように，ある種の共通の規範・ルールに基づいて援助・融資が行われるようになるのは，主として 1980 年代以降である。それも，最初から，すべてのドナーがその規範・ルールを共有したわけではなく，その影響の及ぶ範囲が徐々に拡大して今日に至っているというべきである。その意味で，第2次世界大戦後の貿易に関する「GATT（あるいは WTO）レジーム」や国際通貨に関する「IMF レジーム」が，当初から西側世界全体を規定する本格的なレジームとして成立し，その内容が時代に応じて変容してきたのとは異なり，「国際開発援助レジーム」は，かなり緩いシステムから徐々に強力なレジームが形成されてきたものととらえることができよう。

　したがって，本章での議論・分析も，1980 年代後半以降の時期が中心となるが，この時期の変化をみるためには，第2次大戦後の国際開発援助体制の変容を概観しておく必要があろう。これまで，今日に至るまでの戦後の「国際開発援助レジーム」を体系的に整理する試みはなされてこなかったので，まず，以下でそ

の変化を概観しておくことにしよう。

1-2　第2次大戦後の「国際開発援助レジーム」の制度化

　国際貿易や国際通貨をめぐるレジームと異なり，「国際開発援助」に関しては，それがイシューとして登場すること自体が，第2次大戦後のことである（国際貿易や国際通貨に関する国際レジームは，世界経済史と同様，1000年以上の歴史がある）。

　第2次大戦前は，現在の発展途上地域の大部分は欧米列強の植民地であり，いわゆる「南北問題」は宗主国と植民地との関係であった。戦前において，現在の発展途上地域に対して経済的・財政的支援を与えることは，当時の欧米列強の活動に見出されるが，それは植民地経営のためであったり，商業的な性格のものであったりして，いわゆる途上国援助とは異質のものであった。

　たとえば，18世紀のイギリスと西インド諸島・西アフリカのイギリス植民地との貿易と資金と労働力の流れは，いわゆる「三角貿易システム」としてとらえられ，また，19世紀の西欧列強によるアジア・アフリカの植民地への投資と貿易関係は，いわゆる「帝国主義システム」としてとらえられる。しかし，これらは今日の開発援助体制とは大きく異なるシステムであることは，説明の必要がないだろう。

　第2次大戦終了後，それらの国々は次々と独立していき，そこではじめて「国際開発援助」の歴史が始まる。国際開発援助の歴史を振り返ると，それは，発展途上地域が先進国の植民地から脱して独立していった第2次大戦後に始まり，その後の開発援助の歴史は，一般に，ほぼ10年ごとに次の6つの時期に区分される[4]。

　①第2次大戦後から1960年頃まで：東西冷戦下で第三世界を自陣営に取り込むための米ソの援助競争が激化した時期。

表 9-1 国際開発援助レジームの展開過程

時期区分	レジーム形成の度合い	主たるアクター	理念および規範・ルール
① 1945-60 年	国際開発援助体制の成立	アメリカ、世銀	西側資本主義世界の復興
② 1960 年代	途上国世界の拡大、各ドナー・国際機関の体制整備	アメリカ,国連,世銀,DAC,他の二国間ドナー	南北問題の認識と先進国の責務の意識
③ 1970 年代	世界経済システムの変動——国際開発援助体制のあり方の模索	アメリカ,国連,世銀,DAC, G 77(途上国グループ)	南北対立(NIEO の要求),ベーシック・ヒューマン・ニーズの重視
④ 1980 年代	構造調整レジームの成立(部分的)	世銀・IMF, 国連,主要な二国間ドナー(とくに G 7)	自由主義的構造改革,コンディショナリティ
⑤ 1990 年代	構造調整レジームの世界的拡大、地球的課題への共同対処	世銀・IMF, 国連主要な二国間ドナー(とくに G 7)	構造改革(市場原理と開放体制),コンディショナリティ,共通の価値(民主化・環境等)
⑥ 2000 年以降	MDGs の設定と PRSP 制度の普及拡大、地球的課題への共同対処(パートナーシップ体制)	世銀・国連を中心とするパートナーシップ、主要な二国間ドナー,途上国政府, NGO	貧困削減とガバナンスの重要性,改革努力と援助のリンケージ,共通の価値と手続き(パートナーシップ体制)

② 1960 年代:アジア・アフリカで多くの新興独立国が誕生し,東西問題に代わって「南北問題」が注目され,第 1 次「国連開発の十年」と位置づけられた時期。

③ 1970 年代:2 度の石油危機に代表されるように,資源を有する第三世界の発言力が高まり,「新国際経済秩序」(New International Economic Order: NIEO)の樹立要求など,南北の対立が激化した時期。

④ 1980 年代:中南米をはじめ途上国の累積債務問題が顕在化し,世銀や IMF の「構造調整」が本格化した時期。

⑤ 1990年代：冷戦が終了し，旧社会主義国の市場経済への移行，民主化・人権，地域紛争や難民問題，地球環境問題など，いわゆる「グローバル・イシュー」が重視されてきた時代。

⑥ 2000年以降：重債務貧困国（HIPCs）の債務帳消しが唱えられ，その対応として貧困削減戦略文書（PRSP）が義務づけられるようになった。他方でミレニアム開発目標（MDGs）が設定され，MDGsとPRSPを中核として，開発をめぐるパートナーシップ体制が強化されてきた時期。

以下で，「国際開発援助レジーム」がどう変遷してきたかという観点から，それぞれの時期の概略を再整理してみよう。

これまで概観してきたように，第2次大戦後成立した国際開発援助レジームは，次第にレジームとして制度化が進んできた。**表9-1**は，国際開発援助レジームの前史から今日のパートナーシップ体制が強化される時期に至るまでの展開の要点を，レジーム形成の度合い，主たるアクター，理念および規範・ルールのそれぞれについて整理したものである。

2　国際開発支援の基本的枠組み

2-1　国際支援の中核を担う2つの国際機関
　　――世界銀行と国連開発機関

国際開発支援の体制には，いくつかの主要な柱が併存している。国際開発の歴史を振り返ってみても，世界の開発論は，第2次大戦後，決して一本の流れできたわけではない。たとえていえば，数本の流れがぐるぐるまわりながら進化してきた。その数本という場合，大きな一本は世銀を中心とする開発論であって，もう一本が国連グループを中心とする流れであるといえよう。世銀は，冷戦後の国際開発の分野で熱心にイニシアティブをとろうと努力

している国際機関の1つであり，他方，国連グループも，冷戦が終わって新しい大きな役割が求められる国際状況のなかで，その役割を模索・拡大してきた。

この世銀と国連という2つの流れは，双方ともに大きな影響力を持っているが，それぞれの国際組織のあり方と関連して，互いに大きな傾向の違いがあったことも否定できない[5]。以下で，世銀と国連という二大国際機関のそれぞれについて，その組織体制と開発思想について，整理しておくことにしよう（**表9-2**参照）。

◆**ブレトンウッズ機関（世界銀行・IMF）**

1950年代，60年代の世銀の開発論は，いわゆるビッグ・プッシュ（big push）論，すなわち経済成長を押し上げることを主たる目的とし，トリクル・ダウン理論（trickle down theory），すなわち経済成長を全体として進めることによって，その成果が個々人にも均等に降りてくるという前提に基づく単純な議論であった。しかしやがて，一国が成長してもその果実から取り残される貧困層が多数出てくるという現実を踏まえ，「ベーシック・ヒューマン・ニーズ」（Basic Human Needs: BHN）アプローチ，すなわち教育・保健・医療・水の確保といった生活の基本的必要に応えるべきだという考え方が，とくに70年代後半に強くなるのである。さらに，80年代になると，いわゆる「構造調整」が始まって，再び新古典派的な開発論が世銀の開発アプローチの主流になり，加えて90年代になって，ガバナンス，すなわち政府の質や制度のあり方を問うような考え方が強く出てきている。

また，第2次大戦直後に本来は国際通貨の安定を目的として設立されたIMFが，発展途上地域への開発資金の融資をその重要な業務としはじめたのも，1980年代後半からであり，とくに国際金融支援にあたってのIMFの役割は大きい。世銀・IMFが

中核となった開発支援の枠組みとしてとりわけ重要なのが，80年代に発展途上地域の累積債務問題の顕在化とともに，世銀・IMFが中心となって進めていく「構造調整融資」(Structural Adjustment Lending: SAL)である。世銀は80年に構造調整融資を開始し，IMFは86年に「構造調整ファシリティ」(Structural Adjustment Facility: SAF)の枠組みをつくった。これらは，国際収支の赤字に悩む途上国に対し低利の融資を行い，その代償として，緊縮財政・金利の引上げなど緊縮政策を課しながら，貿易・金融・投資に関して開放体制をとらせる政策（これらがいわゆる「コンディショナリティ」となる）をとるものである。その後，世銀は「セクター構造調整融資」(Sector SAL)，IMFは「拡大構造調整ファシリティ」(ESAF)の枠組みもつくり，今日こうした支援は全体として「開発政策融資」(development policy loan)と呼ばれるようになっている[6]。

◆**国連開発グループ**

一方，開発に関連する国連機関は数多い。国連の経済社会理事会に所属する専門機関として，国連開発計画（UNDP）をはじめ，世界保健機関（WHO），国連高等難民弁務官事務所（UNHCR），国連児童基金（UNICEF）等が存在する。

国連の総会では一国一票制度をとっており，1960年代以降，多くのアジア・アフリカの新興独立国が国連に加盟したことにより，総会では，途上国の利害や意見を反映した決議が多く出されるようになった。70年代の国連貿易開発会議（UNCTAD）では，先進国に有利な国際経済の仕組みを改めるべきだとする「新国際経済秩序」の樹立や，「天然資源の恒久的主権」が第三世界を中心とする資源国にあるとする宣言など，途上国の発言力の高まりを背景とした多くの決議，宣言が出された。

また，開発に関連する国連機関は，国連の組織のあり方とも関

表 9-2　近年の開発論の潮流と支援アプローチ

主体	国連機関		ブレトンウッズ機関	
	UNDP	UNHCR	世界銀行	IMF
開発理念の流れ	人間開発　　　　　紛争・難民 平和構築 人間の安全保障		貧困削減の重視　マクロ経済運営 inclusive growth	
政策理念 意　義 具体化 アプローチ	人間の安全保障 共通の目標・規範 MDGs（目標設定） 規範的アプローチ		CDF（包括的開発フレームワーク） ドナー間の役割分担 SWAP（セクタープログラム） 実務的アプローチ	
制度的枠組み 制度化の度合い	コモンプール 共通基金への各国の拠出 部分的成立（特定の信託基金，等）		PRSP 経済社会計画のモニター 制度の定着化（全 IDA 対象国）	
重点分野	社会開発　　　　　人道支援 人間開発　　　　　難民支援		地方開発　　　　資金面での支援 制度づくり	
操作概念	住民参加，エンパワーメント 能力開発　　　　　ガバナンス改善		コミュニティ開発，社会的保護 　　　　　　　　制度能力強化	

連するが，基本的には社会開発や貧困対策に重点があり，また場合によっては途上国側のスタンスに立った議論が強い時期もあった。たとえば，1970年代は，「従属論」（dependency theory）的な議論が強くなったし，80年代は，構造調整の影の側面である貧困層に焦点を当てた社会開発を重視していた。これが，90年代の国連による「人間開発」重視の考え方につながっていくのである。今日でも，国連の開発における役割は大きく，しかもその重点は世銀・IMF が軽視しがちな社会開発や「人間開発」に置かれており，依然として世界の開発思想や論議の1つの中核を形成している。

2-2　国際機関を中核としたドナー間調整の進展

1990年代以降，国際開発の世界で頻繁に使われるようになっ

たいくつかの概念,たとえば,「グッド・ガバナンス」「人間開発」「人間の安全保障」といった概念はいずれも,冷戦後の国際秩序づくりのなかで出てきた議論であるが,丹念にその言葉の使い方と出所を見ていくと,国際機関ごと,国ごとに,その定義と重点の置き方に違いがあることがわかる。実際,国際開発の世界でも,国際機関の間,あるいは各国間で,主導権争いや相互の影響の及ぼしあいが見られる。

世銀は,冷戦後の国際開発の世界できわめて熱心にイニシアティブをとろうと努力してきた国際機関の1つであり,他方,国連グループは,もともと世銀とはまた別の大きな流れとして開発論をリードしてきたグループである。また,それとは別に,主として二国間援助の援助政策調整機関としての役割を果たしてきたDACも,さまざまな国際開発の方向性を示す提言や報告書を出している。

いずれの国際機関も,以前にもまして大きな影響力を持つようになっているが,これらの国際機関が近年推し進めている焦点の1つは,ドナー間のより緊密な政策調整である。

とりわけ2000年前後を境に,国際援助調整の枠組みは格段に強化されるようになってきた。そうした援助調整の中核になってきたのは,やはり国連,世銀,OECD/DACである。それぞれの動向を以下で順に整理してみよう。

◆国連とミレニアム開発目標(MDGs)

国連諸機関の効率化論議はかなり以前からあるが,近年その改革の機運は高まっており,いくつかの具体的な改革も進められてきた。1997年には「国連の再生」報告書が出され,国連開発グループ(UNDG)の設立が合意され,それら機関の共通の開発フレームワークとしての国連開発支援枠組み(UNDAF)の導入・形成がなされた。

また，国連諸機関に関する効率化論議を方向づける国連事務総長の諮問機関の代表的なものが，「一貫性ハイレベル・パネル」である。このハイレベル・パネルは，2004年に，国連改革に向けた議論のたたき台として「脅威・課題・変化に関する国連事務総長ハイレベル・パネル」報告書を提出した[7]。この報告書を受けて，国連事務総長は2005年に *In Larger Freedom* を刊行し，そこで「平和構築委員会」の意義とそれが紛争終結後に果たすべき活動について言及している[8]。国連改革をめぐるハイレベル・パネルの議論の最終版というべきものが，06年に出された *Delivering as One* 報告書である。この報告書は，国連諸機関の重複をできるだけ避け，その間の調整を効率的に行うことによって，"one leader, one program, one budget, one office" の方向に持っていくことを提案している[9]。現実にはそのような構想は完全には実現していないが，UNDGの現地での中核的な役割を，UNDPがレジデント・コーディネーターとして果たしたり，UNDGの現地事務所を統合するなど，効率化が進んでいる。

　また，2000年に設定されたMDGsは，1990年代半ば以来の数値目標の議論の集大成ともいえる。MDGsは，最終目標（2015年）だけでなく毎年のモニタリング指標でもある。またMDGsは援助協調メカニズムの中核としての役割も担っており，各国ごとのMDGsが設定され，それ自体がモニタリング指標であるとともに，UNDGが各国の開発計画に関与していく際の取っかかりともなり，ドナー支援の努力目標ともなってきた。

　2015年以降の開発目標については，12年の国連持続可能な開発会議（リオ＋20）を踏まえて，13年9月には国連総会で「ポスト2015年開発目標」に関するハイレベル本会議が開催されるなど，多くの関連主体を巻き込みながらさまざまなフォーラムで議論が進められ，2015年にはMDGsに続く開発目標として持続

可能な開発目標（Sustainable Development Goals: SDGs）が策定された。

◆世界銀行と PRSP

一方，世銀は，1998年頃から包括的開発フレームワーク（Comprehensive Development Framework: CDF）を提示し，これをもとに，マクロ経済から，インフラ建設，社会開発，貧困削減，ガバナンスなど，あらゆる開発の課題を1つの枠組みのなかでまとめ，国際機関や各ドナーがそれぞれの比較優位のある分野を中心にしながら密接に協力し相談しつつ，途上国側の開発戦略を練り，支援をしていくことを主張してきた。これは単なる構想や概念にとどまらず，実際に多くの途上国で，ドナー間のさまざまな作業グループ会合が開催されるようになっており，また途上国側には，さまざまな開発の課題をCDFのマトリックスに対応した形でまとめた開発計画案の作成が求められるようになっている。これがより具体的な形で結実したものがPRSPである。世銀はPRSPを通してCDFを実現したともいいうる[10]。

多くの途上国でPRSPを中核に各ドナーが支援するようになっており，PRSPは事実上世銀がチェックすることになっているという点で，世銀主導のメカニズムであるということもできる。また，国連開発会議で設定されたMDGsと，世銀が主導したPRSPとは，2001年に，UNDPと世銀との組織間で，開発目標としてのMDGs，それを達成する手段としてのPRSPということで合意がなされ，それ以来，このMDGsとPRSPとを国際支援の中心的枠組みとするパートナーシップ・アプローチが強化されてきた。MDGsとPRSPプロセスとの連携により，この支援枠組みの影響力は拡大しており，援助協調と開発計画の中核になっている。分野によってはセクターワイド・アプローチが進展（教育・保健医療等）し，こうした傾向が進展するなか，ドナーに

よっては財政支援を重視(援助のプログラム化)するような動きも進んできた。

また,世銀が当時のウォルフェンソン総裁のもとで,1997年から公式に貧困削減を組織目標として設定し,社会開発分野への支援にも本格的に関与しはじめたことから,近年は急速に世銀と国連開発機関との業務のオーバーラップが生じてきている。また,世銀は2002年に国際開発協会(IDA)第13次増資交渉において,20％まで贈与での支援を可能とし,さらに05年のIDA第14次増資交渉において,その比率が50％まで高まった。その結果,低所得国に対しては全額贈与での支援も可能となったことによって,その傾向はますます高まっている。

◆ OECD / DAC と援助効果宣言

一方,OECD / DAC は,主要援助供与国の間で共通の援助指針形成の努力を行ってきた。たとえば,1990年に「1990年代の開発協力」報告書を提示し,市場経済の拡大と幅広い民衆の開発過程への参加(「参加型開発」)に基づく持続的な経済成長を提言した[11]。また,96年5月に「21世紀に向けて——国際協力を通じた貢献」と題する提言書,いわゆる「DAC新開発戦略」を作成したが,そこでは,発展途上国の自助努力(オーナーシップ)を支援する先進援助国・国際機関の間の協調(パートナーシップ)が重視されている。また,そこでは,単に国家(政府)間の協調だけではなく,開発に関連するあらゆるレベルの政府機関,民間,NGOを包括的に含んだ形のパートナーシップが強調されている。

2000年以降,国際援助協調が進むなかで,03年には「ローマ調和化宣言」を採択し,04年には「マラケシュ開発結果マネジメント円卓会議」を開催し,05年に第2回援助効果向上ハイレベル・フォーラムを開催し,「援助効果にかかるパリ宣言」(2005

表 9-3 1990 年代後半以降の国際援助調整の展開過程（略年表）

年	国連機関	世界銀行	OECD／DAC
1994	「開発への課題」報告書		
1995	国連世界社会開発サミット（コペンハーゲン）		
1996		ウォルフェンソン新総裁，貧困削減を重視	DAC 新開発戦略（21世紀に向けて）
1997	「国連の再生」報告書－UNDG 設立・UNDAF 導入		
1998		Assessing Aid－援助効率化と「選別」を主張	
1999		包括的開発フレームワーク（CDF）提示	
2000	ミレニアム開発目標（MDGs）の設定	HIPCs イニシアティブ PRSP の枠組み開始	
2001	MDGs と PRSP の連携で合意（UNDP と世銀の合意文書）		
2002	国連開発資金国際会議（モンテレイ会議）	IDA 第 13 次増資－支援の 2 割まで贈与化	
2003			ローマ調和化宣言
2004	国連事務総長ハイレベル・パネル報告書		マラケシュ開発結果マネジメント円卓会議
2005	人間の安全保障基金のマルチセクター，マルチエージェンシー化	IDA 第 14 次増資－贈与比率拡大	援助効果にかかるパリ宣言（第 2 回援助効果向上ハイレベル・フォーラム）
2006	Delivering as One 報告書		
2007			
2008	第 1 回国連開発協力フォーラム（UNDCF）		アクラ行動計画（第 3 回援助効果向上ハイレベル・フォーラム）
2010	MDGs 首脳会合（ニューヨーク）	中国の出資比率 6 位から 3 位に引上げ	
2011			釜山成果文書（第 4 回援助効果向上ハイレベル・フォーラム）
2012	国連持続可能な開発会議（リオ＋20）	ジム・ヨン・キム総裁就任	
2013	ポスト 2015 年開発目標に関する国連ハイレベル本会議	新たな組織改革に着手	

年3月)を発表するなど,その後も,国際援助コミュニティの間での協調体制を強化することによって援助効果を高めるべく,さまざまな努力を推進してきた。その結果,2008年には「アクラ行動計画」,2011年には「釜山成果文書」が策定された。

表 9-3 は,2000年前後を境にした,こうした国際援助協調の進展を整理した一覧表である。

◆ G7体制

また,こうした国際機関を調整役とする国際的支援の枠組みづくりにあたって,並行してG7やG5(米・英・仏・独・日)による会合が頻繁に開催され,国際経済問題について実質的にそこで多くの決定が行われてきたことを忘れてはならない。

1970年代半ばになると,世界の通貨や貿易など国際経済の運営に関するアメリカ単独の影響力は低下し,主要先進国による一種の共同運営体制というべきものが次第に形成されてくる。その1つの現れが,75年に始まる主要先進7カ国(G7:米・日・英・仏・独・カナダ・イタリア)による先進国サミットである。これは当初,変動相場制への移行に対応した国際通貨問題を協議する場として成立したが,その後,このG7サミットは,毎年1回開催され,世界経済運営に大きな役割を果たすことになるのである[12](今日,G7はロシアを含めたG8となっているが,世界経済,とりわけ開発支援分野では引き続きG7が中核であるので,ここではあえてG7と称する)。

こうしたG7の会合は,年1回のサミットだけでなく,公式・非公式を問わず年に何回も開催され,とくに国際金融・復興・開発問題に関しては,G7の財務当局(日本からは財務省・日銀)による会合の重要性が増してきている。また,G7のなかでも,G5が大きな影響力を持ち,また,そのなかで,とくにアメリカ,日本の重要性は大きい。その意味で,今日の国際経済運営の体制を,

G7体制,あるいはG5体制と呼ぶこともある。

今日,G7の主要先進国会合は,首脳会議にとどまらず,外相会談,蔵相・中央銀行会議,さまざまな事務レベル協議など,数多く開催されており,その枠組みの意義は広範囲に及ぶ。また,世銀やIMF等の国際機関は,専門機関としてそれ自体の独自性を持っているが,重要な決定に際しては理事会で決定され,そこでは,各国の出資比率に応じた各国の発言力(投票権)が確保されている。そこで,アメリカをはじめG5諸国の意向が大きな影響力を持っているのである。

ただし,近年はBRICs(ブラジル,ロシア,インド,中国の急成長しつつある新興経済圏,または南アフリカを含めたBRICS)の台頭に示されるように,G7が世界経済に占める相対的な地位や影響力は低下し,これらの新興経済圏諸国を含めたG20の枠組みづくりに向けた動きも活発化してきている[13]。また対外援助アクターとしての中国の影響力の拡大が注目されているように,欧米の主要先進国中心に形成されてきた国際開発援助体制にそれらの諸国をどのように取り込んでいくかということが,今日の大きな課題となってきている[14]。

3 経済のグローバル化と世界銀行・IMFの金融支援レジーム

3-1 経済のグローバル化

1980年代半ば以降を特徴づける現象の1つは,いわゆる「経済のグローバル化」である[15]。経済のグローバル化と世界の相互依存の進展は,近年に限らず,18世紀の産業革命の進展以降,繰り返し言われてきたことであるが,20世紀に入って以降,あるいは第2次大戦が終わって以降,経済と情報のグローバル化の進展のスピードはますます加速度的に高まっている。

経済のグローバル化（グローバリゼーション）は，「交流量の増大だけでなくアクター間の相互依存関係の深化，市場主義指向の価値の共有，市場の一体化の著しい加速化」等を含めて考える立場と，より広義に「国境を越えた経済的交流の増大，あるいは資本主義システムの拡大」と考える立場とがあり，前者はグローバル化を比較的近年の現象だととらえるのに対し，後者はグローバル化が19世紀末からの継続的現象だととらえる[16]。

本章では，経済のグローバル化を前者のようにとらえており，また，それが急速に進んだのは，1980年代の中葉以降，とくに90年代だと考えている。80年代の中葉から，先進国間の金融の自由化が進むのと並行して，多くの発展途上国においても，資本や貿易取引の自由化が進展していき，とくに90年代になって，先進国から発展途上国への民間資金の流れが急速に拡大した。物の移動（貿易）だけでなく，各国の金融面での規制緩和が進展したことによって，為替市場の取引高や株式・債券市場の取引をはじめ国際資金フローが膨大なものとなっている。途上国への資金フローは，かつては各国政府の援助や国際機関の融資など公的資金が大半であったが，90年代以降は民間資金フローが爆発的に増大している。いわゆるヘッジ・ファンドや投機マネーはその代表であり，97年以降のアジア経済危機や，98年のロシア危機，ブラジル危機を引き起こす大きな要因となったといわれている。

こうした経済のグローバル化は，国際開発援助体制とどういう関係にあるのだろうか。

1980年代には，経済のグローバル化にともなって，世銀・IMFによる構造調整の枠組みの持つ意味が大いに高まった。世銀・IMFの融資は，民間資金の「呼び水」としての役割をもともと担っていたが，世銀の融資もインフラ等の「プロジェクト融資」からコンディショナリティをともなう「プログラム融資」に

比重が移る一方,IMF が途上国の開発にかかわる度合いがいっそう高まるに従って,途上国への資金の流れの「先導役」としての重みは拡大していった。すなわち,経済のグローバル化が世銀・IMF の果たす役割を拡大させた面がある一方で,世銀・IMF それ自体が,80 年代後半から 90 年代にかけての経済のグローバル化を促進し,その主要な担い手でもあったといえよう。

3-2 移行経済支援

1990 年代には,上記のような民間資金の拡大と並行して,社会主義経済システムの崩壊により,市場経済が世界的に広がるという大きな変化があった。90 年前後の東西冷戦の終焉にともない,旧社会主義国・地域が市場経済へと転換し,世界経済は 1 つの市場という形で一体化した。これは資本主義が成立して以来,歴史上はじめてのことだといってもよい。

もとより,「資本主義世界経済」がいつ頃からどのように発展してきたかは世界経済史の大きなテーマであり,イマニュエル・ウォーラーステインの議論のように,ヨーロッパ中世以降,それがヨーロッパ世界から世界的に拡大してきたという議論が有力な議論としてある[17]。それでも,第 2 次大戦後の世界では,ソ連・東欧や中国をはじめとする旧社会主義圏は,資本主義的世界経済の世界からは切り離され,世銀や西側先進国の援助・融資の対象とは原則としてなってこなかった。1990 年前後の旧ソ連・東欧の市場経済への移行と,中国やベトナムの改革開放政策の加速によって,ようやく資本主義世界経済は文字通りグローバルなものとなったのである。

そうしたなか,冷戦後の国際開発の最大の特徴の 1 つは,東欧に始まる社会主義体制の崩壊にともなって,西側先進国が旧社会主義国の市場経済や自由民主主義体制への移行を支援するケー

スが増大してきたことである。計画経済から市場経済メカニズムへの移行は、ソ連・東欧のみならずアジアにおいても中国やベトナム、ラオス、モンゴル等において急速に進展してきた。そうした旧社会主義国あるいは改革しつつある社会主義国家の市場経済への移行の支援は、1990年代を通じて、先進諸国の共通の重要な理念となった。

理念的にも、ソ連や東欧の社会主義体制の崩壊は、計画経済の失敗と市場経済の有効性を示すものであると認識された[18]。そうした旧社会主義国あるいは改革過程にある社会主義国家の市場経済への移行の支援は、西側諸国共通の援助理念となったが、IMFや世銀もこうした市場経済化支援に重点を置いてきた。1996年の世銀の世界開発報告「計画経済から市場経済へ」は、そうした政策体系の集大成であったといえよう。世銀・IMFは、90年代の旧社会主義経済圏の市場経済への統合において最も大きな役割を果たした機関でもあり、世界経済の市場経済化（経済のグローバル化）の担い手でもあった。その意味で、経済のグローバル化と世銀・IMFを中心とする国際開発援助レジームは、相互に補強しあいながらその国際的な影響力を強めてきたといえるだろう。

3-3 ワシントン・コンセンサスと新古典派批判

また、構造調整融資の拡大と並行して、世銀・IMFによる改革の注文の中身も、きわめて新古典派経済学的な自由化路線をますます強調し、民間投資の環境整備や資本移動の自由化を促進することに注力した。世銀・IMFの主唱する新古典派の政策については、さまざまな整理が可能であるが、その要点は次の4点に集約できる。すなわち、①規制緩和、②自由化、③分権化、④民営化・民活、である[19]。これらが、構造調整を通じてとられるべき政策の基本指針とされたのである。また、こうしたワシント

ンDCに本部のある世銀・IMFで当然視されている経済運営のあり方についての常識は，しばしば「ワシントン・コンセンサス」と呼ばれる[20]。

しかし，市場経済への移行のあり方について，欧米あるいはこれまで世界の経済開発問題に大きな影響力を持ってきた世銀・IMFグループの処方箋については，1990年代末のアジア通貨危機への対応の問題が生じる以前から，日本やアジアの研究者・実務家をはじめ，欧米の学者のなかにも批判的な議論が出ていた。日本のエコノミストや援助関係者のなかでも，「新古典派経済学」あるいはワシントン・コンセンサスに基づく開発論に対して，「東アジア型モデル」あるいは「開発主義」（developmentalism）に基づく発展戦略があると主張する論者もおり，世銀・IMFグループがこれまでとってきたアプローチが，果たして有効なのだろうか，という問題が提起されてきた[21]（より詳細な説明は，第5章の94-96頁を参照）。

やや単純化していえば，新古典派開発論は，政府介入をできるだけ排除し，市場の力にゆだねることを是とする考えであるのに対し，東アジア型モデルや開発主義の議論は，これまでの日本やNIEsの発展に鑑み，開発への政府の役割を重視する考えであるといえよう。

新古典派経済学の立場からすると，市場への政府の介入については，基本的にはその有用性を否定し，ただしその例外として，市場の失敗が生じるケース（たとえば，独占の防止，幼稚産業の育成等）については政府の介入が有用である場合もある，と論じる。また，近年は，政府の役割について，それまでの新古典派の枠を少し拡大して，新古典派的な経済政策が機能する前提としての「制度」（institution）の役割についても目を向け，新制度派経済学（new institutional economics）とでもいうべき考え方も出てき

ている。市場における「情報」の果たす役割とその不均等のもたらす意味等について議論するジョセフ・スティグリッツや，歴史的に形成された制度と経済パフォーマンスの関係を議論するダグラス・ノースの議論等は，そうした新古典派経済学を制度論の立場から修正しようとする代表的な議論であるといえよう。

3-4 経済のグローバル化の功罪と国際金融の枠組み

経済のグローバル化は，大量の物・資金と情報の移動を促進し，世界の人々の生活を豊かにすることに大いに役立ってきたことは疑いないが，その一方で，急速な変化にともなうリスクをも包含している。金融のグローバル化と情報通信技術のいっそうの進展は，国際経済相互の結び付きを強めた一方で，相互に大きな影響を及ぼし，一国の経済や国際金融システム全体を危うくする側面をも示してきた。

また，市場経済のグローバル化は，経済開発の初期条件や発展段階の異なる国々に，他の国（多くの場合，アメリカ）で発達し確立されたシステムやモデルが，世銀・IMFの構造調整の枠組み等を通じて，半ば強制的に持ち込まれたり適用されたりすることも多い。また，近代化に乗り遅れないように，自発的に「グローバル・スタンダード」（世界標準）を採用し，国内の規制緩和と自由化，対外開放を進めている国も多い。実際，1997年以降，アジアからロシア，ラテン・アメリカに広がっていった深刻な経済・金融危機は，金融の自由化というグローバルな基準が進展したことの裏返しの現象でもあった。

その意味で，グローバル化の進展は，多くの発展途上国にとって，プラスとマイナスの両方の影響をもたらす。たとえば，外国からの直接投資や多額の短期資本の流入によって，経済の成長を促進することができる一方で，外的な変化に直接的にさらされ，

しかも自国経済の規模がまだ小さい段階では，その外的な影響は多くの途上国にとって途方もなく大きい。一方，国際経済への統合の流れに乗り遅れれば，世界の経済活動や技術の進歩から取り残され，経済的停滞を招くことになりかねない。

言い換えれば，世界経済への統合は，まだ初期段階の途上国の産業を過酷な競争にさらすことになり，その結果，国内的にも国際的にも，勝者と敗者，富める者と貧しい者の格差を，さらに拡大することにもなりかねない。しかし，そうした厳しい現実から目を背けて，孤立の道を選ぶこともできない。今日の世界でこれから発展しようとする途上国は，たとえば日本やアジアNIEsがその高度成長の過程で置かれた国際環境よりも，はるかに競争的な環境に置かれているのである。

そうしたなかで，世銀やIMFが世界経済の成長に対して果たす役割は引き続き大きい。しかし，過去10～20年間に急速に肥大化し大きなインパクトを持つようになった民間資金をどうコントロールするのか，世銀・IMFが果たすべき役割は何なのか，あるいはそもそもどこまで世銀やIMFがそれを管理できるのか，あるいはアメリカが主張するように世界経済の牽引役たる民間資金の動きを過度にコントロールしようとすべきではないのか。こうした国際金融の枠組み（international financial architecture）の将来像についての議論は引き続き継続しており，国際的議論の焦点の1つであり続けている。

4　いくつかの国際的規範（サブ・レジーム）と開発援助レジーム

4-1　グローバル化と「グローバル・ガバナンス」への動き

他方で，グローバル化は，経済領域だけではなく「さまざまな分野における地球規模の価値規範の形成」を指すこともある。実

際,人権・民主化や地球環境保全,あるいは核管理・軍縮といったイシュー(課題分野)において,とりわけ1990年代以降,国際社会にある種の共通の価値規範が形成され,国際開発援助体制にも影響を与えている。こうした課題はいわゆる「グローバル・イシュー」として一般にとらえられているが,国際開発援助体制が,こうした90年代のグローバル・イシューに関する制度化の進展とどう関連し変化するのかという点も,重要な論点の1つとなる。

すなわち,全体としては「グローバル・ガバナンス」の方向への動きがある一方,個々のイシューごとに,より具体的な「国際レジーム」が形成されてきている。たとえば,「気候変動枠組条約締約国会議」でのさまざまな合意,民主化や人権あるいは反汚職といったことを「共通の価値規範」として各国の援助政策を調整しようとする動き,あるいは対人地雷やクラスター爆弾などの非人道的な兵器を国際的に規制しようとする動き(いわゆるオタワ・プロセスやオスロ・プロセスの進展)それぞれが,国際機関をはじめ多くの国家主体やNGOが関与しながら,重要なイシューごとの国際レジームを形成している。

このように,グローバルな課題の顕在化と,それに対する国際社会の共同対処にともなって形成されてきた国際的規範が,国際開発レジームとも連動して影響を及ぼすといった現象が見られるのである。

これらの個別のレジームの動態はそれぞれに興味深いが,全体としてのグローバル・ガバナンスとどういう関係にあるのであろうか。あるいは,「国際開発援助」分野での中範囲のシステムないしレジームと,これら個々のイシューのレジームはどういう関係にあるのだろうか。

グローバル・ガバナンスは「国際開発援助レジーム」を含むい

図9-1 グローバル・ガバナンスと国際開発援助レジームの概念図

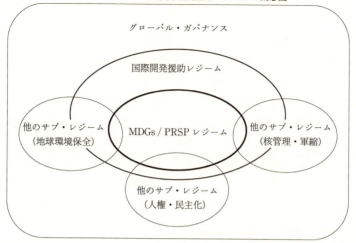

くつかのレジームからなる総体であり，また国際開発援助レジームのなかにも，地球環境保全，人権・民主化，核管理・軍縮等に関するいくつかの「サブ・レジーム」が存在していると理解できる。あるいは，他のイシューと国際開発とを縦断ないし横断するレジームも存在するとみなしうる。近年強化されてきた援助と民主化，援助と核管理のリンケージは，こうしたイシュー横断的なレジームの例であるともいえる。

そのようにとらえると，本章で取り上げている国際開発援助レジームは，必ずしも1つの自己完結型のレジームとしてとらえられるわけではなく，関連するいくつかのサブ・レジームとも重なる部分が存在することになる。**図9-1**は，そうした位置関係を描いてみた概念図である。

以下では，こうしたサブ・レジームの代表的な例として「人権・民主化レジーム」「核管理・軍縮レジーム」と「地球環境保全レジーム」を取り上げ，それらと国際開発援助レジームとの関

連について整理しておくことにしよう。

4-2 「人権・民主化レジーム」と開発援助

　人権・民主化の促進は，とくに1990年前後以降，西側先進各国の援助政策の重要な要素となってきた。これは，旧ソ連・東欧における社会主義体制の崩壊とともに，東欧諸国をはじめ世界各国で民主化の急速な進展がみられたことが契機であるといえよう。こうした国際情勢の変化は，西側諸国，とくにアメリカにおいて「自由民主主義」の世界的な波の高まりの時代の到来と位置づけられることになった。それとともに，民主化の促進や人権の尊重が先進諸国の一致した援助理念として掲げられるようになった[22]。

　もっとも，人権や民主化の促進を援助の目的とすること自体は，たとえばアメリカの援助政策のなかでは，1970年代末のカーターの「人権外交」のようにずっと以前からあり，また88年のミャンマーの民主化運動の弾圧や89年の中国の天安門事件後の西側諸国の援助凍結にみられるように，援助と人権・民主化とのリンケージは，必ずしも90年代以降に限ったものではない。しかし，90年代以降，こうした人権・民主化の促進が先進国の援助を左右する大きな要素になってきた。

　こうした援助と人権・民主化とのリンケージに関して，被援助国側から見ると，国際機関や欧米先進国の民主化要求やさまざまな国内政治のあり方についての注文（いわゆるdemocratic conditionality）は内政干渉であるとの批判もある。また，アメリカや西欧諸国が欧米の価値観をそのまま途上国に押し付けることへの批判もみられる。これらの議論は，今日でも引き続き国際的議論の焦点の1つとなっている[23]。

　1990年代前半は，主として欧米の二国間ドナーを中心に，援助と民主化・人権とのリンクが共通の政策方針として重視されて

いたのに対し，90年代後半以降は，世銀や国連を中心に，「ガバナンス」という概念を使いながら，開発にあたっての社会的・行政的な「制度」の重要性が指摘されてきた[24]。今日，援助や開発にあたってのガバナンスの重要性は，すべての主要ドナーに共有された考えとなってきており，たとえばDACでは，ガバナンスの要素として，参加（participation）とか，市民社会（civil society）の政策決定への関与・チェック，人権の擁護，汚職・腐敗の防止（anti-corruption），民主的な政治制度，法の支配，過度な軍事支出の削減，等について，途上国支援に際しての共通のガイドラインづくりがなされている[25]。

また，日本の援助政策のなかでこうした人権・民主化問題をどう取り扱うべきかに関しては，1990年代には，日本政府にとってかなり難しい課題であった[26]。しかし，近年は民主的制度づくりやガバナンスの改善・向上支援は，日本の途上国支援においても重要な一分野となっている。

4-3 「核管理・軍縮レジーム」と開発援助

また，冷戦終焉の別の側面として，1990年頃から，米ソの第三世界への政治的なタガがはずれ，むしろ世界各地で地域紛争が多発するようになった。90年に始まる湾岸戦争は，その典型的な事例であった。西側各国はイラクに対して，武器の輸出を行い，核兵器開発の疑惑や軍備の拡大があったにもかかわらず経済的援助を供与してきた。その反省から，第三世界への経済援助にあたって，途上国の軍事支出の動向，核兵器や生物化学兵器等の大量破壊兵器の開発動向，武器の輸出入の動向に目を配りながら，経済援助をすべきであるとの認識が広まることとなった。こうした問題意識は OECD／DAC や，G7 などの場で先進国間に共有され，地域紛争を未然に防止するため，上記のような軍備管理上の考慮

を援助供与の基準とすることが唱えられるようになった。

こうした流れのなかで,日本も,1991年4月,ODA4原則を打ち出し,ODAの供与にあたって,次のような4つの要素を考慮に入れると表明した。すなわち,①被援助国の軍事支出の動向,②武器輸出入の動向,③核兵器など大量破壊兵器の拡散問題,④民主化・人権と市場経済への移行の動き,である[27]。①から③までは,いずれも軍縮・核軍備管理にかかわる問題である。こうした原則を受けて,核開発を理由に経済援助を削減するケースも出てきた。たとえば,95年に入り中国が実施した核実験に抗議して,日本政府は中国に対する無償資金協力を削減することを表明した。このように,軍縮問題を援助の条件とすることに関しては,被援助国側に反発があることも事実であるが,日本は非核政策をとり武器輸出を原則として行ってこなかった国として,こうした軍縮問題で大きな役割を果たしうるとの考えも根強くあった[28]。

ODAを使った経済制裁(援助凍結)の例は近年増えてきており,安全保障と絡んだ事例に限っても,上述の中国のほか,1998年のインド,パキスタンの核実験後,両国に対するODAおよび国際開発金融機関の融資を停止した例,あるいは98年8月の北朝鮮のミサイル実験の後,同国に対する朝鮮半島エネルギー開発機構(KEDO)を通じた融資を延期したこと等も,日本の経済制裁の例として挙げられよう。2000年以降も,たとえばイランの核開発問題と国際社会の経済支援は密接に絡んでおり,また北朝鮮の核開発計画の放棄と経済支援は両者あわせて,いわゆる6カ国協議の中心課題とされているのである。

4-4 「地球環境保全レジーム」と開発援助

1990年代以降,途上国への経済援助にあたってますます重視されてきたのは,地球環境への配慮である。熱帯雨林の伐採,酸

性雨,大気中のCO_2増加,オゾン層の破壊等は,地球環境全体にかかわる問題であり,それは人類の社会経済生活全体を悪化させる可能性があるものであるとの認識が強まり,国際的に規制を強める方向にある。

こうしたなかで開かれたのが,1992年6月にリオデジャネイロで開催された国連環境開発会議(地球サミット)である。日本も,92年には「ODA大綱」を閣議決定し,そのなかで,前述のODA4原則に加えて,「環境への配慮」を援助の重点目標として取り込んだ。実際,ODAの実施にあたって,JICAは「社会・環境配慮ガイドライン」を設定し,途上国側が環境保全のための手続きや基準を満たすことを援助供与に際しての前提とするようになり,今日に至っている。

ただし,途上国のなかには,こうした環境に関する規制を強化し,援助にあたってそれらを条件としようとする先進国側の姿勢に対し,途上国側の「発展の権利」を軽視するものであると批判する議論もある。すなわち,先進国はその発展の過程で環境を破壊してきたにもかかわらず,これから発展しようとする途上国に厳しい環境保全の条件を押し付け,その発展を制約しようとしていると非難するのである。この開発か環境かという問題は,引き続き国際的議論の焦点の1つであるが,環境への配慮なしには,先進国や国際機関の援助案件が進みにくい状況になってきたことは否定しえない現実である。

他方,地球温暖化問題は,以前から国際的な課題とされてきたが,国際的な規範形成の動きが本格化してきたのは,とくに1990年代以降であるといえよう。92年の地球サミットで国連気候変動枠組条約が制定され,いくつかの環境に有害なガスの排出に関する規制を強化していくことで合意がなされた。その後,国連気候変動枠組条約締約国会議(COP)が定期的に開催され,97

年12月に京都で開催された第3回会合（COP3：いわゆる「京都会議」）では，割当排出量について，各国（地域）ごとに目標値が設定され，またそれにともなう柔軟性措置としての，「排出権取引」，クリーン開発メカニズム，共同実施が導入された。地球環境問題は典型的な「国際公共財」であり，また国際的関心も高いが，各国の経済的利害と深く絡んでおり，規範の制度化は順調に進んでいるとは必ずしも言い難い面もある。

5 開発をめぐるグローバル・ガバナンス

以上，本章では，まず第1節で，「国際開発援助体制」の制度化の進展を歴史的に跡づけた後，第2節で，国際支援の中核を担う2つの国際システムである世銀と国連開発機関に焦点を当てて，国際開発支援の基本的枠組みを概観した。次いで，第3節で，「経済のグローバル化」と世銀・IMFの金融支援レジームの意義と課題について触れ，最後に第4節で，「グローバル・イシュー」に関する他のいくつかの国際的規範（サブ・レジーム）と開発援助レジームの関係についてまとめた。

国際社会はさまざまな意味で，近年，グローバル化が急速に進展しており，そうした状況のなかで，国際社会のさまざまな主体（アクター）間の協調や調整の仕組みが着実に進みつつある。その意味で，「グローバル・ガバナンス」への動きが確実に見られるが，とりわけ開発支援の分野では，依然としてその制度化は十分に進んでいるとはいえない面がある。多くのイニシアティブが存在する一方で，さまざまな課題と議論があるのが現状である。

本章では，その全体像をできるだけ包括的に整理し論点を提示してきた。近年，各論点についてさまざまな事例研究がなされ，

より詳細な議論が展開されてきているため，それらは関連文献にゆだねることにしたい[29]。

〈注〉
1) 公共財の定義については，第1章18〜19頁を参照されたい。「国際公共財」の議論は，国際社会にも，それが存在することによって国際社会全体が裨益する公共財の性格を持つものが存在する，という観点にたって議論するものである。
2) グローバル・ガバナンス論については，たとえば次を参照。渡辺昭夫・土山實男編『グローバル・ガヴァナンス——政府なき秩序の模索』東京大学出版会，2001年。
3) レジーム論については，古典的業績として，たとえば次を参照。Stephan D. Krasner ed., *International Regimes*, Cornell University Press, 1983. 包括的整理として，次を参照。山本吉宣『国際レジームとガバナンス』有斐閣，2008年（とくに第1章および第6章）。
4) 稲田十一「国際開発援助の歴史的展開」稲田十一・大橋英夫・孤崎知己・室井義雄『国際開発の地域比較』中央経済社，2000年，第1章。
5) 世銀と国連の開発理論の違いを歴史的に整理したものとして，次を参照。絵所秀樹『開発の政治経済学』日本評論社，1997年。また，1990年代以降の両機関の具体的な開発理論の展開については，直接以下の文献等にあたることによって理解できる。World Bank, *World Development Report*, 各年版，および UNDP, *Human Development Report*, 各年版。
6) 「構造調整」についての文献は数多いが，たとえば次を参照。本間雅美『世界銀行と国際債務問題』同文舘出版，1996年；同『世界銀行と開発政策融資』同文舘出版，2008年；Carl Jayiraah and William Branson, *Structural and Sectoral Adjustment: World Bank Experience 1980-92*, The World Bank, 1995.
7) The Secretary-General's High-level Panel, *A More Secure World: Our Shared Responsibility*, United Nations, 2004.
8) The Secretary-General of the United Nations, *In Larger Freedom*, United Nations, 2005（とくに paragraph 114-119）.
9) The Secretary-General's High-level Panel, *Delivering as One*, United Nations, 2005.

10) 世銀についての文献は少なくないが,2000年以降の変化についての比較的読みやすい文献としては,以下のものがある。大野泉『世界銀行——開発援助戦略の変革』NTT出版,2000年;朽木昭文『貧困削減と世界銀行』日本貿易振興機構アジア経済研究所,2004年;井出穰治・児玉十代子『IMFと世界銀行の最前線——日本人職員がみた国際金融と開発援助の現場』日本評論社,2014年。

11) OECD / DAC, *Development Cooperation in the 21st Century*, OECD, 1990.

12) 先進国サミットについては多くの文献があるが,概説的な文献としては以下のものがある。蔦信彦『首脳外交——先進国サミットの裏面史』文春文庫,2000年;松浦晃一郎『先進国サミット——歴史と展望』サイマル出版会,1994年。

13) G20について整理した文献としては以下を参照。藤井彰夫『G20——先進国・新興国のパワーゲーム』日本経済新聞出版社,2011年;中林伸一『G20の経済学——国際協調と日本の成長戦略』中公新書,2012年等。

14) 中国の援助およびそれが国際開発援助体制に与える影響については,近年研究が進められている。たとえば以下の文献。下村恭民・大橋英夫・日本国際問題研究所編『中国の対外援助』日本経済評論社,2013年;ステファン・ハルパー(園田茂人・加茂具樹訳)『北京コンセンサス——中国流が世界を動かす?』岩波書店,2011年(S. Halper, *The Beijing Consensus: How China's Authoritarian Model will Dominate the Twenty-first Century*, Basic Books, 2010)

15) 経済(貿易・投資・金融・情報等)のグローバル化についての文献は数多いが,たとえば次を参照。Ngaire Woods ed., *The Political Economy of Globalization*, St. Martin's Press, 2000; Vincent Cable, *Globalization and Global Governance*, The Royal Institute of International Affairs, 1999. また,著名なエコノミストであるジョセフ・スティグリッツによるグローバル化に対する批判的論説として,たとえば次を参照されたい。ジョセフ・E. スティグリッツ(鈴木主税訳)『世界を不幸にしたグローバリズムの正体』徳間書店,2002年(Joseph E. Stiglitz, *Globalization and Its Discontents*, W. W. Norton & Company, 2002); スティグリッツ,ジョセフ・E.(楡井浩一訳)『世界に格差をバラ撒いたグローバリズムを正す』徳間書店,2006年(Joseph E. Stiglitz, *Making Globalization Work*, W. W. Norton & Company, 2006.)

16) この分類は次の論文に依拠している。古城佳子「グローバリゼーシ

ョンの再検討——その論点と現状」『国際問題』第 497 号,2001 年 8 月。
17) Imanuel Wallerstein, *The Modern World System*, Academic Press, 1974, 等。
18) Francis Fukuyama, *The End of History and the Last Man*, Avon Book, 1992.
19) 西垣昭・下村恭民・辻一人『開発援助の経済学(第 4 版)』有斐閣,2009 年,48 頁。
20) 「ワシントン・コンセンサス」とは,世銀・IMF の本部のあるワシントン DC で常識と考えられている経済運営の枠組みという意味で,次の 10 項目が挙げられることが多い。①財政の規律,②公共支出の優先づけ,③税制改革,④金融自由化,⑤市場原理を取り入れた為替制度,⑥貿易の自由化,⑦直接投資の自由化,⑧国営企業の民営化,⑨規制緩和,⑩所有権の確立,である(John Williamson, "Democracy and the Washington Consensus," *World Development*, Vol. 21, No. 8, 1992)。
21) 代表的な文献として,たとえば次を参照。大野健一『市場移行戦略』有斐閣,1996 年。
22) たとえば次の文献を参照。Samual Huntington, *The Third Wave: Democratization in the Late Twentieth Century*, University of Okulahoma Press, 1991.
23) この問題については次の文献でよく整理されている。渡邊昭夫編『アジアの人権——国際政治の視点から』日本国際問題研究所,1997 年。
24) ガバナンスについては,たとえば次の文献を参照。下村恭民編『アジアのガバナンス』有斐閣,2006 年。
25) DAC / OECD, *Final Report of the DAC ad hoc Working Group on PD / GG*, OECD, 1997.
26) こうした問題については,次の論文にまとめた。稲田十一「人権・民主化と援助政策——日米比較論」『国際問題』1995 年 5 月号,No.422。なお,類似テーマに関する近年の論文として,以下の文献参照。市原麻衣子「民主化支援の対象決定要因——ドナー国としての日米比較試論」『コスモポリス』No.7, 2013 年。
27) ODA 4 原則については,次を参照。下村恭民・中川淳司・斎藤淳『ODA 大綱の政治経済学——運用と援助理念』有斐閣,1999 年。なお,1991 年の ODA 4 原則は,92 年の ODA 大綱では言及されていたが,

その後2003年の新ODA大綱や14年の開発協力大綱では直接的には言及されていない。しかし，その後もODAの指針の1つとして引き継がれているものと解されている。
28) 2014年4月に，武器輸出三原則に代わり「防衛装備移転三原則」が策定され，引続き紛争当時国等への武器の移転を認めないとする一方で，「平和貢献や国際協力の積極的な推進に資する場合」や「我が国の安全保障に資する場合」等には，移転を認めうるとされた。
29) たとえば，以下のような文献。阪口功『地球環境ガバナンスとレジームの発展プロセス――ワシントン条約とNGO・国家』国際書院，2006年；足立研幾『国際政治と規範――国際社会の発展と兵器使用をめぐる規範の変容』有信堂高文社，2015年；秋山信将編『NPT――核のグローバル・ガバナンス』岩波書店，2015年；小川裕子『国際開発協力の政治過程――国際規範の制度化とアメリカ対外援助政策の変容』東信堂，2011年，等。

〈読者への推薦文献〉

稲田十一「国際開発援助体制とグローバル化」藤原帰一・李鐘元・古城佳子・石田淳一『国際政治講座 第3巻 経済のグローバル化と国際政治』東京大学出版会，2004年

稲田十一「ガバナンス論をめぐる国際的潮流」下村恭民編『アジアのガバナンス』有斐閣，2006年

稲田十一『国際協力のレジーム分析――制度・規範の生成とその過程』有信堂高文社，2013年

大平剛『国連開発援助の変容と国際政治』有信堂高文社，2008年

大矢根聡編『コンストラクティヴィズムの国際関係論』有斐閣，2013年

スティグリッツ，ジョセフ・E.（楡井浩一訳）『世界に格差をバラ撒いたグローバリズムを正す』徳間書店，2006年（Joseph E. Stiglitz, *Making Globalization Work*, W. W. Norton & Company, 2006.）

第10章 国際資本還流の変化と民間資本時代の開発戦略

1 はじめに

1990年代以降,急激に進んだグローバリゼーションは世界経済に大きな構造変化をもたらし,途上国・新興国をめぐる国際金融環境も激変した。80年代には国際通貨基金(IMF)などが途上国の構造改革に向け,金融の自由化,資本市場の開放,民営化などのいわゆる新自由主義的な処方箋を示したが,成功例には乏しかった。しかし,90年代に入ると,冷戦構造の崩壊にともなう旧社会主義経済の体制移行,IT革命,金融技術の革新などが並行して進み,グローバリゼーションが加速した。2000年代には一極化したアメリカの高成長が見られ,途上国側でも90年代に通貨危機を経験した東アジアをはじめ,経済自由化でグローバリゼーションの恩恵を享受しようとする国が増えた。途上国への資本還流は直接投資のみならず,市場開放や金融自由化を受けて,債券や証券投資が加わり,民間資本の役割が一気に拡大した。一方,中国や中東諸国など一部の途上国は資本輸出を本格化させ,先進国の経常収支赤字穴埋めや,途上国への資本供給,開発援助を担うに至った。しかし,依然として民間資本にアクセスできず,

公的資本で支えられているだけの途上国も残っている。

　2008年にグローバリゼーションを牽引したアメリカで金融危機が発生すると，世界経済は未曾有の大混乱に陥った（いわゆるリーマン・ショック）。途上国に民営化や金融自由化を説いたアメリカの大規模金融機関は，皮肉なことに公的資本の投入や金融監督上の規制強化のもとに置かれ，アメリカ発の信用収縮は世界の民間資本環流を大きく縮小させた。ショック後は欧米や日本で財政や非伝統的金融政策が一斉に総動員され，途上国への資本環流は2010年以降，全体としては回復に向かった。それでもギリシャに端を発した欧州債務危機とその拡大・深化，ようやく穏やかな経済回復にこぎ着けたアメリカの金融緩和縮小などを受けて，途上国・新興国は資本の流出入に悩まされ，不安定な情勢が続いている。本章はグローバリゼーションとその変容が途上国への資本環流をどう変えたかを概観し，安定的なマクロ環境のもとでの経済発展につながる途上国側の政策課題を整理する。

2　国際資本環流の構造転換と不安定化

2-1　資本環流の不安定化

　2000年以降，途上国をめぐる資本環流は2つの点で大きな構造変化をみせた。第1の変化はアメリカと，中国など一部の途上国や資源国とのマクロ不均衡と，資本環流の不安定化である。リーマン・ショック以前はアメリカが消費中心の成長を続けて経常収支赤字を拡大させ続け，逆に経常収支が黒字の途上国・資源国からの資本環流がこれを支える不均衡の持続が大きな問題であった。アメリカの経常収支赤字が対GDP比で07年には5.8％に達する一方，逆に途上国の経常収支黒字は06年には同3.8％となった[1]。途上国の外貨準備に占めるドルの比重は大きく，大半

がアメリカの財務省証券などで運用されている。アメリカの巨大金融機関はレバレッジの高い取引で高収益を確保して資本を引きつけ,同時に途上国への資本還流についても強い影響力を保持した。しかしリーマン・ショック後は投資銀行の業態そのものが消滅するほどの激しい構造調整を経てアメリカの経常収支は2015年には2.3％水準に半減し(IMF見通し),生き延びた金融機関も厳しい規制のもとに置かれて国際金融における影響は相対的に低下した。

　リーマン・ショック後はアメリカの金融機関による仲介機能が麻痺し,途上国に対する資本流入もいったんは大きく減少した。しかしアメリカの大胆な金融緩和を受けて2010年には資本流入は急回復し,むしろその急激さから途上国は不動産融資規制や預金準備率の引上げ,先物規制,短期資本を中心とした資本流入規制に踏み切らざるをえなくなった。またリーマン・ショックではヨーロッパの銀行も不良債権処理や公的資金注入に追われたが,2010年にはギリシャの巨額財政赤字が発覚し,ヨーロッパ全体に波及した財政危機は過剰債務を抱えた途上国からも資本が流出するきっかけとなった。やがてアメリカの景気が穏やかながら回復し,量的緩和の縮小が予想されはじめた2013年にも,多くの途上国が資本流出に見舞われた。その後は各国の経常収支,成長率,外貨準備,インフレ率といったファンダメンタルズ(基礎条件)により選別的な動きに変わったが,日米に加えてヨーロッパまでが量的緩和に加わり,激しい資本流出入に悩まされる途上国はより安定的な資本環境を求めるようになった。

　図10-1は途上国に対する,流入から流出を引いたネットの資本環流を示す。リーマン・ショック前までは急激な拡大が続き,2007年には1兆ドルを超えた資本流入は09年には6979億ドルと大きく減少した。2010年には再び1兆ドルを超え,13年には

図 10-1 途上国に対する資本還流(ネット,2001〜13年)

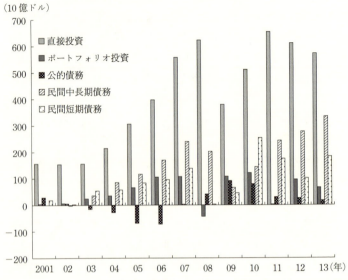

(出所) World Bank, *Global Development Finance*, 2010 年版; *International Debt Statistics*, 2015 年版より筆者作成。

1兆1843億ドルと過去最高を記録したが,2000年代のような急激な伸びとはなっていない。資本還流において最も大きくかつ安定的なのは直接投資だが,2007年までと2010年の資本還流では短期貸付(途上国側からは債務)の伸びが大きく,またポートフォリオ投資も一定のシェアを持つようになり,激しい資本流出入に悩まされる途上国が増えた。他方,東アジアなど2000年代を通じて債券市場育成への取組みが進んだことで中長期貸付も増大してきた。

2-2 資本の出し手となった途上国・新興国
途上国・資源国の経常収支黒字化はもっぱら中国の台頭による

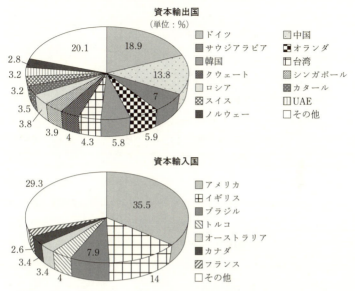

図 10-2 主要な資本輸出国と輸入国構成（ネット，2014 年）

（出所）　IMF, *Global Financial Stability Report*, April 2015.

ところが大であった[2]。2000 年代に入って貿易収支を中心として安定的に黒字を拡大させた中国の外貨準備は，2000 年の 1716 億ドルから 2014 年には 3 兆 9000 万ドルに膨脹し，その運用は急激に大きな影響力を持つようになった。他方でその資源多消費型の成長は世界価格高騰の一因ともなり，資源国への資金流入と資本輸出国化を促すことにもつながった。

図 10-2 は 2014 年における資本輸出国と輸入国（ネット）を示すが，1990 年代までとは大きく異なり，筆頭のドイツ（18.9％）や欧州圏以外はほとんどが途上国・新興国となった。多様化する資本輸出国のなかで，中国（13.8％）のシェアは拡大を続け，サウジアラビア，クウェート，ロシア，アラブ首長国連邦

(UAE) といった資源国を大きく凌駕した。反面，圧倒的な資本輸入国はアメリカで，これにイギリス，オーストラリア，カナダなど英米圏の先進国が続き，新興国としてはトルコとブラジルが入るのみとなっている。

途上国・新興国の資本輸出は資本流出への懸念から通常は規制されがちで，中国も例外ではなかった。しかしながら経常収支黒字の急拡大とともに資本の自由化を迫られた。中国は外貨準備の運用や戦略的な開発援助から，M&Aなどを含む企業の対外直接投資や，金融機関・年金などによるポートフォリオ投資，さらには海外不動産や株式の取得など，次第に資本の輸出を拡大させている。とりわけ中国企業による対外直接投資は2016年には5600億ドルに達すると予想されている（中国商務部）。ただし，政府に後押しされた海外進出（「走出去」），とくに先進国における大型M&Aでは失敗例も少なくなく，評価は分かれている[3]。また，個人投資にはまだ規制が残り（中国は5万ドル，インドは20万ドル），自身の金融市場の未発達から，投資信託などの形で外国の債券や株式投資へアクセスするのは富裕層以外にはそう容易ではない。民間資本の供給は今後，増えてくるとしても，途上国・新興国からの資本還流ではまだ，政府系ファンド（ソブリン・ウェルス・ファンド：SWF）の大規模化や国際投資銀行の結成など，より公的な資本への注目が先行している。

2000年代に入ると，途上国・新興国は石油などの資源収入（コモディティー系）や豊富な外貨準備（非コモディティー系）を元手にSWFを運用し，ポートフォリオ投資の担い手として台頭した。先進国を含めたSWFの規模は2014年末で7兆ドルを突破したとされ，リーマン・ショック以来，伸びが大きく鈍化したヘッジファンドの2倍以上ともなった（SWF Instituteの資料による）。SWFは中東および中国などのアジアが7割程度を占めるとされ，

新興国のプレゼンスが目立つ資本輸出となっている。中東のSWFでは6000億ドル超を運営するアブダビ投資庁，アジアではシンガポール政府投資会社が，政府株を運用する別会社のTemasekとともに草分け的存在だった。しかし最近では7000億ドルの資産を持つ中国投資有限責任公司（Chinese Investment Corporation: CIC）などを抱える中国のプレゼンスが突出するほか，カタール，ドバイ，ロシア，カザフスタン，チリ，マレーシアなど多くの国が加わるようになった。大規模なSWFは小国の外貨準備を軽く凌駕する規模であり，リーマン・ショックの折にもアブダビ投資庁がシティバンクに巨額投資を行うなど，あらためてその実力が注目された。

2-3 新興ドナーの登場と公的資本・民間資本の曖昧化

途上国の側にはIMFが推進してきた新自由主義改革やアメリカの金融覇権に伝統的な反発があり，SWFによる独自資産運用の動きもこの背景と無縁ではなかった。しかし依然として民間資本へのアクセスに限界のある低所得国への資本還流という点で，また中長期的には戦後の国際金融秩序に対する挑戦としての意味合いを持つものとして，より注目されるのは経済協力開発機構（OECD）の開発援助委員会（DAC）に加盟しない，新興ドナーの台頭である。南南協力や経済協力そのものは常に存在してきたが，金融のグローバリゼーションが進む以前には二国間の戦略的な援助で，小規模なものにとどまっていた。

これに対し近年では豊富な外貨準備や高い格付けによって低コストの資金供給が可能な途上国・新興国が増えた。だが，DAC入りを選んだのはむしろ韓国ぐらいのものであった。多くの新興ドナーは譲許基準や人権など欧米中心のDAC規律に束縛されず，また世界銀行やアジア開発銀行などの時間のかかる厳格な審査に

よらない,実践的・機動的な開発支援を志向した。資本輸出力が突出する中国はこの潮流をうまくとらえ,主導権を握ろうとした。IMF 改革の遅れに業を煮やした中国は 2015 年にはアジアインフラ投資銀行（AIIB）の設立を呼びかけ,途上国のみならず,ヨーロッパなど 57 カ国を引き入れることに成功した[4]。また,同様に新自由主義的な改革への批判を共有するロシア,ブラジル,インド,南アフリカとの間では新開発銀行（BRICS 銀行）を設立し,国際開発銀行として運営することを決めた。

SWF と並行して台頭した新興ドナーは DAC 援助国とは異なり,自身もまだ国内に貧困を抱える国が少なくない。援助にあたって DAC のように貧困削減を直接の目的としたり,世銀やアジア開発銀行のように審査で環境配慮や腐敗防止のコンプライアンスに時間をかけたりするより,手っ取り早いインフラ建設で被援助国の成長を加速させ,自らもその果実を共有することに重点が置かれる傾向がある。

中国や AIIB は世銀などのような援助色のある「開発銀行」を目指すのではなく,欧州投資銀行（EIB）のようなインフラ融資に特化した「投資銀行」を目指すとしている。だが,AIIB は EIB のような地域的な性格のものではなく,また緊急時外貨準備金基金の機能を備える。より「開発銀行」を明記した BRICS 銀行も融資の中心はインフラ案件で,両者の違いは必ずしも明確ではない。もともと中国など非 DAC ドナーは,譲許的借款や資源を担保とした貸付,いわゆるひも付き援助,輸出信用などを多様な「経済協力」として展開してきた経験を持っている。さらに SWF ともまた違う「シルクロード基金」投資ファンドとして AIIB に先行させてもいる。中国のような新興ドナーによる AIIB や BRICS 銀行の運営は曖昧化傾向のある公的資本と民間資本の仕分けに複雑な変化をもたらすかもしれない。

さらに中国は西部から中央アジアを経由してヨーロッパに至る「シルクロード経済ベルト」(「一帯」)と,中国沿岸部から東南アジア,インド,アラビア半島の沿岸部,アフリカ東岸を結ぶ「21世紀海上シルクロード」(「一路」)の経済圏構想を2014年に打ち上げ,人民元決済においてもこれら周辺国への普及を推進してきている。人民元の国際化やドル中心の戦後の国際金融レジームへの挑戦といった政治的文脈が存在する場合,AIIBが純粋な投資銀行に終わるのか,それとも中国に利益をもたらす国に緩い条件で融資したりする政治的利用を可能とするものなのかは,不明である。常駐の理事会を置かないなどガバナンス構造の懸念が払拭されていない。先進国を中心とする伝統的なドナー・コミュニティや国際金融レジームの改革が遅々として実態にそぐわないことが批判されるが,他方で新興ドナー間,あるいは新興ドナーと被援助国間に原則やルールが確立しているわけではない。資本還流の円滑化・安定化にはますます両者の折り合いが欠かせなくなっている。

3 民間資本主体の資本環流

3-1 公的資本の時代から民間資本の時代へ

世界の資本還流で第2の大きな変化は民間資本が急速に増大し,圧倒的な役割を果たすことになった点である。直接投資,ポートフォリオ投資を除いた対途上国貸付(信用)をネットでみると,2002年ぐらいまではまだ公的信用(途上国からは公的債務)と民間間に大きな差はなかった。しかしながら,2003年からリーマン・ショック前まではIMFに対する償還などが続いて公的信用がネットではマイナスに転じる一方,民間信用が大きく増大した(**図10-3**)。リーマン・ショック後は途上国からの資本流出

図10-3 途上国に対する貸付推移（ネット）

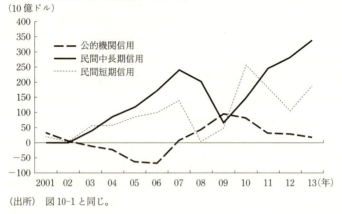

（出所）図10-1と同じ。

や短期信用の落ち込みに対応して公的信用が再び増勢に転じたが，2010年以降は中長期の民間信用が大きく増大した。中長期信用は伝統的な銀行貸付の増大に債券発行が加わる形で続いてきている。

3-2 進む資本還流の集中

リーマン・ショック後の民間資本拡大は貸付では安定した返済能力を持つ国へ，また投資では事業機会が多く成長潜在性の高い国内市場や資源を有する大国への集中と表裏を成すものとなった。国別にみると，貸付・投資とも目立つ特徴は中国のプレゼンスが一段と増した点であり，民間資本の増大はリーマン・ショック後，4兆元の景気対策を発動して成長を維持した中国経済の台頭・国際化と同時に進行した。

図10-4はリーマン・ショック後，2009年から13年までのネットでの民間貸付を示す。メキシコ，ブラジル，インド，トルコ，インドネシアといった経常収支赤字国への貸付が大きいのは当然

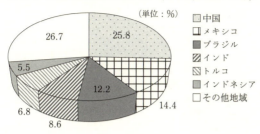

図 10-4 対途上国民間貸付のシェア（ネット，2009〜13 年）

（出所） World Bank, *International Debt Statistics*, 2015 年版の国別表より筆者作成。

だが，資本の出し手に転じた中国は同時に資本の調達国としても台頭した。2013 年の中国への民間貸付は 1414 億ドルで 09 年に比べ 3 倍以上となったが，その主体は短期債務の増大で，全体への短期信用が伸び悩むなかで，中国向けだけが突出した伸びを示すこととなった。2009〜13 年の民間貸付のうち中国向けは 25.8 ％で，最大のシェアを占めた。

直接投資やポートフォリオ投資では中国のプレゼンスはさらに圧倒的なものとなった。図 10-5 は同期間のネットの直接投資受入れの上位 10 カ国のシェアを示すが，4 分の 3 以上が上位国に集中していた。中国は貸付に比べてもさらに突出し，全体の 47 ％あまりを 1 カ国で占めた。中国から一度，香港を経由した事実上の国内投資が一部に含まれるとしても，続くブラジルを 6 倍近くの直接投資流入で大きく引き離した。短期資本流入が急増したとはいえ，その 2 倍以上の直接投資流入を安定的に確保できていることが，中国が他の途上国と大きく異なる点となっている。

リーマン・ショック後のポートフォリオ投資は直接投資よりもさらに集中度が高く，同期間中の流入は中国，ブラジル，インドの 3 カ国だけでほぼ 8 割を占めた。ショック前には上位を占め

図 10-5 対途上国直接投資受入れの上位 10 カ国のシェア（ネット，2009～13 年）

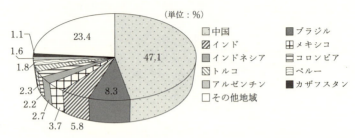

（出所） World Bank, *International Debt Statistics*, 2015 年版の国別表より筆者作成。

たロシアや南アフリカ，トルコなどのシェアが縮小する反面，国際信用の向上を目指した新規株式公開（IPO）を続ける余裕のある中国への期待が増大した。ただし，株式取得に対する制限の残存から，ポートフォリオ投資に占める中国のシェアは 31.7％と直接投資よりも少し低くなっている。

3-3 対途上国資本還流の拡大

民間資本の増大は，途上国についても有力資源や市場潜在力の大きな大国への資本還流で恩恵をもたらした。しかし依然として民間資本へのアクセスに困難のある国も多く，グローバリゼーションは資本還流に大きな格差をもたらした。たしかに，ミレニアム開発目標（MDGs）などのかけ声や DAC メンバーによる重点支援，政治の安定や資源価格上昇にともなう成長回帰などから，ナイジェリアなどサブサハラ・アフリカ（サハラ以南のアフリカ）への資本還流は増大した。ネットでみた同地域への資本流入は 2000 年にはわずか 89 億ドルにすぎなかったが，2010 年には 477 億ドル，2013 年には 760 億ドルにまで増えた。2000 年当初はまだ債務救済支援などが多く，公的貸付が民間貸付を大きく上回っ

ていた。しかしながら，2011年には後者が追いついて肩を並べた。2000年代の順調な成長を受けて，ようやく直接投資が最大の資本流入項目となり，13年の直接投資流入が372億ドルに及んだ点はとくに力強い。また債務償還が進み，債券発行を含む債務構造の長期化も進んだ。

ただし，途上国全体からみればサブサハラ・アフリカのシェアは2000年は5.4％，13年になってもわずか6.4％で1ポイント上昇しただけであり，ようやく成長のスタート地点に立ったにすぎない。今後は資本量の確保だけでなく，直接投資と貿易の拡大，産業基盤形成の良循環で民間資本の流入が力強く続くよう，能力強化（capacity building）が必要となっている。

この点で注目されるのは前述の非DACドナーの貢献である。BRICS（ブラジル・ロシア・インド・中国・南アフリカ）や中東など非DACドナーによる開発資金や援助はしばしば，自国の経済権益拡張主義と非難されがちだが，一定の役割はある。とくに中国は自身が電力や輸送網，工業団地などのインフラを整備し，工業化を推進してきており，ある意味ではかつての日本同様，自らの経験に基づくやり方で低所得地域の開発に取り組もうとしている。開発支援というより，中国自身が急激な賃金上昇に直面し，あらためて海外生産移管を真剣に推進しなければならない点も産業基盤形成に向けた直接投資で協力できる環境である。欧米の援助資金取入れや開発政策に必ずしも肯定的でない国にとって，中国やインドは魅力のある開発パートナーであり，BRICSによるインフラ整備はさらなるフロンティア市場を求める先進国や中所得国との橋渡しとしても意味があろう。サブサハラ・アフリカでは南アフリカがBRICS銀行に参加してアフリカのセンター機能を担うこととなっており，BRICS銀行もDAC諸国からの疑念と期待に応えるために成功事例を必要としている。

4 民間資本主体の経済発展戦略

4-1 投資環境の整備と直接投資誘致

　リーマン・ショック後の不安定化が続いているものの，金融のグローバリゼーションを通じて多くの途上国が貯蓄制約から逃れられたことは事実である。今後とも民間資本のダイナミズムを安定的に取り入れる重要性は変わらないといえるだろう。

　一般の途上国にとって，一義的に重要な点は，その経済効果の高さがほぼ実証されつつある直接投資の取込みである。依然として民間資本へのアクセスが閉ざされ，公的資本への依存を続ける後発国には，リーマン・ショックの影響はむしろ少なかった。ただし，公的資本にはその性格上の限界があり，大半が債務救済にとどまっている限り開発に必要な"真水"は限られる。本格的な発展の契機には技術やノウハウの移転がパッケージとなった直接投資の積極誘致が欠かせず，投資環境整備が必要だ。すでに一定程度，誘致に成功した国も次の発展段階に見合った整備で誘致競争に伍していかねばならない。

　グローバリゼーションを受け入れるにつれ，途上国でも多国籍企業の内部取引で移転価格操作（transfer pricing）が行われ被害を受けるのではないか，あるいは国内市場が独占されるのではないか，といった古典的な猜疑心は薄らいだ。多くの途上国がインフラや工業団地の整備を通じて企業誘致を図り，制度面でも，法人税減免や減価償却の前倒しなど，インセンティブを付与する競争がみられる。ただし，WTO違反ギリギリの水準で，輸出への貢献や技術移転，再投資，雇用確保などを外国人投資家に要請する途上国は依然として多く，事業許認可や税制をめぐる恣意性，腐敗が指摘されている。とくにBRICSのように国内市場が大き

な国はその潜在性を交渉材料にでき,外資法整備が「産業政策」の制約要因となることを歓迎せず,主権の問題と考える傾向も残る。縦割り型官僚組織に地方—中央間の壁が加わり,透明性が確保しにくいなどの事情もある。

これらすべての解決策にはならないにせよ,近年では投資家保護を拡大するため,投資協定（BIT）を締結する事例が増えている。たとえば日本との間では,韓国とベトナムが,投資前の内国民待遇を保証する比較的高いレベルのBITを締結し,少なくとも投資家に安心感を与えることには成功した。投資環境整備のメニューは投資誘致の段階のみならず,事後のフォローまで幅広く展開されることが必要であり,ホスト国政府は常に多国籍企業との対話を念頭に置く必要があるといえよう。

第2に,バランスのとれた投資誘致戦略を持つことも重要だ。前項で確認した通り,すでに直接投資は担い手が先進国に集中する時代ではなく,途上国・新興国も資本の出し手として登場している。途上国,とりわけ後発国は多様な国からの投資を受け入れることで多様な産業の誘致が可能となり,また特定市場への輸出の集中や貿易摩擦の発生といったリスクを回避しやすくなる。後発国の外資に対する期待はとりあえず雇用である場合が多いが,そのためにはむしろ,先進国からの投資より,適正な技術を持つ途上国の投資のほうが雇用吸収力が大きく,キャッチアップ面でも効果的な面が少なくない。東アジアが通貨危機前に飛躍的な成長を遂げた背景には,日本や台湾・韓国などのNIEsに加え,タイやマレーシアなどのASEAN先発国,中国・ベトナムなど後発国といった重層的な直接投資の波があったことはよく知られており,示唆的である。ベトナムには日米欧のみならず,NIEsや周辺ASEANからの投資もあり,短期間に比較的強い産業・輸出基盤を構築することができた。

第3に,グローバリゼーションのもとでは多国籍企業の側に多くの選択肢があり,BRICSのような巨大市場を持たない国では,他国との経済連携で投資誘致を図ることも重要となっている。たとえばASEANでは,中国との投資誘致競争が意識されることが,経済統合を推進してきた面がある。ASEANは2008年末にはASEAN憲章を採択・制定し,統合の制度化に一歩前進したが,ここに至る以前からASEAN工業協力協定（ASEAN Industrial Cooperation Scheme: AICO）で一定要件を達成した企業に域内関税引下げのメリットを付与するなど,直接投資の拡大を域内の市場統合と結びつけようとする努力が存在した。この対象となった産業の1つは自動車部品であり,国内市場の規模制約を周辺国との市場統合によって克服しようとする試みであった。このほかにも近年では規格・標準の相互認証や貿易手続き面での協力が推進されてきている。近代工業部門のかなりの部分を直接投資に依存するASEANにとって,中国との誘致競争は強い関心事で,引き続き統合市場の魅力を高めることに配慮がなされている。

4-2　産業集積の実現

　直接投資誘致の第2段階は,多国籍企業が現地市場に根づき,容易には撤退できない重要拠点としての地位を確立することである。伝統的な比較優位の議論では,企業は労働コストの安さなど,途上国の持つ優位を目指して投資する。このため,単位当たり労働コストが高騰すれば,さらに安価な労働力を有する国への拠点移動の可能性があり,かつては多国籍企業の"渡り鳥"行動が批判された時期があった。

　しかし,グローバリゼーションのもとでより注目される点は,多国籍企業と地場企業の間に濃密な取引関係がネットワーク化され,産業集積に発展するかどうかである。1990年代以降の国際

分業では,企業は必要な部品や部材を最適生産拠点で分散生産・調達する (fragmentation) 一方,一定のネットワークが形成されると,継続してそこで生産することが有利になり,産業集積 (agglomeration) が進むとして,2つのメカニズムを重視した議論が台頭した。こうしたメカニズムでは企業間の濃密な情報交換や人的接触などをもとに,細かな分業単位で大規模な集積が形成される。技術的蓄積が確立すると,単純な労働コスト追求などの場合に比べて企業は他の国に容易には移れなくなり,さらに集積が進む。

　こうした事例として示唆に富むのが中国における IT 機器の産業集積である。東アジアでは伝統的に台湾が中小企業中心の柔軟な産業組織を備えており,アメリカの多国籍企業の調達ネットワークに組み込まれながら,自らもまたアジア域内で生産・調達ネットワークを構築してきた。とりわけ IT 関連企業は,2000 年時点で 4500 社のうち 3000 社までが中国に生産拠点を擁し,地場企業と取引を広げながら集積を作り出した。当初は安価な労働力の得られる東莞市に集中したが,やがて競争が激化し,高付加価値化が求められたことや研究開発環境の良さ,上海市場の存在などから蘇州市に集積を移した。蘇州への移転は中国地場企業の旺盛な参入に押された面があり,産業集積は,地場企業を巻き込んだ規模の拡大により,半導体,液晶などの関連中間財,携帯電話部品などにも広がりを見せていった。取引企業も台湾・中国間のみならず,世界中の有力メーカーが対象とされ,まさにオープンな集積のメカニズムが新たな投資を生む形で発展した。世界的な大多国籍企業の有力拠点になることは意味のあることではあろうが,えてして現地との技術ギャップが大きく,単純な組立てや現地販売拠点に終わることが少なくない。これに対し,中国はむしろ台湾の中小企業というギャップの少ない投資家をうまく活用で

きたことで地場企業にも参入のチャンスが生まれた。多国籍企業の現地化は従来，企業内技術移転や製品の高付加価値化などから議論されがちだったが，グローバリゼーションのもとではネットワーク形成の観点が注目される。

次に，事業活動のみならず，資本調達や再投資においても多国籍企業の現地化に新たな役割が期待される。かつての多国籍企業批判には，その金融活動が小規模な途上国の経済運営に影響を与えるほどになるのではないかという危惧があり，さまざまな規制が課されることが多かった。しかしすでに多くの途上国が資本市場を開放したが，直接投資関連の資本取引が膨張したグローバルマネーほど大きなものになることは少ない。むしろ第3節でみたように，株式市場や債券市場の育成という観点からは，多国籍企業が上場したり，債券発行にかかわったり，さらに外資系金融機関が機関投資家として市場に参加することの貢献も大きいであろう。

現地通貨建て債券市場の育成は多くの途上国でまだ途についたばかりで，初期段階の国では金利ベンチマークとなる国公債発行，一次流通市場，格付け，決済システムなどインフラの整備が急務である。軌道に乗った国でも二次流通市場のさらなる整備や貸借制度，時価会計制度，金融派生商品市場の開拓などの課題が多く残る。

上場して多数の株主が得られれば，多国籍企業の現地市場へのコミットは強まり，また現地通貨建て社債の発行を通じて，多国籍企業は銀行と補完的に市場を育成し，金融市場の安定化にプラスの貢献ができるであろう。また新興市場の大半は長期的投資行動で市場に影響を与える機関投資家が不足しており，外資系機関に期待せざるをえない面もある。グローバリゼーションのなかで経済発展を模索する現代の途上国・新興国は，国内で市場制度が

確立し，奥行きのある安定した市場が形成されてから資本市場開放に進む時間的余地が限られる。多国籍企業が持つノウハウや資本力を市場形成に利用することが新たな課題として登場しつつある。

4-3 金融監督能力の涵養と人材の獲得

　直接投資以外の資本還流という点では，世界的な金融危機への協調対処を図る前述の G20 会合が新興国を交えて開催されるようになった。これはこの間の劇的な金融グローバリゼーションからの必然的要請であった。途上国からみれば，多国籍企業が自国経済の主要プレーヤーとして登場する一方，途上国自身も対外投資の担い手となっており，金融のグローバリゼーションには正負両面の効果が混在する。世界的な金融危機では，自らが先端技術を駆使してきたアメリカでさえ金融監督は後手に回り，能力的に追いついていなかったことが明らかとなった。まして途上国にとっては，金融の技術革新は人材育成をはるかに上回るスピードで進む。多国籍企業や金融機関の監督はもちろん，自国企業・金融機関による海外事業や IPO（新規株式公開）関連情報さえも的確に把握することは容易ではない。とりわけ，近年の金融危機ではクレジット・デフォルト・スワップ（CDS：信用リスクの移転を目的とした取引）の拡散によってリスクの存在をさらに把握しにくくなった。新興市場 CDS の残高規模は 2005 年ですでに 3500 億ドルを超え，対新興市場取引の 5 ％程度と推定される（International Swaps and Derivatives Association Market Survey による）。

　金融監督の困難さを物語る例として韓国の事例を挙げよう。韓国は 1997 年に発生した通貨危機の後，監督機構の一元化を成し遂げた数少ない国である。当時は市中銀行への監督は比較的厳しかったが，総合金融会社（マーチャント・バンク）の監督は甘く，

彼らの資本調達・運用をめぐるミスマッチや，対新興市場への投資実態などが十分把握されていなかったことが危機の導火線となった。監督機能の強化はその反省に立って行われ，監督要員もアメリカにならって実務経験者を大幅にスカウトするなどの努力がなされた。

　銀行の健全性規制は不動産ブームにともなって，その後さらに強化された。たとえば韓国は銀行の不動産価格に対する銀行負債比率（Loan to Value: LTV）を 40 ％から 60 ％以下に，総返済償還比率（Debt to Income: DTI）を 40 ％以下にするなど，規制のなかったアメリカはもちろん，香港やドイツよりも概して厳しく規制してきた。それでも短期債務が多額に上ることから，負債返済への不安が国際金融市場に広まり，2008 年 10 月からは CDS のスプレッド急騰と極端な流動性危機，通貨の下落に悩まされた。銀行は十分監督されているとしても，貯蓄銀行のプロジェクト・ファイナンスなど，ノンバンクの監督まで広げると不安があるのは前回の危機と同じ構図だった。大きな違いは，短期債務を大きく抱えたのは韓国の銀行ではなく，むしろ外国銀行の支店だったことである。急激に外国金融機関が進出したなかで，外銀支店には指導が及びにくく，しかも外銀の資産劣化が予想以上に進んだツケを自国の金融危機の形で背負わされる格好となり，あらためてグローバル金融を取り込むことの困難さが実証された。バーゼル III 以降の国際金融の規制がどのようなものになるかにもよるが，途上国や新興国の自国だけでの規制設計や実施には限界があり，多国籍企業や外資系金融機関からの人材吸収，情報収集体制の見直しなど，ここでも民間資本の力を借りて自己防衛する必要が生じている。

5 途上国における官民協力の役割再定義

　民間資本の急激な膨張はレバレッジが修正されるとともにいったんは調整され，実際，欧米の金融機関への公的資本注入や，世界各国の財政出動などにより，危機直後の先進国では公的資本の役割がむしろ大きくなった。現在の危機克服に時間がかかれば，新たな公的資本の時代も長引くこととなる。リーマン・ショック後はアメリカを中心に蓄積されてきた巨大な矛盾，たとえば複雑な派生商品の内容，緩い規制のもとでリスクの高い取引に邁進したヘッジファンドや，組織をリスク選好に向かわせる経営者の報酬体系，ほぼ現実の後を不正確に追うしかなかった格付け会社とこれに振り回された市場など，枚挙に暇のないほどの矛盾が明らかとなった。いまだ持続性があり，安定性のあるグローバル金融の制度が完成されたとはいえない。

　しかし，だからといって世界が1980年代までのような規制の時代に逆戻りするわけでもない。多数の途上国・新興国が国際金融市場の主要プレーヤーとして登場した背景には，まさに民間資本のダイナミズムゆえに達成された経済成長があり，これを否定することはできない。危機が反復されるなかで民間のダイナミズムを残しつつ，機動的で効果的な規制がどうあるべきか，コンセンサスができるまでには時間がかかる。この間，途上国・新興国は不安定な環境のなかで成長を模索せざるをえない。グローバリゼーションの進展にそって，官民の役割にも引き続き再定義が必要である。国際金融秩序の行方はまだ漠然としているが，途上国への資本環流については少なくとも以下の3つが必要であろう。

　1つは，グローバリゼーションの恩恵が少ない非資源国や後発途上国にも民間資本が向かうよう，国際協力が強化されること

である。後発国への資本還流がもっぱら先進国の公的資本に任されるのでは低所得国の閉塞を打破することは困難で、同じ途上国から出発した卒業国やSWFを抱える国、新興ドナーなどが自分たちの経験をフィードバックしながら支援に向かうことには大きな意味があろう。公的資本の世界ではDACの援助コードを押しつけず、非DACメンバーの援助国と対話することが必要である。

2つめには、著しい情報非対称の是正に向けた官民の協力がある。プログラム売買など取引が一斉に同じ方向を向く仕組みができあがっている現在の民間資本の世界では、たとえ英米系の経済誌や格付け会社の情報が不正確でも、市場が自己実現的に動いてしまうケースが少なくない。非欧米社会や途上国では情報非対称性に対する不満は強い。公的資本の世界でIMFなどによるサーベイや情報分析がより適切になされるとともに、民間資本の世界でヘッジファンドなどを含めた金融機関の情報開示義務強化、格付会社規制のあり方などが柔軟に推進されることが必要である。同時に非欧米系社会も、英語による情報発信力強化に積極的に取り組む必要がある。

3つめは、グローバリゼーションの衝撃緩和の役割を担うという意味で地域統合に向けた官民の情報交換が濃密に進められることである。ヨーロッパの事例が示す通り、効率の良い開発金融には、グローバルな動きのほかにリージョナルあるいはローカルな問題への対処や規制が有効な場合が少なくない。すべてをグローバルな枠組みのなかで処理することには無理があり、ここでも民間のプレーヤーの参加が期待される。途上国も、安定した国際金融秩序形成に向けて議論に参加する必要があるだろう。グローバリゼーションが進んでも地政学的な情報ギャップは地域内のほうがはるかに小さく、共通の問題意識も設定しやすい。地域統合はすでにサービスの自由化など関連する議題を抱えており、グロ

ーバルな問題とリージョナルな問題を分けた形での官民対話に意味があろう。

〈注〉
1) リーマン・ショック以前のマクロ不均衡については World Bank, "Financial Flows to Developing Countries : Recent Trends and Prospects," Chapter 2, *Global Development Finance*, 2008 など。
2) G. Andrew Karolyi, David T. Ng and Eswar S. Prasad "The Coming Wave," *Finance & Development*, Vol. 50, No. 2, IMF, 2013.
3) 失敗を含む事例研究として, 汪志平「海外M&Aと中国多国籍企業の競争優位創造」『経済と経営』第44巻第1・2号 (2014年) など。他方, 乾友彦ほか「中国企業の対外 M&A は成功しているか」(RIETI Policy Discussion Paper Series 13-P-005, 2013年) は, 売上高, 労働生産性, 固定資産, 無形資産 (特許など) に寄与しているが, 売上高には無形資産に計上されない技術・ノウハウや, 海外市場での販売ネットワークなどの貢献が大きいとした。
4) 正確には, 2015年6月末の設立時に署名する段階では, 7カ国が国内手続き上の理由などから脱落した。

〈読者への推薦文献〉

World Bank, *Global Development Finance*, および *International Debt Statistics*（各年版）
今井正幸『入門国際開発金融——途上国への公的融資の仕組みと実施機関』亜紀書房, 2001年
エマ・モーズリー（佐藤眞理子・加藤佳代訳）『国際開発援助の変貌と新興国の台頭——被援助国から援助国への転換』明石書店, 2014年
黒崎卓・大塚啓二郎編『これからの日本の国際協力——ビッグ・ドナーからスマート・ドナーへ』日本評論社, 2015年

第*11*章　市民社会に期待される役割

1　国際協力と途上国・先進国の市民社会

1-1　市民社会の起こり

　篠原一の『市民の政治学』によれば，「18世紀前後，市場経済が発達し，国家から社会が分離するという状況が訪れたとき，国家から自律した市民社会という発想が生まれた。従ってこの時代の市民社会には経済（市場）機能が含まれ，スミスやヘーゲルの市民社会論のように，市場の機能が強調されるものとなった。市場の発展が国家と市民社会の分離をもたらしたのであるから，このことは当然であろう。……19世紀が進行するにつれ，貨幣を中心とした経済社会＝企業の勢力が強くなり，これまでの市民社会とは独立したシステムを構成するようになった。しかも国家と経済は次第に癒着し，人びとの生活世界を圧倒するようになる。マスコミの発達もこの傾向を助長した。……他方資本主義の発達にともない，経済社会も生活世界を植民地化し，ふつうの生活も市場原理によって支配される。……このような状態に対して，生活世界からの逆襲が行われる。参加と自治，様々な自発的結社や社会運動によって，生活世界が権力を中心にした国家の領域に浸

図 11-1 国家，市民社会，経済社会

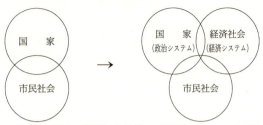

(出所) 篠原一『市民の政治学——討議デモクラシーとは何か』岩波書店，2004年，96頁。

透し，またNPOなどが企業の機能の一部を代行するなど非営利活動が経済社会の領域に切り込むという事態が発生しつつある。こうして権力と経済によって支配され，片隅に逼塞していた生活世界が再び息を吹き返し，その中から新しい市民社会論が登場する」。その結果，「新しい市民社会論の多くは古典的市民社会論の主流派の二領域論とちがって，三領域論をとっている。ここでは国家と経済社会（市場）と市民社会の三つの領域が相互に接合しながら，むしろ市民社会が優位にたつべきだと考えられている」のである（**図 11-1** 参照)[1]。

1-2 国際協力と市民社会

上記のような事態は，タイミングや程度の違いこそあれ，先進国でも途上国でもかつて起こり，現在も起こっている。そこでの市民社会の機能は，政治や行政や市場に対する監視と参加とに大きく分けられる。これを国際協力の文脈で整理したのが**図 11-2**である。第5章第6節に示した通り，途上国の市民社会は，選挙などを通じて政治参加する（①）とともに，自国の経済社会開発に関して政府や企業の活動を監視・批判し，必要に応じて異議申立てを行う（②）。これは主として社会正義や公平の観点から

図 11-2　国際協力における市民社会の機能

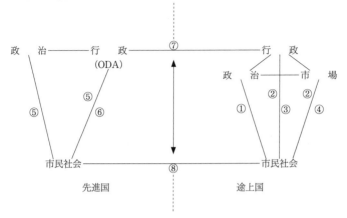

なされることが多いであろう。同時に、地方自治や開発事業実施の機会を活用して、行政の意思決定や遂行に参加する（③）。開発事業への住民参加の担い手としての末端組織は、CBO（Community Based Organization）と呼ばれる。市民社会が市場経済活動に参加することもある（④）。

　同様のことは、先進国の市民社会によっても、その国内政治・行政・経済活動との関係で行われる。行政の一部である外交や財政・金融や通商政策などの一環と位置づけられる、途上国に対する政府開発援助（ODA）や、それにかかわる企業活動に対しても、先進国の市民社会は監視・批判する（⑤）とともに、政策や事業のレベルで参加する（⑥）。行政に圧力をかけるために、政治に働きかけることもある。これらの場合、市民社会はNGO（Non Governmental Organization）やNPO（Non Profit Organization）の形をとることが多い。NGOは民間開発協力団体または非政府組織と訳され、市民の海外協力団体を指す。もともと「国連の場で、経済社会理事会と協力関係をもつ国際民間団体」を指していたが、

「近年地球的な問題が重要になるにつれて,軍縮,人権,開発等さまざまな分野で,各国の国内 NGO が,国連諸機関の活動と協調して,あるいは独自に,活動を展開するようになった」。他方 NPO は,「利潤をあげることを目的としない,公益的活動を行う民間の法人組織」と定義されている[2]。もちろん,NGO や NPO は途上国にも数多く存在し,CBO とも協働する。

世界銀行は,「NGO とは,典型的には,完全にまたはおおむね政府から独立しており,商業的よりは人道的,または協力的目的を持つ主体である。人々の苦しみを緩和し,貧困層の利益を促進し,環境を守り,基本的サービスを提供し,または共同体の開発を担う民間組織である」としている。さらに,CBO が地域のメンバーによる組織で,構成員に貢献するために存在するのに対し,NGO は媒体としての組織であって他者に貢献するとしつつ,共に市民社会の一部をなすと述べている[3]。

先進国ドナー(援助国・機関)による政府開発援助は,主に途上国の行政による開発事業実施を支援しつつ(⑦),CBO や NGO・NPO など途上国市民社会の行政への参加(③)とも深い関係を持つ。市民社会の市場への参加(④)を助けることもある。また,途上国政府にかかわることから,途上国市民社会による監視(②)の対象となることにもなる。海外の NGO や NPO など市民社会は,主に途上国の市民社会を支援しつつ(⑧),途上国の行政や市場ともかかわりを持つ(なお,ODA が途上国の行政を通じないで,自国ないし途上国の NGO・NPO を介して,あるいは直接に途上国市民社会を支援するケースもある)。⑦と⑧とは競争関係にも連携関係にもなり,後者は上記⑥の一種に相当するといえる。先進国と途上国の市民社会同士の連帯は,開発過程における効率・成長よりも平等・分配に重点を置く傾向があるようである。これらのさまざまな関係のなかで,先進国による ODA と途上国

市民社会との連携(③④⑦),およびODAと先進国市民社会による支援との連携(③④⑥⑦⑧)について,もう少しくわしく考えてみよう。

2 ODAと途上国市民社会との連携

ODAは,開発事業に対する資金・技術協力の形で,途上国政府による国民への行政サービス提供を支援するのが通常である。援助の成功・不成功は,途上国行政の効率や効果に依存しており,援助と市民社会との連携とは,行政と市民社会との連携や信頼醸成過程を援助が支援することにほかならない。その際,行政にとっては,市民社会の構成員たる個々人を直接相手にするよりは,市民社会にCBOのような組織が形成され,その代表者を相手にするほうが取引費用を節減できて効率的である。内部の利害調整もCBOに任せることができる。国民の側は,開発事業や行政サービスの計画内容に意見を出したり,実施状況を監視したりするのに,個人で対応するよりは団体で対応したほうが効率的・効果的になる。行政サービスの対価を支払う必要がある場合,料金の請求や支払いに,CBOやその代表者の存在は何かと便利である。CBOの形成や活動を,地元や海外のNGO・NPOが支援・補完することもあるだろう。このようなCBO,NGO,NPOなど市民社会の担い手の参画は,行政にとってだけでなく,開発事業の成功を期したい援助ドナーにとっても重要となる。市民社会の担い手に行政の不備を補ってもらいたいという期待もある。こうして外国援助と途上国行政と途上国市民社会との連携が成り立つわけである。

2-1 フィリピンでの試み

　実例を挙げてみよう。フィリピンでは，1990年代のラモス大統領の時代にそれまでの方針を転換し，農地改革による土地分配だけにとどめるのではなく，円借款を使って分配後の農地に対する中小規模のインフラ整備を各地で開始した。灌漑施設，収穫後施設，農場・市場間道路などによる生産性向上，簡易水道，公民館などによる村民生活改善である。注目すべき点は，インフラ整備の前に村民を，灌漑水管理，共同購入・出荷，施設管理，生計向上などの共通の目的に向けて組合（CBO）組織化し，行政とこれらCBOとの対話を通じて，村民自身にインフラの規模や整備水準，必要な費用や負担額を選択させ，村民同士の利害調整を行わせたことである。地元の事情にくわしい現地NGOが雇用され，組織化を助けるとともに，インフラの有効活用と村民の創意工夫とによって市場で収入を得る機会が考案された。CBOに対する訓練や，政府系銀行などを通じた生計改善のための小規模融資にも円借款資金が使われた。このモデルは，当初農地改革の効果・効率に懐疑的だった他ドナーにも認められ，全国に広がりを見せている。さらに，規模の経済を確保し効率を上げ市場を広げるため，CBOの連合を作る試みも始まっている。「共同体」同士の信頼醸成が重要になる[4]。

　同様の手法は，さまざまな試行錯誤や工夫を重ねながら，フィリピンの他の円借款事業でも採用されてきた。①水源涵養・災害防止と山岳地農民の生計向上とを両立させる全国水源林社会林業，②首都マニラのスラムに住む約50万世帯の不法居住者を対象にした配電・土地の権利取得，③全国18の主要湾での漁業協同組合による違法漁業取締り・珊瑚礁保護・マングローブ植林・市場性のある生計手段獲得，④パラワン島での参加型ゾーニング（土地・沿岸域利用規制）による珊瑚礁保護とエコ・ツーリズム振興

などである。どの例でも、NGOなどに支援されたCBOが、市民社会の担い手としてオーナーシップを発揮し、行政を監視・補完するとともに、市場経済活動に参加している。これは国家と社会との信頼醸成過程といえ、日本からの援助はこの過程を促進・活用しているのである。市民社会が公平・平等な行政（を支援する援助）を指向しているだけでなく、行政の効率化に貢献し、効率を旨とする市場にも参加している点に注目しておきたい。このような事例は、フィリピンと並んでNGO・NPO活動の盛んなインドはもちろん、世界中の途上国で見られるようになった。市民社会に根ざした内発的なガバナンスの改善といえるだろう。

2-2 南アジアでの教訓

このような連携の手法については、南アジア諸国においてドナーが支援した都市居住環境改善（上下水道、排水、廃棄物、住宅など）事業の経験から、次のような留意点が挙げられている。すなわち、①簡易で費用負担可能で「適正な技術」を選択し、サービスの質を維持すること。施設の維持管理がCBOなど受益者のグループによってなされることを期待するのであれば、計画・設計段階に彼らを巻き込み、技術面で柔軟な対応をすること。

②計画段階から市民社会と相談し、行政側の地方自治体を含め関係者の「役割分担と責任」を明確にしておくこと。受益者に一定の負担を求め、自らの居住環境に投資するよう奨励するのであれば、土地所有・使用の権利が併せ保障されねばならない。

③受益者が望み、料金を負担する意思を持つ量・質のサービスを提供するため、行政による供給よりも市民社会による「需要を重視」すること。ただし、公衆トイレのように、促進活動を経て需要が喚起されるケースもある。民間業者によるサービス提供（民営化）は、行政や市民社会による適切な監視・モニタリング

が行われない限り，サービス改良にはつながらない。

④受益者・CBOに対するマイクロファイナンスや保証など「資金融通」の仕組みを作ること。NGOが資金の提供者・仲介者・保証人になったり，訓練を担当したりすることが多い。CBOが構成員から資金を集め，話し合って貸付を行い，これをリボルブ（循環）させていく方法も有効である。

⑤CBOによる維持管理に依存するだけでなく，「地方自治体」による維持管理能力（料金徴収能力や市民社会との信頼関係を含む）の強化が図られねばならない。行政と市民社会との相互補完が求められる。

⑥CBOやNGOの活動を円滑にする途上国内の「政策・法制度環境」の整備が不可欠である。CBO・NGO活動のモニタリングも忘れてはならない。

同時に，⑦他者に貢献する立場のNGOも事業に対して自己資金を拠出し，「真の」ステークホルダー（利害関係者）になっていることが望ましい。途上国の「共同体」を理想化し，それに依存すればすべてうまくいくと考えるのは早計であって，「共同体の失敗」にも注意が必要で，適切な対策を講じなければならないのである[5]。

3　ODAと先進国市民社会による支援との連携

3-1　ODA活動とNGO活動

ODAは，先進国政府機関が途上国政府機関をカウンターパートとして実施されることが多いが，先進国市民社会の「代表者」であるNGO・NPOは，途上国市民社会のNGO・NPOやCBOをカウンターパートとすることが多い。前者が市民の税金などを原資とするのに対し，後者は会費や寄付，自国政府からの補助金

などを元手にしている。とはいっても，先進国政府による援助が途上国市民社会と無関係なわけではなく，先進国市民社会による国際協力活動が途上国政府と無関係なわけでもない。ODAは，主として途上国政府を通じて市民社会とかかわりを持ち，後者は，途上国市民社会を介して政府ともかかわりを持つ。以下，前者を「ODA活動」，後者を「NGO活動」と略称を用いることとしたい。

さて，ODA活動と違ってNGO活動は，その決定や実施にあたって途上国政府の行政組織・官僚機構を介さなくてもよいので，機動的で柔軟な対応が可能である。相手国市民に直接支援を届け，現地事情に応じたきめ細かい活動ができる。日本のNGOであれば日本人が現地での活動に携わることが多く，村の生計向上など対象事業の受益者との間に，人と人との触れ合いによる協力の姿が見えやすい。実際に活動に参加する人たちはもちろん，それを日本で支える人たちや会員，寄付をする人たちにも参加・貢献意識が湧きやすくわかりやすいのである。その一方で，相手国の政府に対する影響力や支援対象事業の経済的・社会的インパクトは限定される。

ODA活動は政府の予算を使うだけでなく，相手国政府の資源（予算，資産，行政組織，人材など）を活用でき，規模の大きい事業や広い地理的範囲にわたる事業を支援できる。それだけ国民全体へのインパクトが大きい。相手国の政策や制度に影響を与えることも可能である。その一方で，国と国との関係や相手国の官僚機構に縛られることになるので，相対的に機動性・柔軟性を欠く。双方の国の行政の一部に組み込まれた形での国際協力であって，人と人との触れ合いを感じにくい。ドナー側の納税者にとって途上国への貢献が間接的で，効果を実感し参加意識を持つことが難しい。

もちろん，必ずしも上のようには言い切れないケースもある。

日本ではまだ例が少ないが、NGO・NPOにも多国籍企業なみの財力やネットワークを持ち、ODA活動以上の影響力を相手国政府などに行使するケースが現れてきた。ビル・ゲイツ財団はその典型例である。ODA活動のなかでも技術協力やボランティア活動は、人と人との触れ合いの側面が強い。また、途上国側でもドナー側でも市民の目線が尊重されるよう、ODA活動にさまざまな工夫が凝らされるようになってきた。その1つが、ODA活動とNGO活動との連携である。

　ODA活動にとって途上国市民社会との連携は、支援の効率・効果を上げるとともに、社会正義・公正への配慮を強化する手段であることが多いが、NGO活動を含む自国市民社会との連携は、これに加えて、ODA活動の意義・効果やドナー国市民の参画を双方の市民にわかりやすく示して、説明責任を果たすための1つの方法でもある（途上国市民社会との連携にも、双方の市民に対する説明責任の側面はある）。「顔の見える」援助の一形態といえよう。他方、NGO活動にとっては、自らのイニシアティブによる成功モデルを拡大・持続させるのに、ODA活動の資金や相手国行政への発言力を利用できるメリットが考えられる。NGO活動そのものの資金源としても期待される。

　それでは、具体的にどのような連携の形態があるのだろうか。第1の形態は、ODA活動予算を使って本来のNGO活動資金を補助・支援するもの。補助の対象は、事業活動と組織運営との両方がありうるが、前者が多いようである。第2は、ODA活動のさまざまな局面で、その予算を使ってNGOを雇用し知見を活用するもの。個別ODA事業の形成・監理・評価などに関与する場合もあれば、対象国の開発政策や政府のODA政策について提言する場合もある。日本の場合、政府やODA機関との契約に基づくこともあれば、資金源は円借款などだが相手国に雇用されるこ

ともある(日本の場合後者の例はまだまれである)。NGOがODA活動に,開発コンサルタントないしシンクタンク的に参画するわけである。第1の形態は当該NGOの本来業務に軸足を置いており,第2の形態は当該ODA業務に軸足を置いているともいえる。最近はこれらの中間形態として,NGOのもともとの活動の拡充とODA事業の充実との,双方に合致するような連携を実現する方策・手続きが模索されている。ただ,資金源がODA予算など国民一般の税金であり,ODA活動のカウンターパートが途上国政府である以上,参画するNGOにとって一定の制約が感じられるのではないだろうか。

　第3の形態は,ODAとNGOとがそれぞれの資金で活動費を賄いつつ,共通の目的を目指して連携・協働するものである。共通の目的が個別開発事業のこともあれば,開発政策やODA政策であることもある。NGOの側は開発事業実施型のケースもあれば,アドボカシー・監視型のケースもあろう。どちらかが資金を出すという片務的な関係がないために,双方の独立性を保った真に対等な連携の姿といえるが,それだけに共通目的のために一緒に活動するインセンティブは働きにくい。それぞれの事情や一種の「組織エゴ」が出てくるからである。ODA活動もNGO活動も,それぞれ自己完結的に仕事をしたほうが調整コストがなくてすむ。これを上回る便益が感じられなければ連携は成立しない。

3-2　連携にかかわる留意点

　ODAと先進国市民社会による支援との連携について,いくつかの留意点を述べておこう。第1に,ODA活動にせよNGO活動にせよ,基本的に途上国外からの支援であるので,途上国の国民・市民社会・受益者のニーズに応えるには,途上国の市民社会,すなわちNGO・NPOやCBOなどとの協力が欠かせない。いか

にして当該国の有能な市民社会団体と協力関係を結べるか，それによって受益者や国民の視点に近づけるかが，事業の成否を握る面がある。ODA活動の場合は途上国行政を介在させてではあるが。したがって，この点において，さらには結果としての開発成果発現において，ODA活動と先進国NGO活動とは競争・競合関係にある。成果は，その後の資金調達（ODA活動であれば納税者の支持，NGO活動であれば会員数や寄付金の額など）にも強く影響する。したがって，無理に連携を求めなくとも，健全な競争や互いを意識しての切磋琢磨は，ODAやNGO活動の効率・効果を上げ続けるには望ましいことだろう。

第2に，ODA活動やNGO活動の説明責任（アカウンタビリティ）の問題がある。ODA活動の資金源は，日本の場合，一般会計予算（国民の税金），財政融資資金（郵便貯金など），金融市場（債券の販売）などであり，NGO活動の資金源は寄付金，会費，ODA予算などである。ODAもNGOもこれら資金の出し手に対して，資金の効率的・効果的運用について説明できなければならない。さらに，ODA活動もNGO活動も，当該途上国国民の貧困削減努力を支援するのであるから，カウンターパートである途上国政府，市民社会，事業の受益者，場合によっては被害者，国民一般に対しても説明責任を果たさなければならない。円借款のように30年，40年かけて返済を求めるスキームでは，途上国の未来の世代にも納得してもらえる内容であることが求められる。誰に対して説明責任を持つのか，そのなかで誰を優先するのかを確認しあうことが，連携を円滑にするのに欠かせないように思われる。同時に，ODA活動やNGO活動にとっての説明責任の所在が，途上国側のオーナーシップを阻害することにつながってはならないだろう。自国市民や資金提供者を満足させること，あるいは連携という形式にエネルギーを使うあまり，途上国の利害や

ニーズの把握がおろそかになってはならない。ODAにせよNGOにせよ，途上国の内発的開発の触媒にすぎないからである。

　第3に，ODAやNGOの活動とその連携にあたっては，途上国開発のプロフェッショナリズムとアマチュアリズムについて考えなければならない。これらの活動に参加する人材は，知見・経験に裏打ちされた専門性（プロフェッショナリズム）を身につけていなければ，途上国開発や貧困削減の役に立たないことは当然である。プロとしてのサービスが得られるからこそ，途上国行政も市民社会も国際協力を受け入れる。ドナー国市民も安心して資金の利用を政府やNGOに負託する。アマチュアリズムについては，とくにNGO活動はその親しみやすさやアクセスの容易さが特徴だし，ODA活動も一部の専門家の独占物であるわけにはいかない。一見素人のように見えても，実は普通の市民の目が物事の正鵠を得，普遍的真実をついていることも多い。途上国の開発といってもその目指すところは，すべての人々が日々平和に安全につつましく暮らしを立てていくことにほかならないからである。ただ，それだけでは途上国市民にとって，外国の政府や市民と協力するメリットが十分感じられないであろうことを忘れてはなるまい。ODA活動とNGO活動との望ましい連携を考える際に，検討すべきポイントである。

4　国際協力の担い手の多様化

4-1　市民社会活動の広がり

　近年，国際協力の担い手は多様化している。たとえば，ドナー側で国際協力に参加する市民社会の構成員は，NGOやNPOに限られなくなってきた。その1つが地方自治体である。自治体は先進国行政の一部を構成するのではあるが，国際協力を本来の

業務とはしておらず，むしろ市民に近いところに位置しているので，ここでは市民社会の一部とみなしておく。日本で地方自治体が担当している上下水道，ゴミ処理，公害対策，初等中等教育，保健医療，地方道路や「道の駅」などの行政サービスは，市民生活とのかかわりが強く，地方分権化が進みつつある途上国行政にとって有益な知見の宝庫である。従来は，これら自治体の専門家が日本の援助機関を通じて途上国の行政機関に派遣される，途上国からの研修生を援助機関経由でこれら自治体に受け入れるといった形態が中心であったが，最近では自治体が自らNPOを立ち上げて活動したり，姉妹都市関係のある途上国自治体と独自に国際協力・交流を行う機会が増えてきた。姉妹都市というと欧米や中国が多いのであるが，それら以外の途上国各国にも多様化しつつあるのは頼もしい。国際化を，地域活性化のためのテーマの1つに位置づけている自治体も多い。市民社会の担い手としての立場から，ODA活動と連携するようになり，またNGOなどとも協力している。

同様の状況は，先進国の民間企業においても現れている。従来，これら企業はODA活動に契約の受注者として参加するのが常であったが，近年は，直接的な営利活動ではないものの，企業の社会的責任（CSR）を果たすにふさわしい活動を途上国で行うようになってきた。貧困・環境問題への取組みなどは，内外における企業イメージの向上に結びつくだけでなく，将来の市場開拓につながるかもしれない。民間企業もNGO・NPO的に行動しはじめたわけである。今のところは専門のNGOへの寄付などを通じて貢献するケースが多いが，こういう立場からODA活動と連携する状況も将来増えていくだろう。また，途上国に依然として多くの貧困層がいるということは，企業にとっての潜在的な市場，未来のビジネス・チャンスが膨大に存在するということを意味する。

ここに注目して，BOP（bottom / base of the pyramid）と呼ばれる貧困層にも支払い可能なビジネスを開拓するのは，ODA や NGO の貧困削減活動と大いに接点がある。さらに，市場経済原理に従いつつ慈善的な事業を行おう，社会的目的のためにビジネスを興そうという「社会起業家」も現れてきた[6]。

本来，NGO 活動は非営利目的，民間企業活動は営利目的という違いがあるのはいうまでもない。ただ，NGO 活動が途上国の貧困層の市場への参加を支援しようとすれば，その際要求されるノウハウは，技術の習得，資金の調達，マーケットの開拓など，企業経営や起業のそれと同じになる。安定的なマーケットの確保には企業との協力が不可欠である。また，NGO や NPO の経営も，民間企業経営と重なり合う部分が多い。依然として，企業と NGO・NPO との間に考え方の違いや誤解があることは事実だが，その溝を埋めて互いに協力すべき時代がきたのである。

4-2 新興のドナー群

国際協力の担い手の多様化は，先進国の地方自治体や民間企業以外にも広がりつつある。いまだ途上国でありながら大きな経済力をつけてきた中国，インド，アラブ諸国，ブラジルなどの政府部門が，ODA に相当する援助を従来以上に供与しはじめている[7]。韓国，マレーシア，タイ，インドネシア，ベトナム，ポーランド，トルコ，チュニジアなども，自らの開発経験を踏まえた技術協力を含め，より貧しい国々への支援を強化している。引き続き援助供与側の国は増えていくであろうし，いずれそれらの国の市民社会も国際協力活動に参入するだろう。援助を受ける側の市民社会や民間企業も，自国の経済・社会開発への貢献にますます熱心になるであろう。

世界的な大企業（家）の設立した財団も，国際協力の重要な担

い手となってきた[8]。たとえば、ビル・ゲイツ財団の基金規模は、2007年現在376億ドルである。国際機関も、従来の国連や世銀グループを中心とした体制（ブレトンウッズ体制）から、途上国の地域協力・地域統合機関などがより大きな役割を果たす体制へと移行しつつあるように見える[9]。アラブ首長国連邦、シンガポール、中国、ロシア等の政府系ファンドも存在感を増している[10]。アメリカ一国単独主義やグローバル資本主義への批判があるなかで、国際協力の供与側でのアクターは各国政府・市民社会・民間企業と多様化し、受け手側の政府・市民社会・民間企業というアクターの動きと複雑に絡み合うように変化してきたのである。

　国際協力の「大競争時代」ともいうべきこのような事態は、途上国の政府や貧困層にとって、より良い支援を選ぶ選択の幅が広がるという意味でチャンスではある。同時に、混乱や無駄の原因にもなる。すなわち、その機会を生かすためには、情報の開示、調整、ドナー側の言いなりにならない発言力をつけること（エンパワーメント）、ドナーのより良いパフォーマンスへのインセンティブと第三者による公平な評価、途上国側の確固たるオーナーシップ、（途上国の）市民社会による監視など、新たなメカニズムが必要と考えられる。たとえば、特定の分野・課題への対応だけに特化した財団などが、いかなる公的機関のチェックも受けることなく巨大な金額を動かすようになると、途上国における資金や人材の配分がその分野・課題に偏ったものになって、他の分野が悪影響を受けてしまう怖れがある。このような事態を防ぎ、途上国の開発を効率的で公平な、バランスのとれたものにするには、「新たな国際システム」が求められており、その際に、国際協力に携わる市民社会への期待は大きい。

5　国際システムの不条理と市民社会の役割

5-1　国際システムの現状

　第5章第6節では途上国の国内システムについて分析したが,ここでは現在の国際システムについて考えてみたい。現在の国際システムにはいくつかの重大な懸念点が見出される。第1に主に経済面では,グローバルな富の偏在,不平等,不公正の存在がある。世界人口のうち豊かな2％が世界の資産の半分以上を,貧しい50％がわずか1％を所有しているにすぎないというのは,明らかに異常な事態である[11]。こういう状況を改めるにはグローバルな所得再分配が不可欠だが,残念ながらこの問題は常にそれぞれの国の国内問題に劣後した扱いを受ける。

　第2に主に政治面では,ブッシュ前政権のアメリカ単独主義や国連の不完全な機能に端的に見られたように,グローバルな民主主義,グローバルなガバナンスの仕組みが欠如していることが挙げられる。欧米諸国が,国際協力や武力介入に絡めて,執拗に途上国に民主主義の価値を唱道しているにもかかわらず,国際関係のほうはまったく民主主義的ではなく,大国の力やエゴが人類全体にかかわる意思決定を強く左右している感がある。また,グローバル・ガバナンスよりも,国家という政治単位による権力の行使がもちろん優先している。

　第3に,経済のグローバル化は不可逆的と考えられるし,過去数百年にわたるグローバル化の恩恵を最も享受してきたのは,現在の先進国であるにもかかわらず,最近グローバル化への恐怖や反発が,とくに先進国側から聞かれるようになっている。中国を筆頭に,途上国のなかからグローバル化の機会を最大限活用して経済的に成功する国々が現れたとたんに,既得権益を脅かされ

図 11-3 国際システムの現状

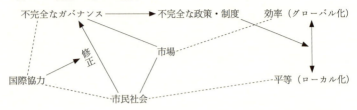

ると感じる先進国側での保護主義台頭である。グローバル経済にともなう先進国内の格差問題や人材育成・労働市場改革の課題を，途上国側に責任転嫁しようという議論だろう。

第4に，地球全体での資源・エネルギー・水の制約，環境や食料の問題，気候変動による危機などへの認識は高まりつつあるものの，アメリカを中心とした大量消費社会の構造は依然として変わってはいない。中国やインドの経済発展による消費増加や環境負荷を懸念する声は聞かれるが，これまで大量に資源・エネルギーを消費し，CO_2を排出してきた先進国の現在の状況を改革しようという意識は今のところ乏しいようである。既得権益にメスを入れるのは困難なのだろう。第1，第3の点も同じであるが，弱い立場の途上国にとっての利害得失や地球規模問題よりも，先進国にとっての利害得失が優先的に議論されるのが現状である。これは，第2の政治的な側面とも表裏一体といえよう。

国内システムと対比してみると，国際システムの現状は**図11-3**のようになっていると考えられる。すなわち，民間市場は効率を指向しつつグローバルに展開し，市民社会は分配・公平を指向しつつ，ローカルな視点でさまざまな課題に対処しようとする。市民社会がグローバルな連帯で広く強く結ばれる状態にはまだ程遠いが，マスコミやインターネットを通じて，その方向性は着実に実現しつつある。他方で，グローバルなガバナンス構造はきわ

めて不完全で,世界的な規模で効率と平等とのバランスを達成するような政策・制度は打ち出せていない。弱肉強食のゼロ・サム・ゲームの様相さえ呈している。

5-2　市民社会の役割

　援助を含む国際協力は,上記の4点に特徴づけられる国際システムのなかで,それぞれの国の内発的なガバナンス(政治,行政,市民社会,市場の関係)の発展を促進し,途上国の貧困層や弱者にとっても公平な競争の場(レベル・プレーイング・フィールド)を設定するための触媒となることを期待されている。ただ,世界的な政治・行政の構造がかなり不条理なものである以上,国と国,政府と政府,それらの集まりである国際機関を通じただけでは限界がある。

　アメリカ単独主義や西欧文明至上主義には,ようやく限界が見えてきた。地政学的なパワー・バランスは変わりつつあって,中国やインドなど新興国の経済力・政治的影響力の伸張,ドナーとしての本格参入,複数の途上国からなる地域協力・統合機関の活躍などが,従来の固定的な「ゲームのルール」に風穴を開ける期待はある。しかし,新興国も国民国家としての国益を背負っている点に変わりはない。ここに,重要性を増しつつある市民社会,およびそれによる国際協力の果たすべき役割がある。

　成長と分配のバランス,グローバル資本主義の功罪,食料・資源・環境などの制約,感染症など地球規模問題は,途上国と先進国とで社会構造的な差異があるものの,普通の市民の目から見れば人類共通といえる。先進国の国内にある,または過去にあった問題の延長線上で,途上国の課題をとらえることは可能である。ましてや,経済規模や所得水準,自然・社会・政治環境が異なるとはいえ,現在の途上国同士であれば共通点も多い。政治単位と

しての国と国との壁を越えることがなかなかできないのであれば，市民社会として壁を越えることはできないであろうか。市場だけではなく，市民社会こそ国境を越えたグローバル化の担い手にふさわしいのではないか。市民社会による国際協力は，現在よりももっと広がりと深みを持てるのではないか。「市民社会による国際協力」が，不条理な国際システムの影響を受けやすい「政府による国際協力」をよりいっそう望ましい方向に導けるのではないか。市民社会同士の交流があってこそ，各国の内発的なガバナンスの発展を理解し支援できるはずではなかろうか。途上国市民が，それぞれの希求する未来を1日も早く実現しようとする努力に対し，真に寄りそえるのは「普通の市民の目」ではないか。

5-3 市民社会の有利な点

NGO・NPO，地方自治体，大学・研究機関，労働組合，マスコミなど市民社会の代表者による国際協力は，現在の国際システムを形づくっている各国政府による国際協力と比べて，いくつかの有利な点がある。第1に，市民社会によるものは，援助や支援というよりも交流や相互学習の側面を強調しやすく，より対等な関係を持ちやすい。もちろん政府間でも対等な関係が建前であり理想であるが，実際には国と国との経済力や軍事力の差が見え隠れしてしまう。

第2に，政府間の国際協力は国家権力行使の一部であり，外交関係の一環であることから，これらの状況に左右されるのに対し，市民によるものはこれらから自由に継続性や柔軟性を維持できる。国と国との関係がギクシャクしても，市民同士は交流を続けられるし，それが関係改善の糸口になるかもしれない。

第3に，市民社会による国際協力は，グローバル化とローカルな対立とが同時進行する現代にあって，狭い国益ではない国民

と国民との信頼関係の醸成,当該国内のさまざまな関係者間の信頼関係の構築に寄与できる。政府による国際協力も本来そうあるべきだが,「開かれた国益」への道のりはまだ遠い[12]。

第4に,市民社会は国境に縛られないので,国境をまたがる広域的な課題,利害調整や協力に取り組みやすい。地域協力・地域統合を目指す国際機関にも同じ機能があるが,構成各国の思惑から離れるのはまだ容易ではないようである。

第5に,第5章第4節で見た通り,ミレニアム開発目標(MDGs)だけを取ってみても世界の絶対的貧困撲滅にはまだ道なかばである。しかし,一定のタイムスパンで考えると,貧困の問題は徐々に相対的な貧困へ,格差の問題へと移行していくと考えられる。格差や分配という課題は市場原理や経済理論では必ずしも解決できず,国内においても国際的にも政治的決定に依存する部分が大きい。その政治を左右するのは,国民の投票行為であり市民の声である。国内外の格差や分配をどうするかという課題は,行政が中心となるODAよりも,市民社会による国際協力にいっそう適しているのではないだろうか。

この延長線上で第6に,第5章第5節で紹介したように公平や社会正義の定義は意外に難しく,少なくとも開発経済学で通常扱う貧困問題の枠をはるかに超えている。経済・政治・社会はもちろん,民族・歴史・文化・宗教・人権など国内外の微妙な問題にも深くかかわってくる。政府に比べて市民社会は,こういった広い範囲の多様な課題を自由自在に議論し,国際協力を通じて不正や歪みを正すことに貢献できる。

第7に,先進国側でも途上国側でも行政は,いかに監視を受けようとも独占的な組織であり,既得権益や汚職から完全に逃れることができない。先進国が口にする途上国のガバナンス改善項目や経済援助の条件に,必ず汚職防止が加わっているが,その豊か

な先進国でも汚職が後を絶たないのはおかしな事態である。国際システムの不条理の背景には既得権益があり，それが政府・行政や市場と結びついていることが多い。その点，市民社会同士の協力・連帯は独占的な権力をともなわないゆえに，既得権益や汚職から自由になれる可能性が十分ある。地球温暖化ガスはどこでどれだけ発生しているのか，この「エコ商品」は本当に環境に優しいのか，食料やエネルギー価格の高騰で不当な利益を得ているのは誰か，「フェア・トレード」や水使用量の正確な認証など，中立的な市民社会による監視と情報提供が求められる論点は数多い。

5-4 留意すべき点

以上のように，市民社会による国際協力は，現在の国際システムに異議申立てを行う観点から種々の強みが考えられるが，いくつかの留意点も指摘しておくべきだろう。第1に，市民による国際協力は，当面政府によるそれを代替するわけではない。それぞれの特徴を生かしながら，ときに競争し，ときに連携すべきだろう。足を引っ張り合うのではなく，互いの良さを伸ばすような建設的批判が望まれる。

第2に，貧困，格差，保護主義，食料・資源・環境，人権などの国際課題に取り組む際，途上国内の市民社会と政治・行政との関係を対立させ，混乱を招くのではなく，その信頼醸成と内発的覚醒に資するような市民による国際協力でありたいと考える。先進国側の「価値」を性急に押しつけるのは，たとえそれが善意と確信に基づくものであったとしても，途上国内に社会的緊張を招き，場合によっては暴力や犠牲や紛争をともなう怖れがある。先進国の「成熟した」市民社会が掲げる「価値観」は，決して絶対的なものではなく相対的なものにすぎない。途上国における価値観は，その市民によって時間をかけて作り出されるべきである。

第3に，市民社会の代表者がその行動の帰結に対して説明責任を果たすことである。井上達夫によれば，「ボーダーレス市場における資本主義的専制が国家主権を侵食することにより，市場の放縦に対する民主的統制をも侵食するという問題を指摘しましたが，グローバルな権力を持つNGOについても，ここで見たように同様な問題があります。資本の権力は悪だが非政府組織の権力は本質的に善だとは単純には言えないのです。仲松さんは『世界市民的な公共性の苗床』という言葉をお使いになりましたが，権力を蓄えた集団が自らの権力行使の負の帰結を背負わせられる人々からの批判的統制に服さない場合には，それはこのような公共性を陶冶するどころか，独善性・傲慢性を昂進させるだけでしょう」[13]。井上は，アカウンタビリティを説明責任ではなく「答責性」と訳している。市民社会による国際協力が，国際社会のなかで誰の利害得失にどのように貢献しているのか，本当にウィン・ウィン（関係者皆が得をする状況）なのか，誰が誰に対して責任を取るのか，よく見極めたいものである。

　最後に，市民社会といっても，NGO・NPOや大学だけでなく，普通の市民が果たして国際貢献できるのだろうか。この地球の抱える課題の解決に，参加したり討議したりできるのだろうか。これに対して，ロバート・ダールは「それなりの市民」という概念を示し，「これは，公共善を認識してそのために行動するというイメージをもつ古代のよき市民でもなく，また近代的個人主義の上に立ってそれぞれの利益を追求し，その利益追求の予定調和によって公共善が成り立つと考える近代のよき市民ともちがう。現代においては社会の規模の大きさ，問題の複雑さ，マスコミの操作性などを考えると，完全な判断のできる市民を期待することは困難であるが，そういう点については専門家も同様である。そこで，あまり完全性を求めないで，『それなりの市民』という基準

をたてるべきだ」という[14]。

　グローバル化のもとで、国家に帰属することが絶対的なアイデンティティではなくなりつつある現在、民族や宗教や価値観に名を借りた不寛容・排他主義ではなく、成熟した市民による寛容と連帯こそが求められている。

　国際協力の課題は、政府によるものであれ市民によるものであれ、①途上国の開発とグローバル経済の進展の過程で、市場の失敗や急激な変化に対処しようとする当該国政府・社会を後押しする、②途上国経済の資本増強・効率化を促進しつつ、分配をより公平・平等なものに是正する支援を行い、同時にこれらを可能とするようなガバナンスの改善を慫慂して、資金的・技術的・政策的などの側面で触媒として誘導効果をもたらす、③グローバル化とローカル化の機会をより活用しやすくし、悪影響を最小限にするよう協力する、④先進国側の役割には限界があることを認識しつつ価値観の押付けを避け、途上国の主体性や多様性を称揚して、その内在的で優れたものを顕在化させて潜在力を解き放つ、⑤異文化や異なる価値を理解・尊敬して、自らのあり方を見直し、内なる国際化を進展させる契機とする、⑥グローバル政治・経済の不条理に対して一定のメッセージを発信し、新たな地球的価値を創造して、この不公正の是正を目指す、ことであると整理できる[15]。「それなりの市民」が、地球という運命共同体の一員であることを認めて、これらの討議に共に知恵を出し合うことを期待したい。それでこそ、国際協力は「感謝」ではなく「誇り」を残すものといえるのだろう。

〈注〉
1) 篠原一『市民の政治学――討議デモクラシーとは何か』岩波書店、

2004年, 92-99頁。
2) 『現代用語の基礎知識2000年版』203, 633頁。
3) Cristopher Gibbs, Claudia Fumo and Thomas Kuby, *Nongovernmental Organizations in World Bank-Supported Projects: A Review*, World Bank, 1999, pp.1-2.
4) 辻一人「アジア通貨危機と途上国開発行政のあり方――成長と公平の両立は可能か?」下村恭民・稲田十一編『アジア金融危機の政治経済学』日本国際問題研究所, 2001年, 156-157頁；国際協力銀行『円借款事業評価報告書（要約版）2005』2005年, 20頁, 75-76頁。
5) UNDP, World Bank and DIFD, *Community Initiatives in Operation and Maintenance of Urban Services*, 1998.
6) 「起業家暮らしに貢献――ガーナ有料移動トイレ, ケニア養蜂業を効率化」『朝日新聞』2008年5月22日。
7) 小林誉明「中国の援助政策――対外援助改革の展開」『開発金融研究所報』第35号, 国際協力銀行, 2007年。
8) OECD / DAC『開発協力報告書2007』。
9) Roberto Savio, "World Bank, IMF Get Dose of Own Medicine," *The EastAfrican*, June 11-17, 2007.
10) 「国家マネー（下）世界に広がる影響力――崩れる先進国優位」『日本経済新聞』2007年12月22日。
11) "Half the World's Assets Held by 2% of Population," *Financial Times*, Dec. 6, 2006.
12) 「21世紀日本の構想」懇談会最終報告書『日本のフロンティアは日本の中にある――自立と協治で築く新世紀』(2000年1月18日, 小渕内閣総理大臣〔当時〕に提出), 第6章「世界に生きる日本」(第1分科会報告書)。
13) 井上達夫ほか『自由・権力・ユートピア』(岩波新・哲学講義7)岩波書店, 1998年, 70頁。「政府の失敗」や「市場の失敗」に加えて,「市民社会の失敗」については, 別途の考察が必要である。
14) 篠原・前掲書, 194-198頁。
15) ナイジェリア出身の世銀副総裁オビアゲリ・エゼクウェシリは,「我々の仕事は, アフリカの国造りとか, そのための監督ではなく, アフリカの潜在力を解き放つことである」と述べている。「論点：アフリカ開発会議」『読売新聞』2008年1月11日。

〈読者への推薦文献〉

臼杵陽『イスラムの近代を読みなおす』毎日新聞社，2001年

小川忠『テロと救済の原理主義』新潮社，2007年

草野厚『日本はなぜ地球の裏側まで援助するのか』朝日新聞社，2007年

篠原一『市民の政治学――討議デモクラシーとは何か』岩波書店，2004年

下村恭民・稲田十一編『アジア金融危機の政治経済学』日本国際問題研究所，2001年

終　章　変容する国際開発規範と日本の国際協力

　本書では,さまざまな角度から国際協力について考えてきた。その過程で,国際協力が直面している大きな変化が浮き彫りになった。変化を引き起こす要因の多くは,以前から認識されていたものであるが,近年の注目すべき現象は,国際社会の主流の考え方,つまり国際開発規範(国際社会における開発協力のルールあるいは行動基準)に親和的でない要因が,急速に大きな影響力を持ったことである。代表的な事例として,中国などのいわゆる「新興ドナー」の影響力の増大や,持続可能な開発目標(SDGs)の設計過程での途上国の発言力などが挙げられる。その結果,国際協力は連続的な変化のなかの「転換点」ではなく,過去と非連続的な色彩の濃い状況(ここでは「変容」と呼ぶ)を経験しつつある。本章では,この新しい状況(しばしば"Beyond Aid"[1]の時代と形容される)を概観したのち,進行しつつある変容が日本の国際協力にとってどのような意味を持つのか,どのような機会・可能性を提示するのか,日本の国際協力がどのような課題に直面するかを検討し,日本の国際協力の今後を考えたい。

1 "Beyond Aid" の時代

"Beyond Aid" とは, どのような時代なのだろうか。ここには2つの意味が含まれている。一般に, "Beyond Aid" は開発協力のなかの政府開発援助 (ODA) の役割・比重の大幅な低下を表す用語として使用されている。また,「(DAC メンバーが主導する) 伝統的な従来型の ODA」の役割・影響力の後退を意味することも多い。なお, この用語は開発協力に関して使用されているが, 第1章で見たように, 開発協力 (日本の用語では経済協力) と国際協力の差は大きくないので, 国際協力全体に適用するうえで問題はないと考える。

"Beyond Aid" と形容される新しい状況が生まれた背景には, 国際協力アクターの多様化と, 支援ニーズの変化という2つの要素がある。まず国際協力の「出し手」の多様化について考えてみよう。第10章や第11章で見たように, さまざまな民間資金フローが途上国に流れている。その大半は民間直接投資 (foreign direct investment: FDI) を代表とする利潤動機に基づく活動であるが, BOP (Base of the Pyramid) ビジネスのように,「所得階層のピラミッドの底辺にいる貧困層」[2]を顧客・パートナーとして, 企業利益と社会利益を同時に実現しようとするビジネス活動や, ビル・ゲイツ財団 (Bill & Melinda Gates Foundation) のような多様な市民団体の活動も広がっている。民間資金フローの規模は 2000 年代初頭と 08 年に激しい落ち込みを経験したが (アジア金融危機の後遺症およびリーマン・ショックの影響), 基本的に急速な拡大基調にあり, 途上国向けの資金フローのなかで圧倒的な比重を占めるようになった。また途上国向けの資金フローのなかで, 中国やインドやアラブ・ドナーなど, DAC の外側で活動する新

興ドナーの比重も着実に高まっている。新興ドナーが主導する国際機関（アジアインフラ投資銀行〔AIIB〕，BRICS銀行など）も動き出す。こうした非伝統的なドナーの台頭によって，伝統的な国際協力の担い手，すなわちDAC（OECDの開発援助委員会），世界銀行，国連諸機関などの存在感が以前よりも小さくなったことは否定できない。

21世紀に入ってから，支援の受け手としての途上国の声が格段に高まったことも無視できない。これは「従来，国際社会の支配的な論議のなかで軽視されてきた途上国の声が高まり，その要求に耳を傾けざるをえなくなった状況」と形容するのが適切であろう。1990年代以降の世界では，貧困緩和，とくに極度の貧困（購買力平価で1日1.25ドル以下の生活。第1章参照）の解消が圧倒的に重要な位置を占めてきた。この潮流の到達点がミレニアム開発目標である。いうまでもなく，貧困緩和はきわめて重要なテーマであり，今後も国際協力の中心的な課題であり続けるが，その一方で，貧困緩和，とくに基礎教育や保健・医療に優先順位が偏り，他の重要テーマに目が向けられない傾向が生じたことは否定できない。途上国側が強く希望しながら，しかも貧困層を含めた途上国の人々の生活条件の改善に不可欠の要素でありながら，民間直接投資の誘致や（電力・交通などの）経済インフラ建設には，DACの場やミレニアム開発目標で十分な優先度が与えられなかった。しかしながら，「出し手」の多様化によって途上国側の選択の幅が広がり，国際的に主流でなかったパターンの支援を受けることが以前より容易になった。近年の途上国の指導者・政策担当者たちの発言をレビューすると[3]，民間直接投資の導入と（その誘致の前提条件としての）インフラ建設についての強い政治的意志が確認できる。

2011年に発表されたOECDのエコノミスト（ミリアム・サイデ

ィとクリスティナ・ウルフ）の論文[4]は，こうした潮流変化に関する伝統的ドナーの立場とジレンマを率直に説明しており有益である。彼女たちによると，DACの正統的な見解では開発協力の動機はあくまでも慈善（charity）であり，したがって加盟メンバーによる協力の基本的性格は，世界的規模での所得再分配活動である。この理念の下では，ODAによる公的資金フローと利潤動機による民間資金フローとは峻別されなければならない。しかしながらサイディとウルフは，中国やインドのような新興ドナーのモデル[5]，すなわち2つの資金フローを一体的に組み合わせたモデルの広がりを，（相互補完的ではあるが）無視できない競合相手として認識している。とくにサブサハラ・アフリカ（サハラ以南のアフリカ）では，途上国側のニーズを充足してくれる新興ドナーへの期待が高まっていて，ザンビア出身のエコノミスト，ダンビサ・モヨ[6]が，中国への期待と高い評価を先鋭な表現で発信し，国際社会の関心を引きつけたこともあり，伝統的な開発協力アプローチが変化を迫られる可能性を感じている。

DACの「パリ宣言」（2005年）と「釜山宣言」（2011年）との比較（表終-1），あるいはミレニアム開発目標と持続可能な開発目標との対比（第4章表4-1）を見ると，21世紀に入ってからの国際社会での明確な潮流変化と，国際開発規範（国際社会における開発協力のルール／行動基準）の変容を確認することができる。「パリ宣言」と「釜山宣言」の間隔がわずか6年にすぎないことから，この変容が短期間に圧縮された形で発生したことがわかる。

「パリ宣言」時代の援助効果の論議は，新興ドナーを視野に入れないままに行われたが，「釜山宣言」では新興ドナーとの連携が有効な援助のカギとして認識された。ただし，新興ドナーへの連携の呼びかけはあったものの，新興ドナーが「釜山宣言」の枠組みに賛同したわけではない。ゲームの参加者が大幅に変われば，

表終-1 DACの姿勢の変化:「パリ宣言」から「釜山宣言」へ

「パリ宣言」(2005年)	「釜山宣言」(2011年)
有効な援助のためのDACメンバーと非援助国のあり方が中心テーマ(新興ドナーやドナーの多様性は視野の外)	South-South partners(新興ドナー)を包摂した「新しいパートナーシップ」の枠組みでの,有効な開発協力を論議
〈キーワード〉 途上国の主体性(ownership) 途上国の開発戦略・制度の尊重:整合性(alignment) ドナー間の援助制度・手続きの調和化(harmonisation)	〈新しいキーワード〉 南南協力(South-South cooperation) 三角協力(triangular cooperation) 包摂的開発パートナーシップ(inclusive development partnership) 共通の目標と異なったコミットメント(comon goals and differential commitments)
それ以前のDAC文書と異なり,人権,民主化,グッド・ガバナンスなどの普遍的価値にとくに言及せず	1990年代のように,人権,民主主義,グッド・ガバナンスの普遍的価値を強調

(出所) 2005年,2011年のDACハイレベル・フォーラム宣言 (DAC, Paris Declaration on Aid Effectiveness, March, 2005; DAC, Busan Partnership for Effective Development Co-operation, December, 2011) に基づき,筆者作成。

ゲームのルールの大幅な変更も避けられない。「パリ宣言」が推進しようとしたルールは,アプローチを共有する伝統的アクターの間の援助協調(援助の「調和化」)であったが,「釜山宣言」は,異なったアプローチを持つアクターの存在を認め(新興ドナーは,互恵と連帯のための水平的協力というレトリックを掲げている),基本的な考え方は違っていても,共通の目標に向かう協力が実現するようなルールづくりを模索するものであった。基本理念を(少なくとも建前として)共有している伝統ドナー間のゲームである「パリ宣言」では,人権,民主主義,グッド・ガバナンスなどの重要性の確認は不要だったが,異質な理念を掲げる新興ドナーを包摂した枠組みを前提とした「釜山宣言」では,普遍的価値の重

要性を前面に押し出して強調した。2015年9月の「国連持続可能な開発サミット」で採択されたTransforming Our World: The 2030 Agenda for Sustainable Development Goalsには，最重要課題の貧困緩和に特化したミレニアム開発目標には見られなかった複数の開発目標，具体的には経済成長，インフラストラクチャー，工業化などを明記した第8目標および第9目標が導入された。さらに，先進国と途上国の間で最大の争点となった「共通だが差異のある責任」の文言も，解釈の余地と玉虫色の性格を残しつつも文言自体は盛り込まれた。環境汚染はかつて無軌道な経済成長を続けた先進国の責任であると主張しつつも，地球社会の一員として地球環境問題に取り組む途上国の立場を明示したのが「共通だが差異のある責任」である。この原則が文言として採択されたことは，2つの開発目標の間の本質的な違いを示しており，非連続的な色彩を持つ変容を読み取ることができる。

近年の潮流変化を概観すると，アクターの多様化と支援ニーズの変化が互いに相乗しあって変化を加速し，公的資金（ODA）と民間資金（直接投資）との連携，従来の国際開発規範とは異質の論理の包摂が進んでいる。その結果が，過去と非連続的な色彩の濃い状況（変容）の登場である。

2 日本にとっての機会と日本の直面する課題

2-1 新しい機会
―― "Beyond Aid" の時代に適合した日本型開発協力モデル

これまでの検討では，国際協力の世界に生じた環境変化を見た。本節では，「釜山宣言」や持続可能な開発目標に象徴される新しい国際潮流が，日本にとってどのような意味を持つか検討したい。「パリ宣言」から「釜山宣言」へのDACの姿勢の変化と並行し

て、1つの新しい現象が発生した。それは、日本の開発協力アプローチ（と国際社会が考えるもの）が、国際社会の関心を引いたことである。この現象は、中国の「対外援助」（国際社会のODA概念とは一致しない[7]）が注目を引きはじめた時期と重なっている。興味深いことに、海外の専門家の発言のなかには、以前のような日本の援助経験に対する厳しい批判より、むしろ好意的な論調が目立つ。そのこと自体が新しい現象といえるし、日本にとっての大きな機会が生まれているともいえよう。

21世紀になってから、中国の対外援助が注目を浴びはじめたが、伝統的ドナー社会から一種の「脅威」として受け止められるようになった契機は、2000年に設立された「中国アフリカ協力フォーラム」（Forum on China-Africa Cooperation: FOCAC）を舞台に、中国が繰り返した対アフリカ支援の倍増（2006年、2009年および2012年）であろう[8]。西欧ドナーが圧倒的な影響力を保持してきた「裏庭」であるサブサハラ・アフリカで、異質なドナーが急速に存在感を増したからである。公式統計などの情報量が著しく不足しているため、中国の対外援助の実態には、はっきりしない点が多い。中国の対外援助を理解するうえで困難を感じている西欧の専門家たちにとって1つの手がかりは、かつての日本の開発協力のイメージに重ね合わせることだった。多くの研究者・専門家[9]が、中国の対外援助モデルを1960〜70年代の日本の経験の再現として理解してきたが、その結果、長らく薄れていた日本の開発協力への関心が復活したといえる。ドナーとしての中国の台頭の「配当」ともいえる現象である。後述のように、日本と中国の開発協力アプローチには重要な相違点が見られるが、基本的な特徴（とくに援助と直接投資の緊密な連携）を共有することも事実である。中国の対外政策立案の歴史を振り返ると、中国のテクノクラートたちが、対外援助と投資・貿易の有機的連携を独自

の着想「大経貿(大経済貿易)」戦略(1994年)として打ち出し,それに加えて,彼らが魅力を感じた日本の開発協力の「貿易・投資・援助の三位一体」について研究を重ね,研究成果を活用して中国型の対外援助モデルを創り上げた[10]。

ドナーとしての中国の台頭は,東アジアのめざましい経済発展の成果を国際社会に改めて印象づける結果となったが,同時に,日本が東アジア諸国に対する最大の援助国であった事実を再認識させ,日本の開発協力アプローチの有効性に気づかせるきっかけとなった。1つの代表的な例として,DACの議長を務めたリチャード・マニング(オックスフォード大学)の見解を見てみよう。マニングは,「日本および他の東アジア・ドナーが,成長をアジアからアフリカに広げていくうえで有効なモデルを提示できるという(国際社会の:引用者補注)認識が強まっており,それが日本の援助アプローチの強みを活かす新しい機会につながっている」と述べている[11]。これは,従来のDACの見解とは異なる,日本に対する新しい見方である。しかも,新しく発生した変化と考えられる。DACは定期的に加盟メンバーの開発協力の相互審査を実施しているが,2003年の対日審査報告書では,「インフラ建設援助によって民間直接投資を引き付けようとする日本の開発モデルは,第2次世界大戦後の日本自身の経験に基づいており,条件の異なるアジアの国々には適用できない」と主張していたからである[12]。マニングの論文だけでなく,第1節で引用したOECDのサイディとウルフのペーパーも,日本の個別の援助事業の教訓を取り上げている。

この新しい状況は,明らかに中国の台頭の副次的な効果であり,偶発的に得られた機会ともいえるが,この重要な好機を生かす工夫が求められる。いうまでもなく,日本の開発協力アプローチの特色は「インフラと民間直接投資の連携」だけではない。これま

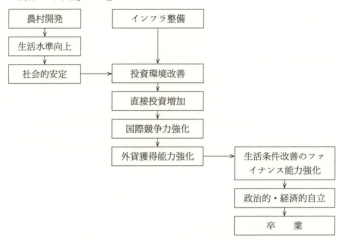

図終-1 「卒業」への道

で日本政府は,「人づくり」や「人間の安全保障」などを独自の国際貢献のカギとして発信してきた。今後も主張を続けるべきである。ただ本章では,上述の好機を確実にとらえることの重要性を考えてこのテーマに絞りたい。中国の対外援助との関連で関心を引いている日本のアプローチは,歴代の「ODA大綱」(2015年から「開発協力大綱」)で「自助努力への支援」として主張されてきたもので,ASEAN諸国での経験をベースに筆者なりにモデル化すると,「援助依存からの『卒業』をゴールとした支援」である**図終-1**のようになる。最終ゴールは,途上国の人々の生活条件の改善を「途上国が自力でファイナンスする」能力の獲得である。自力ファイナンス能力がつけば援助から卒業することができる。**図終-1**は,卒業への道を推進する2つのエンジンがあることを示している。第1は農村開発による社会的安定(農村の疲弊は農村部での反政府活動や都市部の治安悪化につながる),第2はインフラ整備である。2つのエンジンの協働によって海外投資家か

終章 変容する国際開発規範と日本の国際協力

らみた投資環境が改善すると,直接投資の誘致が容易となり,直接投資にともなう新鋭技術の導入によって国際競争力・外貨獲得能力が高まり,その結果,自力ファイナンス能力が向上して卒業が実現する。**図終-1**はまた,公的部門の役割(農村開発とインフラ整備に対する支援)と民間部門の役割(直接投資)の連携と相乗作用を示しており,「卒業への自助努力」に対する公的・民間両部門の一体化した支援という日本の開発協力モデルが,"Beyond Aid"の時代の新しい状況,過去と非連続的な色彩の濃い変容の状況に合致したもの,日本のソフト・パワー(魅了し説得する力[13])の1つであることを意味する。

2-2 新しい課題
——中国モデルとの差別化,「狭い国益」への傾斜の克服

2-1に述べたような潮流変化がもたらした機会を生かすために,日本は多くの課題を乗り越えなければならない。とくに重要と思われる2つの課題がある。中国の対外援助モデルと日本のアプローチとの差別化(意味のある相違点の明示),顕在化しつつある「狭い国益」の潮流の克服の2点である。

前述のように,中国の対外援助を理解しようとする国際社会の専門家たちは,中国の対外援助モデルを,基本的に1960~70年代の日本の経験の再現と理解している。この認識が日本の開発協力アプローチへの関心を生む契機となったわけであるが,さまざまな批判のある中国のモデルと同一化されてしまうことは賢明でない。日本のアプローチが中国のそれに比べて,より高度で,より有効に途上国に貢献できることを具体的に明示し,中国モデルとの差別化を図ることが求められる。3つの点で差別化が可能である。第1に,基本的に自国の資機材の使用を前提とする(ひも付き条件の)中国の対外援助と異なり,日本のODAの下での資

機材の調達は,かなりの程度世界に開かれている。ひも付きでないアンタイド条件の比率は基調として9割を越えており(第2章表2-3を参照),円借款の下での実際の受注状況を見ると,ほとんどの年に日本以外の企業が6割以上を受注している[14]。第2に,**図終-1**が示すように,「卒業への道」モデルは相手国の輸出産業育成と産業構造高度化を1つの狙いとしている。労働・知識集約的で輸出志向型の製造業の集積で,自動車の輸出基地に変貌したタイの東部臨海地区は,その成果を示す代表的な例といえるだろう。最後に,日本からの直接投資には,自動車やエレクトロニクス製品のような「アンカー企業」(非常に多数の部品から構成される製品を製造する企業)の立地を中核として,周辺に多数の部品メーカーの工場が立地する例が少なくない[15]。これにより,単純な直接投資の集合ではなく,高度に体系化された産業集積の形成が行われる。第1と第2は国際益に対する寄与,第3は高度な技術の移転であり,中国の対外援助との意味のある違いとして主張できる。

単に「日本は技術的に優位」といった抽象的な主張に頼るのではなく,このような具体的な強み・優位性をソフト・パワーとして打ち出すべきであるが,この方向での対外発信が十分に行われているとはいえない。今後の課題として残されている。

ただ日本の現実は,中国との差別化や日本独自のソフト・パワーの発信とは反対の方向に,すなわち中国に類似した行動様式に向かって動いているようである。日本の経済協力にくわしいデビッド・アラセ(ジョンズ・ホプキンス大学)は,この動きを「中国との競争に立ち遅れないために,日本はかつてのような,ストレートな国益追求路線に回帰している」と表現している[16]。アラセが注目するのは,さまざまな名称で打ち出されてきた一連の「成長戦略」であり,とくに,1つの重要な柱となっている官民連

表終-2　2つのタイプの官民連携

アンタイドのインフラ建設支援	タイドのインフラ輸出
・途上国と日本企業の便益を，経済原則に沿って，事後的に両立・連携 ・資源最適配分の追求 ・国内政界・財界（＋国民？）からの批判 ・新興国企業の受注	・日本企業支援と両立する範囲内での途上国支援 ・資源配分の歪みを制度的に容認 ・国際社会からの批判のリスク ・利権・レント（現地・国内）の発生 ・政権交代後の政治リスク：スハルト後のファミリー案件トラブルなど ・談合・単独入札（シングル・ビッド）・価格上昇などのリスク

携・官民合同の「インフラ輸出」[17]である。インフラ輸出の具体的な指針・施策を示す「インフラシステム輸出戦略」（2015年6月2日版）は「政府一丸・官民連携」を謳うが，同時に「相手国の経済発展と我が国企業の発展を両立させる Win-Win の構図を実現する」としている。これは国益と国際益の2つの目的を追求する方針であり，両立の姿勢が具体的な成果となって実現すれば，中国モデルとの差別化を主張できる可能性を残している。ただし，「Win-Win の構図」という表現は，中国政府がはじめて公表した白書『中国の対外援助』（2011年4月）で強調された基本理念「互利与双贏（互利と Win-Win）」[18]を容易に想起させるもので，明確な違いを見せるためのハードルは高い。そこでカギとなるのは，差別化の第1のポイント「世界に開かれた調達条件」であろう。この関連で注目されるのが，「インフラシステム輸出戦略」のなかで「経済協力の戦略的展開（政策支援ツールの有効活用）」の柱の1つとして提示されている，円借款の「本邦技術活用条件」（STEP）である。STEP がひも付き（タイド）条件である点に注目したい。表終-2 は，日本の伝統となってきた「アンタイド条件のインフラ援助」と，「ひも付き・タイド条件のイ

ンフラ輸出」を対比し，追求する「国益」の性格の違いを明示している。

　公的資金と民間資金の緊密な連携や，新興ドナーとの意識の共有など，長い間に蓄積された日本の知的資産は，新しい時代への日本の貢献の有力な強みである。貴重な資産を有力なソフト・パワーとして活かすために，「狭い国益」の潮流の克服が緊急な課題となっている。

〈注〉
1) DIE, "Beyond Aid" and the Future of Development Cooperation, German Development Institute, June 2014.
2) C. K. プラハラード（スカイライトコンサルティング訳）『ネクスト・マーケット――「貧困層」を「顧客」に変える次世代ビジネス戦略』英治出版，2005年，22頁。
3) たとえばインドのチダンバラム蔵相（当時）の財政演説（2013年度，http://ibnlive.in.com，2014年2月アクセス）や，エチオピアの故メレス首相の演説（2012年）。
4) Myriam Dahman Saidi and Christina Wolf, *Recalibrating Development Co-operation: How Can African Countries Benefit from Emerging Partners?*, Working Paper No.302, OECD Development Centre, July 2011.
5) 一口に新興ドナーと呼ばれる国・地域のなかには，DACなど伝統的ドナーの理念・アプローチと異質な面の多い中国，インドなど（ブラジル，ロシアも含まれる）のほかに，DACの考え方に親和的なグループ（アラブ・ドナーなど）もある。本章では前者のグループに焦点を当てる。
6) Dambisa Moyo, *Dead Aid: Why Aid is Not Working and How There is a Better Way for Africa*, Farra, Straus and Giroux, 2009.
7) 詳細については下村恭民・大橋英夫＋日本国際問題研究所編『中国の対外援助』日本経済評論社，2013年が参考になる。
8) 下村・大橋ほか前掲書2-3頁。
9) Deborah Brautigam, *The Dragon's Gift: The Real Story of China in*

Africa, Oxford University Press, 2009, pp.24-25; Machiko Nissanke and Marie Söderberg, *The Changing Landscape in Aid Relationships in Africa: Can China's Engagement Make a Difference to African Development?*, UI Papers, the Swedish Institute of International Affairs, p.14; Saidi and Wolf op. cit., p.14; David Arase, Japanese ODA and the Challenge of Chinese Aid in Africa, Paper Submitted to the Stockholm-Osaka Conference on Development Cooperation in a Post-MDG Era, November, 2015.

10) 下村・大橋ほか前掲書,第7章。
11) Richard Manning, "OECD-DAC and Japan: Its Past, Present, and Future," in Hiroshi Kato, John Page, and Yasutami Shimomura eds., *Japan's Development Assistance Foreign Aid and the Post-2015 Agenda*, Palgrave Macmillan, 2015, p.291.
12) OECD, Review of the Development Co-operation Policies and Programs of Japan, 2003.
13) Joseph Nye Jr., *The Future of Power*, Public Affairs, 2011, p.13.
14) 国際協力機構(JICA)年次報告書2014,別冊資料編。
15) 朽木昭文『アジア産業クラスター論──フローチャート・アプローチの可能性』書籍工房早山,2007年。
16) Arase, op. cit.
17) 首相官邸ホームページ,外務省ホームページ。
18) 下村・大橋ほか前掲書,7頁。

〈読者への推薦文献〉

Kato, Hiroshi, John Page, and Yasutami Shimomura eds., *Japan's Development Assistance: Foreign Aid and the Post-2015 Agenda*, Palgrave Macmillan, 2015.

Nye Jr., Joseph, *The Future of Power*, Public Affairs, 2011.

Prahalad, C. K., *The Fortune at the Bottom of the Pyramid: Eradicating Poverty Through Profits*, Wharton School Publishing, 2004(スカイライトコンサルティング訳『ネクスト・マーケット──「貧困層」を「顧客」に変える次世代ビジネス戦略』英治出版,2005年)

小川裕子『国際開発協力の政治過程──国際規範の制度化とアメリカ対外援助政策の変容』東信堂,2011年

朽木昭文『アジア産業クラスター論──フローチャート・アプローチの可能性』書籍工房早山,2007年

黒崎卓・大塚啓二郎編『これからの日本の国際協力——ビッグ・ドナーからスマート・ドナーへ』日本評論社, 2015 年

下村恭民『開発援助政策』国際公共政策叢書 19, 日本経済評論社, 2011 年

下村恭民・大橋英夫＋日本国際問題研究所編『中国の対外援助』日本経済評論社, 2013 年

菅原秀幸・大野泉・槌屋詩野『BOP ビジネス入門——パートナーシップで世界の貧困に挑む』中央経済社, 2011 年

元田結花『知的実践としての開発援助——アジェンダの興亡を超えて』東京大学出版会, 2007 年

索 引

事項索引

◆アルファベット
AICO →ASEAN工業協力協定
AIIB →アジアインフラ投資銀行
ASEAN 254
ASEAN憲章 254
ASEAN工業協力協定（AICO） 254
ASEAN投資 253
"Beyond Aid"の時代 289, 290, 298
BHN →ベーシック・ヒューマン・ニーズ
BIT →投資協定
BOP 277
BOPビジネス 290
BRICS（BRICs） 221, 251, 252, 254
BRICS銀行 →新開発銀行
CBDR →共通だが差異のある責任
CBO 265, 266, 268-270
CDF →包括的開発フレームワーク
CDM →クリーン開発メカニズム
CDS →クレジット・デフォルト・スワップ
CIC →中国投資有限責任公司
COP →国連気候変動枠組条約締約国会議
CPIA →国別政策・制度評価
CSR →社会的責任
DAC →開発援助委員会
DAC新開発戦略 218
DFID 67
Do No Harm 136
EcoISD →持続可能な開発のための環境保全イニシアティブ
EIB →欧州投資銀行
FDI →直接投資
FOCAC →中国アフリカ協力フォーラム
G5 220

G5体制 221
G7 205, 220
G7体制 221
G8 220
G8アフリカ行動計画 54
G20 257
GATTレジーム 208
GE →グラント・エレメント
GEF →地球環境ファシリティ
GNH →国民総幸福
HDI →人間開発指数
HIPCs →重債務貧困国
HIV / エイズ 104
ILO →国際労働機関
IMF →国際通貨基金
IMF・GATT体制 37
IMFレジーム 208
IPCC →気候変動に関する政府間パネル
IPO →新規株式公開
JFM →森林共同管理
JICA →国際協力機構
KEDO →朝鮮半島エネルギー開発機構
LDC →後発（開発）途上国
MDGs →ミレニアム開発目標
NGO →非政府組織
NIEO →新国際経済秩序
NIEs 253
NPO →非営利民間団体
ODA →政府開発援助
ODA4原則 232, 233
ODA大綱 233, 297
ODA中期政策 137
OECD →経済協力開発機構
OOF →その他政府資金
PKO →国連平和維持活動
PKO5原則 143

PKO 法案　143
PRSP　→貧困削減戦略文書
SAF　→構造調整ファシリティ
SAL　→構造調整融資
SDGs　→持続可能な開発目標
STEP　→本邦技術活用条件
SWF　→ソブリン・ウェルス・ファンド
UNCTAD　→国連貿易開発会議
UNDAF　→国連開発支援枠組み
UNDG　→国連開発グループ
UNDP　→国連開発計画
UNEP　→国連環境計画
UNMIK　→国連コソボ・ミッション
UNPROFOR　→国連保護軍
UNSOM II　→国連ソマリア活動（第2次）　142
UNTAC　→国連カンボジア暫定統治機構
UNTAET　→国連東ティモール暫定統治機構
Win-Win の構図　300
WTO　→世界貿易機関

◆あ行

アカウンタビリティ　274, 285
アジアインフラ投資銀行（AIIB）　65, 246, 247, 291
アジア金融危機　290
アジア通貨危機　84
新しい包摂の政治　68
アフリカの年　33
アメリカ同時多発テロ　124, 130
アラインメント　99
アンコールワット遺跡の修復事業　8
安全保障法制（2015年）　9, 144
アンタイド条件　30, 299, 300
暗黙知　193
一村一品運動　115
一般財政支援　59, 101
移転価格操作　252
インクルーシブな開発・成長・援助　66-69
インフォーマル・セクター　170
インフラシステム輸出戦略　300

インフラ輸出　300
ウィン・ウィン・アプローチ　158, 168, 171
エコ・ツーリズム　170
円借款　30, 299, 300
援助協調　56
援助効果　56
　——にかかるパリ宣言　56, 218
援助疲れ　25, 35
エンパワーメント　51, 53, 100, 278
欧州投資銀行（EIB）　246
汚職　283, 284
オスロ・プロセス　228
オゾン・ホール　43
オタワ・プロセス　228
オーナーシップ　57, 60, 61, 67, 177, 179, 199, 218, 269, 278
オープン・ワーキング・グループ　64, 65
温室効果ガス　153

◆か行

開発（development）　3
開発援助委員会（DAC）　6, 132, 215, 218, 231, 245, 250, 291, 292
開発協力　4
開発協力大綱　5, 18, 126, 141, 147, 297
開発主義　225
開発政策融資　213
カウベル効果　182
顔の見える援助　272
格差　283
格差拡大　62
格付け会社　259, 260
駆けつけ警護　6, 9
貸付　27
ガバナンス　53, 131, 138, 146, 184, 199, 212, 231, 281, 286
環境ODA　158, 159
　中国に対する——　163
環境地図　171
環境と開発に関する国連会議　65
環境保全　153

気候変動　86, 280
　——に関する政府間パネル（IPCC）　152
気候変動枠組条約　153
　——締約国会議（COP）　228
技術協力　29
キャパシティ・ビルディング　161
九州・沖縄サミット　137
共通だが差異のある責任（CBDR）　65, 66, 154, 294
京都議定書　153
京都メカニズム　161
金融監督　257
金融条件　28
グッド・ガバナンス（良い統治）　42, 54, 100, 146, 185, 187, 192, 215
国別政策・制度評価（CPIA）　132, 186
グラミン銀行　53
グラント・エレメント（GE）　11
クリーン開発メカニズム（CDM）　161
クレジット・デフォルト・スワップ（CDS）　257
グローバル・イシュー　43, 87, 152, 177, 211, 228, 234, 280
グローバル化（グローバリゼーション）　75, 176, 206, 227, 239
　金融の——　245, 252, 257
　経済の——　221, 222, 226, 234, 279
グローバル・ガバナンス　206, 207, 228, 234, 279
グローバル・スタンダード　226
軍事的貢献　5
計画から市場へ　224
経済開発（経済発展）　12
経済協力　4
経済協力開発機構（OECD）　4
経済成長　12
ケイパビリティ（潜在能力）・アプローチ　49
現地通貨建て債券市場　256
公益　20

公共財　18
構造調整　210, 212, 222, 224
　——アプローチ　41, 53
　——政策　94
　——ファシリティ（SAF）　41, 213
　——融資（SAL）　40, 208, 213, 224
購買力　13
購買力平価　13
後発（開発）途上国（LDC）　33, 252, 253, 259
効用　13
国益　18, 208
国際援助調整　215
国際開発援助体制　206, 207, 222, 228
国際開発援助レジーム　207, 208, 211, 224, 228
国際開発規範　289, 292, 294
国際協力　3, 4
　——機構（JICA）　137, 166
　——と市民社会　264
国際公共財　18, 58, 206, 234
国際貢献　4
国際交流基金　7
国際通貨基金（IMF）　39, 40, 53, 56, 85, 94, 205, 208, 210, 212, 224, 227, 234, 239
国際文化交流　5
国際レジーム　207
国際労働機関（ILO）　38
国内避難民　138
国民総幸福（GNH）　16
国連　15, 153, 291
国連開発グループ（UNDG）　215
国連開発計画（UNDP）　15, 49, 55, 90, 213, 216, 217
国連開発支援枠組み（UNDAF）　215
国連開発の十年　35, 38
国連環境開発会議（地球サミット）　44, 153, 233
国連環境計画（UNEP）　44, 152
国連カンボジア暫定統治機構（UNTAC）　142
国連気候変動枠組条約　233

国連気候変動枠組条約締約国会議
（COP） 233
国連コソボ・ミッション（UNMIK）
142
国連持続可能な開発サミット 66, 294
国連専門機関 211, 213, 215
国連ソマリア活動（第2次）（UNSOM II） 142
国連東ティモール暫定統治機構（UNTAET） 142
国連平和維持活動（PKO） 5, 6, 126, 137, 138, 141-144, 205
──協力法改定 9, 144, 145
国連貿易開発会議（UNCTAD） 37, 101
国連保護軍（UNPROFOR） 142
国連ミレニアム宣言 61, 92
国家主権 146
コモン・バスケット方式 59
コンディショナリティ 95, 213, 222

◆さ 行

債務危機 38, 40
砂漠化防止 165
サブサハラ・アフリカ（サハラ以南のアフリカ） 13, 33, 250
参加型開発 51, 218
三角貿易システム 209
産業集積 254, 255
自衛隊の海外派遣 5
ジェンダー平等 103
事業の持続性 182
事業の反復可能性 183
資金の流れ 6, 23
資源ナショナリズム 37
市場経済移行 205
市場の失敗 107
自助努力 297
持続可能な開発 43, 44, 105
──のための環境保全イニシアティブ（EcoISD） 159
──目標（SDGs） 48, 64, 66, 216, 289, 292, 294

持続可能な成長 108
持続的な経済発展 192
私的財 20
市民社会 10, 14, 231, 263
社会開発 12, 14, 214, 218
──サミット 14
社会・環境配慮ガイドライン 233
社会関係資本（ソーシャル・キャピタル） 193
社会起業家 277
社会指標 15
社会的安全網 93
社会的責任（CSR） 276
重債務貧困国（HIPCs） 56, 211
従属論 214
集団的自衛権 144
純粋公共財 19
情報の非対称性 86, 107, 193
シルクロード経済ベルト 247
新ODA大綱 126
新開発銀行（BRICS銀行） 65, 246
新規株式公開（IPO） 250
人権外交 230
新興ドナー 61, 65, 66, 245-247, 260, 289-293, 301
新国際経済秩序（NIEO） 37, 210, 213
新古典派経済学（理論） 39, 99, 224, 225
新制度派経済学 225
人道支援 138
人道的介入論 130
新宮澤構想 25
信頼醸成 164
森林共同管理（JFM） 169
ステークホルダー 270
スラム 170
政経分離 →非政治主義
政策対話 146
脆弱国家 130, 131, 175
──グループ 132
『成長の限界』 44
政府開発援助（ODA） 4, 5, 10, 125, 265-267, 270, 290

世界銀行（世銀）　15, 39, 40, 53, 56, 85, 94, 98, 205, 208, 210-212, 215, 216, 224, 227, 234, 291
世界人権宣言　154
世界貿易機関（WTO）　81
石油危機　38, 39
セクターワイド・アプローチ　59, 101, 217
積極的平和主義　6
絶対的貧困　62
絶対貧困層　90
説明責任　185, 272
潜在能力　16
漸進主義（グラジュアリズム）アプローチ　96
選択的援助　54
選択の自由　16
全要素生産性　108
戦略的ガバナンス項目　192
総合安全保障　146
相対的貧困　62
贈与（grant）　11, 27, 29, 207, 218
ソーシャル・キャピタル　→社会関係資本
その他政府資金（OOF）　12, 30
ソフト・パワー　298, 299, 301
ソブリン・ウェルス・ファンド（SWF）　244, 260
それなりの市民　285, 286

◆た　行
第1次石油危機　37
対外借入　29
第三世界　35
竹下3原則　5
多国間協力　24
多国籍企業　253, 254
──の現地化　256
地球温暖化　152, 153, 176, 233
地球環境ファシリティ（GEF）　152, 166
地球環境保全　229
地球環境問題　43, 151
地球サミット　→国連環境開発会議

知的貢献　194
地方自治体　10
地方分権化　276
中国アフリカ協力フォーラム（FOCAC）　295
中国投資有限責任公司（CIC）　245
朝鮮半島エネルギー開発機構（KEDO）　232
調和化　60, 99
直接投資（FDI）　29, 242, 244, 247, 249, 252, 290
──の誘致　291
帝国主義システム　209
底辺の10億人　47
出稼ぎ　170
テロとの戦い　9, 130
天安門事件　230
転用可能性　→ファンジビリティ
投資協定（BIT）　253
トリクル・ダウン（理論）　38, 212
トルーマン・ドクトリン　34

◆な　行
内政干渉　146, 230
内政不干渉　126, 145
内　戦　123, 130, 133, 140, 142
内発的ガバナンス項目　192
ナショナル・ミニマム　193
南南協力　245
南北問題　35, 209
難　民　123, 138, 140, 141, 211
二国間協力　24
20：20契約　50
21世紀海上シルクロード　247
乳幼児死亡率の削減　103
人間開発　12, 15, 49, 214
──指数（HDI）　16, 49, 134
『人間開発報告書』　140
人間中心の開発　50
人間の安全保障　49, 50, 55, 91, 140, 141, 215
──基金　141
能力強化　251

◆は行

排出権取引 234
破綻国家 123, 131, 205
　——指標（Failed States Index） 131, 134
発展途上国 3, 23
発展の権利 154
　——に関する宣言 154
パートナーシップ 57, 60, 206, 207, 211, 217, 218
パリ宣言 292-294
非営利民間団体（NPO） 10, 265, 266, 270
東アジア通貨危機 25
非軍事的貢献 5
非政治主義（政経分離） 126, 145, 147
非政府組織（NGO） 10, 136, 140, 228, 265, 266, 268-270
非対称型の紛争 124
ビッグ・バン・アプローチ 96
ビッグ・プッシュ 36, 212
ひも付き条件 28, 30, 298, 300
ビル・ゲイツ財団 272, 278, 290
貧困緩和 291
貧困削減 42, 91
　——戦略文書（PRSP） 54, 56, 98, 100, 211, 217
貧困線 13
貧困と環境のジレンマ 158, 168, 170
貧困の悪循環 36
貧困の主流化 47
貧困の罠 115
ファンジビリティ（転用可能性） 57, 181
フェア・トレード 86, 115, 284
不介入主義 147
不完全な公共財 20
釜山宣言 292-294
ブルントラント委員会 43
ブレトンウッズ体制 278
フロンティア市場 251
紛争 123-125
　——と開発 128, 132, 137
　——の構造的要因 134
　——の引き金要因 134
　——予防（論） 132, 137
平和維持 127
平和活動 128
平和強制 127
平和構築 9, 126, 127, 129, 137
平和創造 127
平和のための協力 5
平和の定着 138
『平和への課題』 127
ベーシック・ヒューマン・ニーズ（BHN） 36, 38, 39, 66, 93, 212
ヘッジファンド 259, 260
ベトナム 253
ポイント・フォア計画 35
崩壊国家 124
包括的開発フレームワーク（CDF） 55, 56, 98, 217
北欧諸国の援助理念 18
保護する責任論 130
ポスト構造調整 99, 102
ポートフォリオ投資 242, 244, 247, 249, 250
ボランティア元年 17
本邦技術活用条件（STEP） 32, 300

◆ま行

マイクロファイナンス 52, 53, 85, 115, 270
マーシャル・プラン 34
マラリア 104
道の駅 115
ミレニアム開発目標（MDGs） 35, 47, 48, 61, 62, 66, 92, 102, 211, 216, 217, 250, 283, 292, 294
ミレニアム・チャレンジ会計 54
民間資金 24
民間資本 245, 247
民主化 206, 211
無償資金協力 29
モントリオール議定書 152

◆や 行
有償資金協力　30
ユネスコ　8
良い統治　→グッド・ガバナンス
要請主義　146
ヨハネスブルグ・サミット　159
予防外交　138

◆ら 行
リオ宣言　154
リーマン・ショック　240, 241, 247, 252, 290
累積債務問題　40, 43
ローカル化　80, 193, 286
ローマ調和化宣言　218

◆わ 行
ワシントン・コンセンサス　95, 96, 194, 225
『われら共有の未来』　43, 44

人名索引

◆あ 行
アナン (K. A. Annan) 128
アラセ (D. Arase) 299
イースタリー (W. Easterly) 115
井上達夫 285
ウォーラーステイン (I. Wallerstein) 223
ウォルフェンソン (J. D. Wolfensohn) 55, 218
宇野宗佑 159
ウルフ (C. Wolf) 292, 296
大平正芳 163
緒方貞子 50

◆か 行
カーター (J. E. Carter, Jr.) 230
ガンジー (M. K. Gandhi) 89
ケネディ (J. F. Kennedy) 35
コリアー (P. Collier) 47

◆さ 行
サイディ (M. Saidi) 291, 292, 296
篠原一 263
ジョゼフ (K. Joseph) 94
ショート (C. Short) 31, 32
スティグリッツ (J. E. Stiglitz) 94, 96, 226
ストリーテン (P. Streeten) 15, 16
スミス (A. Smith) 263
セン (A. Sen) 15, 49, 50, 92, 112

◆た 行
竹下登 5

ダスグプタ (S. Dasgupta) 108
ダール (R. A. Dahl) 285
千明誠 19
ドゥオーキン (R. Dworkin) 111
トルーマン (H. S. Truman) 35

◆な 行
ヌルクセ (R. Nurkse) 36
ノース (D. C. North) 226

◆は 行
ハイエク (F. A. von Hayek) 94
深尾京司 19
フランクス (O. S. Franks) 35
フリードマン (M. Friedman) 94
プレビッシュ (R. Prebisch) 36, 37
ヘーゲル (G. W. F. Hegel) 263
ボールディング (K. E. Boulding) 68

◆ま 行
マクナマラ (R. S. McNamara) 39
マニング (R. Manning) 296
宮澤喜一 159
モヨ (D. Moyo) 65, 292

◆や 行
ユヌス (M. Yunus) 53

◆ら 行
ラモス (F. V. Ramos) 268
ロールズ (J. Rawls) 111

●著者紹介 (執筆順)

下村恭民 しもむら やすたみ
　1940年生まれ　法政大学名誉教授
　1章～4章, 7章, 終章 執筆

辻　一人 つじ かずと
　1956年生まれ　埼玉大学非常勤講師
　5章, 8章, 11章 執筆

稲田十一 いなだ じゅういち
　1956年生まれ　専修大学経済学部教授
　6章, 9章 執筆

深川由起子 ふかがわ ゆきこ
　1958年生まれ　早稲田大学政治経済学術院教授
　10章 執筆

国際協力——その新しい潮流〈第3版〉
International Cooperation in a New Era, 3rd ed. 〈有斐閣選書〉

2001年9月20日　初　版第1刷発行
2009年4月10日　新　版第1刷発行
2016年2月10日　第3版第1刷発行
2022年7月10日　第3版第5刷発行

著　者	下　村　恭　民
	辻　　　一　人
	稲　田　十　一
	深　川　由　起　子

発行者　　江　草　貞　治
発行所　　株式会社　有　斐　閣
　　　　　郵便番号 101-0051
　　　　　東京都千代田区神田神保町2-17
　　　　　http://www.yuhikaku.co.jp/

印刷／株式会社暁印刷・製本／大口製本印刷株式会社
©2016, Y. Shimomura, K. Tsuji, J. Inada, Y. Fukagawa.
Printed in Japan
落丁・乱丁本はお取替えいたします。
★定価はカバーに表示してあります。
ISBN 978-4-641-28138-7

JCOPY　本書の無断複写(コピー)は、著作権法上での例外を除き、禁じられています。複写される場合は、そのつど事前に(一社)出版者著作権管理機構(電話03-5244-5088, FAX03-5244-5089, e-mail：info@jcopy.or.jp)の許諾を得てください。